전쟁과 검열

가와하라 미치코 지음
이상복, 오성숙 옮김

SENSO TO KENETSU: ISHIKAWA TATSUZO WO YOMINAOSU

by Michiko Kawahara

ⓒ 2015 by Michiko Kawahara

First published 2015 by Iwanami Shoten, Publishers, Tokyo.

This Korean edition published 2017

by Amoonhakse, Seoul

by arrangement with the proprietor c/o Iwanami Shoten, Publishers, Tokyo

일러두기

- 신문기사 인용은 원칙으로 최종판(전국지는 도쿄 본사발행의 최종판)에서 인용한다.
- 전전의 일간지 석간은 일부에서 발행일의 다음 날짜가 붙어 있다. 예를 들면, 『아사히신문』 석간
  의 날짜는 도쿄아사히, 오사카아사히와 함께 석간 발행 개시일로부터 1943년 10월 10일까지 다음
  날짜가 붙어 있다. 4월 2일 날짜 석간은 4월 1일에 발행되었다.
- 단행본·신문·잡지·영화에는 『 』를, 기사·논문·신문소설·잡지소설에는 「 」를 사용한다.
  단, 소설 살아있는 병사는 『중앙공론』에서 발표한 경우는 「 」로, 단행본으로 출판한 경우는 『 』를
  사용한다.
- 일본어와 한국어 혼용의 경우 띄어쓰기가 원칙이나, 이 책에서는 붙이기로 한다.
- 〈 〉는 원본의 일본어문헌에서의 인용, 《 》는 외국어문헌의 번역, 인용문 중의 〔 〕는 저자의 주석이다.
- 본문에 나오는 모든 각주는 역자가 추가한 것이다.
- 일본어 외래어 표기법에 따른다. 또한, 한국에서 이미 통용되고 있는 것은 그대로 표기한다.
  예) '중앙공론', '문예춘추' 등.

전쟁과 검열

가와하라 미치코 지음
이상복, 오성숙 옮김

맑은생각

역자 서문

　최근 들어 '전쟁과 검열', '점령과 검열', '식민지기와 검열' 등 시대와 검열에 대한 연구가 한창이다. 검열은 예술과 언론, 출판 등의 탄압을 통한 문화 통제 수단이자 사상 통제를 통한 진실의 은폐수단이기도 하다. 검열은 또 다른 자기검열을 낳으며 통제와 저항, 좌절을 보여주기도 한다.

　2015년 이와나미신서(岩波新書)에서 출판된 『전쟁과 검열(戰爭と檢閱)』은 1935년 제1회 아쿠타카와상(芥川賞)을 수상한 이시카와 다쓰조(石川達三)의 '필화사건'을 중심으로 한, 전쟁기와 점령기의 검열 문제를 다룬 교양서라고 할 수 있다. '21세기 교양신서'를 표방하는 이와나미신서가 일반 독자를 대상으로 쓴 대중적인 책이기도 하다. 저자인 가와하라 미치코(河原理子)가 오랜 신문기자 생활을 통해 절실하게 느낀 '검열' 문제와 이시카와 다쓰조의 장남 사카에와의 인연을 계기로 얻게 된 재판기록, 신문지법, 일기, 증언, 미공개 자료 등을 총망라하여 쓴 한 시대의 실상을 고발한 역작이다. 이러한 방대한 자료들은 연구서로서의 활용가치도 클 것으로 기대된다.

저자는 2012년 자민당이 공표한 '일본국헌법개정초안'에서 자유에
대해 정한 제21조 '공익 및 공공의 질서를 해할 목적으로 한 활동과 결
사'를 금하고 있는 조항에 강한 의문을 품는다. 그 무렵 사카에가 다쓰조
의 재판기록 등 미공개 자료를 제공하면서 '전쟁 과정에서 진실을 전하
려는 언론은 반드시 탄압받는다는 사실을 알리고 싶다'는 의견을 피력했
다고 전한다. 그러면서 '세상이 어쩐지 심상치 않게 돌아가고 있다'는 생
각이 최근 자료를 제공하게 된 가장 큰 동기라고 밝히고 있다. 이처럼 검
열은 현재진행형이다. 검열은 과거 암울한 시대에나 존재했던 역사적 사
건이 아니라 현재에도, 일본뿐만 아니라 한국에서도 유효한 문제라고 할
수 있다.

검열은 국가의 강력한 문화통제시스템으로 결국, 국민의 사상 통제
기능을 담당해왔다.

'전쟁과 검열'이라는 테제로 이루어진 이 책의 제1장은 「살아있는 병
사」의 '필화사건'을 중심으로 중일전쟁기의 검열 문제를 다룬다. 신문지

법 위반 혐의로 유죄 판결을 받은 「살아있는 병사」는 중일전쟁을 계기로 중앙공론사의 특파원으로 참가한 이시카와 다쓰조가 상하이와 난징에서 목격한 일본 병사의 생생한 모습을 통해 전쟁의 실상을 노출시키고 있다. 제2장에서는 중일전쟁 이전의 문학 검열, 제3장에서는 아시아·태평양전쟁기의 보국문학 검열에 초점을 맞추고 있다. 마지막 제4장에서는 점령기의 검열을 다루고 있다.

이 책은 이시카와 다쓰조 문학과 검열, 더 나아가 그 시대를 아우르는 검열까지 조망할 수 있도록 돕고 있다.

마지막으로 이 책이 나오기까지 편집에 애써 주신 맑은생각 편집부 그리고 윤석전 사장님께 깊은 감사의 말씀을 드린다.

2017년 1월 1일 새해 첫날

이상복·오성숙

이시카와 다쓰조의 「살아있는 병사」

나는 소설을 쓰기 전에 어떤 목적으로 쓰는가를 먼저 생각한다. 무엇 때문에 쓰는 것인지, 무엇을 말하고 싶은지 등, 글을 쓰는 것의 사회적인 의의가 확실하지 않으면 작품에 착수하지 않는다. 그것이 나의 버릇이기도 하다. 작가로서의 아집일지도 모른다. 목적이 확실하고 쓰는 것에 대한 의의를 강하게 느낄 때 나의 의욕은 끓어오른다. (략) 시대의 흐름이 나를 자극하고, 그 자극에 반응하여 창작의지가 타오른다. 따라서 내가 쓰려고 하는 것은 가끔 시대의 풍조에 거슬리는 듯도 하다. 저항문학이라고 하면 훌륭하게 들리지만, 요컨대 조금은 비뚤어진 심사이다. 「살아있는 병사」로 필화를 당한 것은 물론 나의 숙명적인 과실이었다. 그러나 나는 후회하지 않는다. 처벌을 받아도 역시 나에게 있어서는 쓰지 않으면 안 될 작품이었고 쓴 것에 대해 만족감이 있었다.

(이시카와 다쓰조 『경험적 소설론』으로부터)

서문

시곗바늘이 '찰칵' 소리를 내며 움직인다, 그런 느낌이 들 때가 있다.

지금부터 이시카와 다쓰조라는 사회파 작가의 작품을 근거로 전쟁과 검열에 대해 써 보기로 한다. 다쓰조는 1905년 아키타현(秋田県)에서 태어나 1985년 도쿄에서 사망하였다. 2015년은 탄생 110년, 사후 30년이 된다.

왜 이시카와 다쓰조인가?라고 물으면 인연이 이어져서 시기가 도래한 것이라는 대답을 할 수밖에 없다.

이시카와 다쓰조라는 이름을 문학사에 남긴 것은 적어도 세 가지이다.

첫 번째는, 제1회 아쿠타가와상(芥川賞) 수상자인 것.

불황으로 허덕이고 있던 쇼와(昭和, 1926~1989년) 초기 다쓰조는 동북의 농민들과 함께 브라질 이민선을 탔다. 그 경험을 바탕으로 「창맹(蒼氓)」이라는 소설을 썼다. 동인지에 실린 이 작품이 1935년 제1회 아쿠타가와상에 선정되었다. 30세 때의 일이다. 다쓰조는 조금은 저널리스틱한 호기심의 소유자로 그때그때의 "현대군상"을 그리는 것이 특징이었다.

풍모는 장신에 풍채가 컸다. "바보스러울 정도로 올곧은 성격"이라고 스스로 쓰고 있다.

두 번째는, 베스트셀러를 몇 권이나 출간했다는 것,

전후 신문연재소설의 기수(旗手)였다.

전쟁 중, 전후의 풍토 속에서 살아가는 언론인들을 그린 「바람에 흔들리는 갈대(風にそよぐ葦)」는 1949년부터 1951년까지 『마이니치신문』에 연재되었다. 불합리한 퇴직권고를 받은 여성 교사를 주인공으로 하여 교사의 이상과 갈등, 조합 활동과 간부의 타락, 교육계에 대한 압력을 그린 「인간의 벽(人間の壁)」은 1957년부터 1959년까지 593회에 걸쳐 『아사히신문』에 연재되었다. 그만큼 오랫동안 연재되는 것은 흔한 일이 아니었다. 「인간의 벽(人間の壁)」은 최근에도 "좋아하는 신문연재소설" 10위 안에 들어가 있다(『아사히신문 토요일판 BE』, 2015년 1월 31일).

패전으로 실업자가 된 군인을 그린 「희망이 없는 것은 아니다(望みなきに非ず)」와 계약결혼하는 젊은 커플을 그린 「우리의 실패(僕たちの失敗)」는 『요미우리신문』에 연재되었다.

다쓰조의 연재는 독자를 끌기도 하고, 물의를 빚기도 했다.

「어려서 사랑을 모르고(推くて愛を知らず)」, 「48세의 저항(四十八歲の抵抗)」등 매력적인 제목을 붙이는 사람이기도 했다.

애독자층은 나보다도 윗세대다. 다쓰조는 하기와라 겐이치(萩原健一)와 모모이 가오리(桃井かおり)가 주연을 맡은 영화 『청춘의 차질(青春の蹉跌)』(구마시로 다쓰미神代辰巳감독, 1947년 공개)의 원작자였다. 전쟁 전, 후로 영화화된 다쓰조의 작품은 20편이나 되었다. 남겨진 원고를 보면 고친 흔적이 적다. 그는 죽죽 써나가는 타입이었다.

그리고 세 번째. '필화사건(筆禍事件)'으로 그의 이름은 역사에 남게 되었다. 그것이 이 책의 중심이 되는 제목이다.

중일전쟁 당시, 아쿠타가와상 수상 작가였던 신진기예 다쓰조는 종합잡지 『중앙공론(中央公論)』의 특파원으로 중국에 건너갔다. 본국에서는 '난징함락'을 제등행렬로 축하하고 있던 1937년 말의 일이다. 연초에 상하이와 난징에서 일본병사들을 취재. 귀국하여 한 번에 써낸 장편소설 「살아있는 병사」는 『중앙공론』 1938년 3월호의 중심이 될 예정이었다.

「살아있는 병사」는 중국 북부에서 난징으로 전전하는 어느 부대를 그리고 있다. 교사와 승려, 의학자였던 일본병사가 전장(戰場)에서 현실에 자신을 숙련시켜 나가거나 파탄에 이르는 모습으로 이어지는 장편이다. 노파로부터의 약탈, 여성 살해, 위안소, 착란증세를 보이는 일본병사의 발포사건 등의 장면도 있어 그대로는 검열을 통과할 수 없다고 판단한 편집부는 먼저 〈다른 병사도 각각…… 뒤쫓다〉 등의 의미를 알 수 없을 정도의 복자를 가했다. 전 12장 중 마지막 2장을 삭제하고, 대신 말미에 〈……〉을 두 줄 넣었다.

그럼에도 잡지 발매 전날 밤 내무성으로부터 발매금지 처분을 당했다.

또한, 다쓰조와 『중앙공론』의 편집장과 발행인이 경시청의 취조를 받았고, '안녕질서를 문란'시켰다며 신문지법 위반혐의로 형사재판이 열려 유죄판결을 받았다.

당시에는 '필화'라고 불렀지만 단속하는 측의 분류에 따르면 사상사건 안에서의 '출판범죄' 오늘의 관점에서 보자면 언론탄압사건이다.

신문지법은 신문뿐만 아니라 잡지 등의 정기간행물도 대상으로 하고 있었다. 이 법률에 의해 신문·잡지는 발행 시 내무성이나 검사국 등에 납본해야 한다고 정해져 있어, 내무대신이 게재 내용이 안녕질서를 어지럽히거나 풍속을 해한다고 판단되면 발매금지나 압류가 가능했다. 게다가 이러한 행정처분뿐만 아니라 형사사건으로 발행인 등의 죄를 물어 처벌하는 규정이 있었다.

70년이나 지난, 그 이전에 일어난 「살아있는 병사」 사건의 가장 유명했던 재판 기록과 재판에 제출되었을 것으로 보이는 경시청의 「청취서」와 「의견서」를 어떤 경로를 통해 나는 읽어보게 되었다. 그리고 주고받은 세부적인 내용에 끌렸다.

도쿄지방재판소 내의 등사관(謄寫館)에서 당시 만들어진 그 사본은 다쓰조의 장남인 이시카와 사카에(石川旺)씨가 보관해왔다. 사카에씨에 의하면 아버지가 살아계시던 도쿄 덴엔초후(田園調布) 집 서재에 있던 것으로, 이사할 때 다른 짐과 함께 받았다고 한다.

조치대학(上智大學) 명예교수인 사카에씨는 저널리스트이며 여론연구자이지만, 이 재판 자료는 자신의 대에서 폐기할 작정이었다.

다쓰조는 말년에 고향인 아키타현(秋田県)에 있는 청년회와 교류하고 있었다. 문학비를 세우고 싶다는 제안을 다쓰조가 거절하여 자료실을 만들게 되었다. 그리고 아키타시립중앙도서관 메이토쿠관(秋田市立中央図書館明徳館)에 만들어진 '이시카와 다쓰조 기념실'에 원고와 장서, 자필그림 등 많은 것을 기증했다. 재판 자료도 일단은 기증해야 할 목록에 넣었지만, 내용이 '졸렬하다' 하여 결국 내놓지 않았다. 그런 일이 있었다.

당시 아키타현 청년회관 사무국장인 다구치 기요카쓰(田口清克)가 모은 자료 확인을 위해 다쓰조를 찾아 덴엔초후에 있는 집으로 찾아갔을 때의 기록에 이렇게 쓰어 있다.

전에 이시카와 선생님으로부터 받은 목록에 재판기록(의탁)이라는 것이 쓰어 있어 「살아있는 병사」 이야기를 하자 "그 재판은 졸렬했다"며 흥분하여 역설한다. 군부의 말을 듣지 않으면 어떠한 일도 할 수 없다. 그 책의 발매금지도 내 재판도 군부에 아부하기 위해 벌어진 일이다.

（『아키타 청년광론(あきた靑年廣論)』, 1985년 제29·30 합병호）

게다가 도서관장의 문의 편지에 다쓰조는 이렇게 답장했다.

재판기록, 한 권 있지만 유치하다. 그 외에 당시의 기록은 없음.(위의 책)

죽기 전 해의 일이다. "재판 자료는 보내지 않겠다"는 것이 유지(遺志)였다.

2011년 초여름. 나는 다른 취재로 지혜를 빌리기 위해서 이시카와 사카에씨를 만나 잡담을 나누고 있었다. 왜 저널리즘 연구를 하게 되었는지 묻자, 갑자기 아버지 이야기가 나왔다.

사카에씨와는 연구회에 같이 있었던 인연으로 아버지에 대한 일을 나는 어느 정도 알고 있었다. 하지만 본인이 직접 말하는 것을 들은 적은 없다. 화젯거리가 되는 것을 피했다고 생각한다.

그때 들은 것은 「인간의 벽」 연재 당시의 이야기로, 나라의 교육정책을 비판한 연재에 대해 압력이 가해진 듯하다. 하지만 당시 신문사의 담당자나 간부도 저자에게 말해주지 않아, 다쓰조는 끝까지 연재하였다. 연재 중에 책으로 상권이 발행되었을 때, 애독자인 어머니들이 긴자에서 필자를 위한 격려회를 열어주었다고 한다. 그리고 1년 뒤, 이번에는 다쓰조가 애독자를 초대해서 도쿄역 야에스구치(八重洲口)의 다이마루(大丸) 식당에서 출판기념회를 열었다. 그 일을 다쓰조는 무엇보다 기뻐했다고 한다.

이시카와 다쓰조의 이야기를 조금 더 듣고 싶어 재차 부탁하였다. 하지만 사카에씨가 거절하였고, 나도 바쁘게 다른 일을 하는 사이에 세월이 지났다.

꽤 기간이 지났을 때의 일. 출장처 열차에서 사카에씨와 우연히 맞닥뜨렸다. 거짓말 같지만 사실이다. 거기서부터 이야기는 시작된다.

자세한 내용은 생략하지만, 「살아있는 병사」 사건의 재판기록을 사카에씨가 보관하고 있어 읽을 수 있게 되었다. 발매금지되었던 게재지 『중앙공론』 1938년 3월호도 가지고 있었다. 출판사가 저자에게 보낸 것이었다. 읽고, 조사하고, 이해되지 않아서 또 물어보고……. 그러는 사이에 사카에씨는 재판기록을 처분하지 않고 후세에 맡기기로 결심했다.

우선, 1심의 판결등본과 공판조서를 2013년 여름, 아키타시립중앙도서관 메이토쿠관에 기증했다. 판결은 이미 알려져 있었고, 공판에서의 대화도 연구자들에 의해 단편적으로 밝혀져 있었다.

그 외에 경찰의 「청취서」와 「의견서」가 있었지만, 거기에는 아마 다쓰조의 필적으로 보이는 '거짓말'이라는 글씨가 빨간 색연필로 쓰여 있었다. 자백하라는 등의 기재도 「청취서」에 있던 것이다. 아버지의 불명예스러운 것을 내놓아야 할지, 내놓지 말아야 할지, 사카에씨는 망설이고 있었다. 하지만 다쓰조가 생전에 연구자에게 재판기록을 빌려주었을 때에 만들어진 것으로 보이는 사본을 도시샤(同志社)여자대학이 소장하고 있는 것을 알고, 그렇다면 설명을 붙인 후에 공공도서관에 맡기려고 경찰의 「청취서」와 「의견서」도 2014년 여름에 메이토쿠(明德)관에 기증했다.

기증을 결심하게 한 동기는 무엇이었을까. 사카에씨 자신이 70대를 향해가고 있었던 것, 누나인 다케우치 기에코(竹內希衣子)씨가 보관하고 있던 제1회 아쿠타가와(芥川)상 수상기념 회중시계를 2013년 봄에 메이토쿠관에 기증한 것 등등의 요인이 있었다. 그러나 최대 요인은 "세상이 어쩐지 심상치 않았다"는 것이라 생각한다.

"전쟁 과정에서 진실을 전하려고 하는 언론은 반드시 탄압받는다. 이런 사건이 옛날에 있었다는 것을 알리고 싶다." 그렇게 말했다.

조사하기 시작하면서 내가 생각한 것은 이시카와 다쓰조는 보통방법으로는 뜻대로 다룰 수 없다.

"전후, 다쓰조는 미디어에서 자유주의자로 알려졌습니다만, 자유주의자라고는 볼 수 없다"고 사카에씨가 말하고 있고, 나도 그렇게 생각한다.

무슨 주의나 당파성으로 인해 탄압받은 것이 아니다. 억울한 누명을 쓴 것도 아니었다. 전쟁에 대한 모종의 진실을 소설이라는 형태로 전하려고 한 것은 확실하지만, 일본군의 무도를 폭로하려고 의도한 것은 아닌 것 같다.

하지만 진실은 아마 알기 어려운 것이라고 나는 생각한다.

전에 내가 좀 더 젊었을 때, 기자로 검열이나 전시 하의 신문 등에 대해서 취재하고 있을 무렵, 나의 귀나 눈에 들어 왔던 것은 검열당했다는 이야기와 저항했다는 이야기였다. 그러나 하루하루의 현실은 더욱 우울하고 다양한 소식들로 가득 차 있었던 것은 아닐까.

조금은 비뚤어진 심사를 가진 다쓰조는 검열에서 번번이 호되게 당했다.

이 책은 그런 사회파 작가가 쓴 것과 재판기록을 단서로 하여 신문지법을 중심으로 검열 / 언론통제의 흐름을 거슬러 올라가 그 종언까지 더듬어 간 무모한 조사 기록이다.

그때그때 안 것을 신문이나 잡지에 써가며 언제나 진행 중인 느낌이 들어서 나는 지루할 정도로 오랫동안 조사를 계속해왔다. 이 주제가 나에게 있어서 절실하게 느껴지고 나서부터라고 생각한다. 일본사회에 있어서 검열은 먼 옛날의 역사적 사건이라고 생각해왔다. 언론통제에 대해 내가 직접 생각하는 날이 올 것이라고는 예상하지 못했다.

'전후 50년' 무렵, 전시 하에 기자였던 대선배를 취재한 적이 있다. 대화가 때때로 일치하지 않는다. "쓰지 못했다"라고 하는 대선배에게 왜 그런 판단을 한 것인가, 아직 쓸 수 있는게 아닐까, 쓸 수 있는지 없는지 논의조차 하지 않았던 이유에 대해 몇 번인가 물었다. 온화한 대선배도 조금은 지긋지긋했는지 "넌 젊으니까 주변에서 공격해오며 몸에 핍박을 가하는 경찰국가의 그 느낌을 모를 거야"라고 말했다.

지금은 그때 그런 느낌을 몰라서 정말 다행이었다고 생각한다. 그저 미래에도 계속 이대로 지낼 수 있을지 없을지. "정신을 차리니 또 이 길을 걸고 있었다"라는 상황이 되지 않기 위해서는 과거에서 배울 수밖에 없다. 스스로 조사해 볼 수밖에 없는 것이다.

왜 이런 언론억압이 진행된 건지, 그 아래에서 책을 썼던 사람이나 편집자는 어떤 생각을 하고 있었는지 알고 싶었다.

역량이 부족함을 알고 숲을 헤치고 들어가니, 자신이 얼마나 무지한지가 보이기 시작했다. 애초에 나는 신문기자인데도 전전(戰前)의 신문이나 잡지의 발행을 속박해 온 신문지법(新聞紙法)에 대해 정확하게 알지 못한다. 아니, 지금 나는 '전전(戰前)'이라 적었지만, 1945년에 일본이 전쟁에 패하고 연합국총사령부(GHQ / SCAP)의 지령에 의해 치안유지법 등이 폐지되어 특별고등경찰이나 일본 검열조직이 해체된 후에도 사실 신문지법은 바로 폐지되지 않았다. 잠깐 '정지'된 것이었다.

효력을 잃어도 남겨진 이유는 무엇일까. 그리고 그것은 언제 어디에 정착한 것일까.

石川達三氏召喚
中央公論の雨宮編輯長（休職）も

氏三達川石

内務省ではさきに、中央公論三月號
に掲載された「生きてゐる兵隊」した
る作品を時局柄不穩當として發賣
頒布を禁止した同誌では引續いて發行
した同號の非常時局に於いて反
軍的内容の作品が掲載されたこと
を遺憾とし、その間の事情を聞く
ため數日前からこれの記者石川達
三氏及び中央公論の常時の編輯長
雨宮庸藏氏（目下休戰中）を警視
廳に不拘束のまゝ召喚、慫慂讓で
邪俳を散瓣べてゐる

み込坐の党大社

安部磯雄顧　荒畑寒村首

吉田大使令嬢婚約
【ロンドン】

使節の贈物傳達

一六區花屯又二目綿布

田胃散

● ── 다쓰조들의 소환을 알리는 『도쿄아사히신문』(1938년 3월 24일 석간)

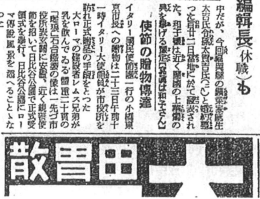

제1장

필화를 추궁하여

1. 「살아있는 병사」 사건은 어떻게 알려졌는가

창작에 사고(事故) 있음

먼저 「살아있는 병사」 사건이 어떻게 동(同)시대 사람들에게 알려지게 되었는지에 대해 신문기사를 찾는 것부터 시작하고 싶다.

1면의 톱이라고 하면 그날 제일의 뉴스가 실리는 곳이지만 중일전쟁 무렵에는 광고가 『도쿄아사히신문』의 제1면을 차지하고 있었다. 그날 ─1938년 2월 19일─은 월간지 『중앙공론』과 『일본평론』의 발매일이었다. 제1면에 이 두 잡지의 광고가 많이 실려 있었다.

『중앙공론』 특집은 "전시 제2년 일본" 작년부터 중일전쟁이 본격화되어 있었다.

『중앙공론』의 집필진을 보면 다니카와 데쓰조(谷川徹三)가 사상통제, 이시바시 단잔(石橋湛山)이 전시(戰時) 인플레이션, 하토야마 이치로(鳩山一郎)가 유럽에서 정치가와 면회한 인상기(印象記), 마키노 도미타로(牧野富太郎)가 봄 꽃에 대해 적었다.

● 『도쿄아사히신문』(1938년 2월 19일 조간) 하단 왼쪽에 "창작사고 있음……"
이라는 문장이 보인다.

마사무네 하쿠초(正宗白鳥)와 기요사와 기요시(清沢洌)가 연재. 권두화는 고바야시 고케이(小林古徑), 시는 구사노 신페이(草野心平). 모택동(毛澤東)의 인터뷰 전재(転載)나 채플린 론(論)도 있으며, 호화롭게 꾸며져 있었다. 잡지 이름 옆에는 '휘황찬란한 시대의 총아'라는 문구가 쓰여 있었다. 『중앙공론』이 그 시절 통합잡지의 중심이었다는 사실은 나도 알고 있다.

그 출판광고를 자세히 보면 주력 작품의 제목을 넣을 만한 왼편에 이런 문구가 적혀 있다.

창작에 사고(事故) 있음, 진용(陣容)을 새롭게 바꿔
근간 발행! 그때까지 기다려주시길!

『중앙공론』 발매금지

창작에 사고(事故)?
사정은 다른 페이지에 실린 기사에서 알 수 있다. 전날 2월 18일에 『중앙공론』 3월호는 발매·반포금지, 이른바 발매금지가 된 것이었다. 광고에서 문제가 된 작품의 제목을 지우고 서둘러 바꿔 채운 것이다.
문제가 된 작품, 그것이 이시카와 다쓰조의 「살아있는 병사」였다.
신문 안쪽 페이지에 그것에 관한 기사가 있다.

『중앙공론』 발매금지

「살아있는 병사」 등 기휘(忌諱)에 저촉되다

일본평론도 1편 삭제

비상시국 아래에 출판물 금지처분은 상당수에 이르지만 3월호 발행 전 18일 『중앙공론』 발매금지와 함께 『일본평론』 일부 삭제가 내무성에서 통고되었다.

중앙공론사에서는 이 잡지에서 난징으로 특파된 이시카와 다쓰조의 장편소설 「살아있는 병사」가 당국 기휘에 저촉되어 신문지법 제23조에 의해 발매금지 처분을 받은 것으로, 일본평론은 「오우치 효에와 그 외(大內兵衛その他)」라고 제목을 붙인 오바 겐이치(大場賢一)씨의 평론 1편을 삭제하라는 명을 받았다. 중앙공론사에서는 일단 지적당한 것을 전부 삭제하여 발행하도록 당국과 교섭한 결과 최근 발매를 허락받은 모양이다.

(『도쿄아사히신문』 1938년 2월 19일 조간)

기사에는 「살아있는 병사」가 어떤 소설인지 대체 무엇이 '기휘에 저촉된' 것인지는 적혀있지 않다. 알 수 있는 것은 다쓰조가 『중앙공론』에서 중국 난징에 특파되어 적은 소설이 당국의 기휘에 저촉되었다. 즉, 당국이 몹시 싫어하는 것을 적어 문제가 되었다고 하는 것 정도다. 그 결과 게재지 『중앙공론』 3월호가 발매금지 된 것이다.

정서적인 전쟁정보

이날의 신문은 거의 전쟁관련 기사로 가득 차 있었다.

어떠한 기사였는가?

때마침 국회에서 국가 총동원법안을 둘러싼 격론이 한창이었다. "1면 톱"에 해당하는 『도쿄아사히신문』의 2면 톱기사는 〈원고를 일부 수정 삭제 / 총동원법안 결정하다〉.

그해에 막 탄생한 후생성이 제대병사의 복직에 대해 만전의 대책을 강구하고 있다는 기사도 있었다. 오스트리아에 히나마쓰리 인형을 보내는 이야기는 「방공의 봄에 보내는 미담」이라는 표제어에 있다.

비상시라고는 하지만 지면상으로는 어딘가 한가로움이 느껴진다.

〈"하늘의 도깨비 부대장" 개선 / 부하 순난(殉難) 땅에서 눈물의 작별〉이라고 하는 기사는 난징공략전 등 지휘관으로서 활약한 부대장이 내지에 돌아오기 전, 전사한 부하의 혼에 공손히 절하고 담배와 눈물을 바쳤다는 이야기. 본문의 서두는 〈오랜만에 구름 한 점 없이 쾌청한 날씨를 맞이한 양쯔강 이남 지역 들판에 빨리 새싹이 움틀 것 같은 따스함이 찾아왔다〉라는 문학적인 문구가 쓰여 있었다.

한편, 이 기사는 발신지가 '○○에서'로 복자가 되어, 중요한 부분은 알 수 없다.

「전우를 그리워하다」라고 하는 특집도 있다. 〈열렬한 투지를 불태워 전장(戰場)의 이슬로 사라진 용사를 그리는 피의 수기〉라는 좋은 평을 받고 있다. '천황폐하 만세'를 외치며 전사한 상등병은 지난 달 어디서인지 소고기를 구해 와 전장에서 소고기 전골을 대접했다는 등등.

이러한 기사에 독자는 감동했을까?

아니면 냉정하게 읽고 있었던 것일까?

전장의 일이라면, 단편적인 일이라도 알고 싶어 했을까?

신문기자인 나는 이른바 '좋은 이야기', 유려(流麗)한 문장의 유해성을 생각한다.

경시청에 소환되다

「살아있는 병사」에 대한 기사는 게재지가 발매금지 처분을 받은 것으로 끝나지 않았다.

3월에는 작자와 편집자 등이 경시청의 취조를 받았다. 경시청 특별고등경찰부 검열과 담당이다. 전년도 12월 명부에 의하면 특별고등경찰부에는 외사과, 특고 제1과, 특고 제2과, 노동과, 내선과, 검열과 등이 있고, 검열과에는 과장 이하 17명이 재직하고 있다.

다쓰조와 관련자들이 경찰의 출두 명령을 받아 취조를 받고 있는 것을 전한 『도쿄아사히신문』의 기사(제1페이지)는 삼단 표제에 다쓰조의 초상화를 첨부하여 눈길을 끌었다.

이시카와 다쓰조씨 소환

『중앙공론』의 아메미야 편집장(휴직)도

내무성에서 먼저 『중앙공론』 3월호에 게재된 「살아있는 병사」 작품을 시국에 맞지 않는다는 타당성을 문제 삼아 발매금지 처분을 내렸다. 중앙공론사에서는 삭제하고 발행했지만 현재 비상시국에 있어 반군적 내용의 작품이 편집된 것에 유감을 표하고 그동안의 사정을 듣기 위해 수일 전부터 이 작품의 필자 이시카와 다쓰조 및 『중앙공론』의 당시 편집장 아메미야 요조(雨宮庸蔵, 현재 휴직 중)씨를 경시청에 불구속 소환, 검열과에서 그 사정을 취조하고 있다.

(『도쿄아사히신문』 1938년 3월 24일 석간)

4월 이후는 온통 그와 관련된 기사였다.

4월 29일 동 신문 석간(28일 발행=당시 동 신문의 석간은 다음 날의 날짜로 표기되어 있다)의 기사 〈서류를 송국(送局) /「살아있는 병사」의 조치〉에 따르면 경시청의 조사가 일단 끝이나 다쓰조와 게재 당시의 『중앙공론』 편집장·아메미야 요조, 『중앙공론』 발행인·마키노 다케오(牧野武夫)와 담당 편집자였던 마쓰시타 히데마로(松下英麿)가 육군형법과 신문지법 위반으로 28일, 도쿄지방검사국에 서류송치(送致)되었다. 〈유언비어라는 점에서 육군형법에 저촉된 것이다〉라는 설명이 있다.

이 기사에서 알 수 있는 것은 '반군적(反軍的)'인 소설을 쓴 작가와 그것을 실은 편집자들이 육군형법과 신문지법 두 가지를 위반한 혐의로 경찰의 취조를 받았다는 것이다.

어디가 반군적으로 간주된 것인지, 작가는 무엇을 그리려고 했으며, 출판사는 어떻게 판단했는지, 발매금지 처분과 더 이어진 수사가 적정한 판단이었던 것인가에 대한 구체적인 기사는 발견되지 않았다.

신문지법 위반 죄로 기소되었다

8월 5일 동 신문의 석간 〈이시카와 다쓰조씨 등 3명 기소〉의 기사에 따르면, 사상조사의 취조를 거쳐 8월 4일 다쓰조, 아메미야, 마키노 3명이 기소되었다. 죄명은 신문지법 위반이었다.

재판이 열려 판결은 〈이시카와 다쓰조씨 등 집행유예〉(9월 6일 석간). 도쿄구 재판소에서 9월 5일, 다쓰조와 아메미야에게 금고 4개월, 집행유예 3년(구형 금고 4개월), 마키노에게 벌금 100엔의 판결이 내려졌다. 검사가 다쓰조와 아메미야의 집행유예는 부당하다고 공소하여 이심까지 진행되었다.

출판범죄로서 기소되었던 이유는 무엇일까. 무엇이 잘못 되었던 것일까.

희미한 실마리가 기소를 전하는 기사 안에 있다.

이시카와 다쓰조 등 3명 기소

『중앙공론』 3월호에 이시카와 다쓰조씨(34세) '실제는 33세'가 집필한 「살아있는 병사」의 필화사건(작품으로 말미암아 권력이나 기타 세력에 핍박을 받거나 제재를 받는 사건)은 일찍이 도쿄 지방 검사국 이모토(井本) 검사가 담당하여 조사 중이었지만 최근 도쿄구 검사국으로 이송, 오카모토 검사가 연이어 조사한 결과 '허구의 이야기를 마치 사실처럼 공상하고 집필한 것은 안녕질서를 어지럽히는 것'이라는 이유로 4일 아침 신문지법 위반으로 다쓰조와 『중앙공론』 전 발행인 마키노 다케오씨(43세), 같은 전 편집인 아메미야 요조씨(36세) 세 명 모두 기소당했다.

(『도쿄아사히신문』 1938년 8월 5일 석간)

허구의 이야기를 마치 사실처럼? 『요미우리신문』 석간에도 그렇게 쓰여 있었지만 소설가에게 너무 심한 말이다. 허구 속에 리얼리티가 있는 것이 소설이 아닌가.

확실히, 신문지법 제41조에 "안녕질서를 어지럽히거나 또는 풍속을 해하는 항목을 신문지에 게재한 경우에는 발행인, 편집인을 6개월 이상의 금고 또는 200엔 이상의 벌금형에 처한다"라고 되어 있어, 안전질서를 어지럽히는 사항을 게재하면 처벌받게 되어 있었다. 그러나 허구 운운하는 법률은 없다.

이것은 허구다. 사실이 아니라고 주장할 필요가 당국에 있었던 것은 아닐까.

2. 다쓰조, 중일전쟁을 취재하다

전장의 유혹

이시카와 다쓰조는 왜 전장 취재에 나섰는가.

본인이 가고 싶다고 희망해 『중앙공론』에 제의한 것 같다.

1937년 7월 7일 밤부터 8일까지 베이징 교외의 노구교(蘆溝橋) 부근에서 훈련 중이던 일본군을 향해 누군가가 발포한 사건을 계기로 중·일 양군이 충돌했다. 일본은 비로소 불확대 방침을 내세웠던 8월에 철회. 9월 2일에 「지나(支那: 중국)사변」이라고 호칭을 통일하기로 각의(閣議)에서 결정했다.

이유는 노구교 부근에서의 양군의 충돌이 "이제 중국 전체에 미치는 사변으로 변해서"라고 한다.

선전포고가 없는 전쟁상태였다.

그 무렵 다쓰조는 「복자 작가의 변명」이라는 제목으로 2회에 걸쳐

『요미우리신문』문예란에 기고하고 있다. 동 세대의 작가 니와 후미오 (丹羽文雄)가 「오늘과 같은 혼돈의 시대에 작가라는 것은 지극히 명리를 좇는 것이다」라고 쓴 (『요미우리신문』 1937년 9월 8일, 10일 석간)것에 호응하여 고양(高揚)감이 넘치고 있다.

일전에 본지(신문)에서 니와 후미오는 이러한 시대에 생겨난 인과응보라며, 작가로서의 일이 훨씬 많이 부여되는 긴장을 느낀다고 말했다. 부러울 정도로 의욕이 충만한 분이다.

아무래도 이 시대에는 작가만이 비로소 해결할 수 있는 문제도 많은 듯하다. 시대의 행보를 놓치지 않기 위해서는 거의 밤낮으로 눈을 부릅뜨고 있어야 할 정도의 시대다. 작가는 긴장하지 않으면 안 된다.

그러나 한편에서는 언론통제가 있고 문학국책이란 것이 있어서 작가의 관조(觀照)도 해석도 그것을 발표하는 데는 목숨을 걸어야 하는 시대가 도래하고 있다.

그리고 한편으로는 이런 거친 시국의 바람이 불어온다. 그 시국은 작가를 결코 궁핍하게 하는 것이 아니라 크게 긴장하게 한다. 전쟁 르포르타주(보고문학)에도 야심이 생기고, 새로운 인간성을 발견하는 기회도 많아진다. 뭐라고 해도 전쟁은 인간의 영혼을 멋지게 연소시켜, 문학의 대상으로써 야심을 느끼지 않을 수 없다.

(『요미우리신문』 1937년 9월 18일 석간)

모르는 것은 궁금증을 불러일으킨다

2회째의 「복자 작가의 변명」은 더욱 뜨겁다.

> 작가들, 평론가들은 현재 복자와의 싸움을 벌이고 있다.
>
> 그러나 복자는 모두 글을 쓰는 사람들만의 이야기는 아니다. 세상은 바야
> 흐로 복자시대인 것이다.
>
> 사변에 관한 신문기사는 'ㅇㅇ'부터 'ㅇㅇ'까지 사변 사진을 설명하는
> 것 등은 "ㅇㅇ방면으로 진군하는 ㅇㅇ군"으로는 무슨 말인지 전혀 알
> 수 없다. 그리고 이 복자가 지금은 일종의 처참한 느낌을 주는 하나의 효
> 과까지도 가져왔다.
>
> 모르는 것은 궁금증을 불러일으킨다. 그것은 하나의 매력이다.
>
> (략) 기회가 있으면 나는 종군기자가 되어 전쟁의 마지막을 보고 싶다. 정
> 관(靜觀)은 언제든 가능하다. 소용돌이 속에 들어가지 않고 지켜보라는
> 것은 도망가 있으라는 것에 가깝다.
>
> (『요미우리신문』 1937년 9월 21일 석간)

복자 즉 검열에는 이의를 품지 않고 후세의 사람은 조금 의문을 느끼
겠지만, 어쨌든 다쓰조는 현지에 가고 싶었던 것이다. 그것은 전장에서 직
접 전시 하의 인간을 직접 알고 싶다는 글쟁이로서의 욕망이었던 것이다.

여기에도 있는 것처럼, 당시의 신문 기사는 "우리ㅇㅇ부대", "해군
항공 부대ㅇㅇ기" 등 부대 이름과 수량이 가려지거나 "ㅇㅇ 방면으로

적전 상륙을 감행" 등 중요한 부분을 애매하게 하고 있다. 정통을 찌르지 못하고 겉돌기만 하면, ○○에서 쓸데없는 호기심이 생길지도 모른다.

확실히 모르는 것은 궁금증을 불러일으킨다.

군기군략(軍機軍略)[1]의 게재 금지

지면의 속사정을 알아보았다.

내무성 경보국(警保局) 도서과가 발행하고 있는 『출판경찰보』에서 노구교사건이 일어난 1937년 7월부터 다쓰조가 모든 전쟁 보도에 호기심을 가지고 9월까지의 상황을 조사하고 있다고 내무성은 재빨리 기사 금지에 관한 지시를 냈다.

노구교사건 직후, 퇴영기(退營期)에 있는 현역병에 퇴영 연기 명령이 나왔지만 처음에는 이 퇴영 연기 명령을 받은 부대에 관한 기사를 아예 싣지 못하도록 기사 금지사항의 시달(통보)을 각 청·부·현에 보냈다. 당시 검열 업무 담당은 각 청·부·현 장관(도쿄에서는 경시총감)이었다. 동원 명령이 나와도 게재하지 않도록 주의가 이어졌다.

7월 31일에 육군성령, 8월 16일에는 해군성령이 발령되어 군대의 행동 등 군기군략에 관한 사항의 게재는 미리 육군 장관, 해군 장관의 허가를 받은 것 이외에는 금지되었다. 신문지법 제27조에 〈육군 장관, 해군 장관 외 외무대신은 신문지에 명령하여 군사 또는 외교에 관한 사항의

---

1 군사기밀과 군사전략을 뜻한다.

게재를 금지 또는 제한할 수 있다〉에 따른 명령이다.

'신문 게재 금지사항의 표준'을 각 성(省)에서 정하고, 더욱이 실무를 위해 "신문 게재사항 허락여부에 대한 판정 요령"이 정해져, 때때로 변경되었다. 이를 근거로 시시각각 기사 금지사항이 만들어졌다. 그것들을 내무성이 수준에 따라, 각 지방 장관(도쿄는 경시총감), 경찰부장(경시청은 특별고등경찰 부장), 특고과장(경시청은 검열과장)에게 전달했다.

이러한 '표준'이나 '판정 요령'에 따르면 병력이 모이는 거점의 지명은 쓸 수 없고, 수나 부대의 이동을 짐작할 수 있는 것도 불가능했다. 규모를 알 수 없게 소대나 중대 모두 '부대'로 표시하고, "하세가와 부대(長谷川部隊)"든 "소속 부대(原部隊)"든 복자는 ○자 2개로 "○○부대"라고 표현해야만 했다.

군사기밀이라고 하면 엄청난 비밀처럼 생각되지만, 그 적용 범위는 방대했다. 비행기 탑승 중 사망한 경우에도, 어느 하늘에서 전사했는지 게재하는 것은 불가능했다. 애당초 해군의 '판정 요령'에는 〈아군에게 불리한 기사, 사진은 게재하지 않을 것〉, 육군은 〈아군에게 불리한 기사 사진〉은 허락하지 않으며, 사정이 좋은 것에 대해서만 게재를 인정했다.

이기는 것은 비밀이 아니지만 지는 것은 비밀이다.

'일반 치안기사'도 제한

군사기밀이 아닌 '일반 치안'에 관한 기사에 대해서도, 내무성은 규정에 맞추려고 했다. 이것은 이상하지 않은가. 신문지법은 내무성에 대해 육군성이나 해군성과 같은 게재 금지 명령을 내릴 권한을 부여받지 않았다. 금지 및 압수에 대해서는 아래에 적은 조문이 있다.

> 제23조 내무장관은 신문에 게재된 사항에 대해 안녕질서를 어지럽히거나 풍속을 해치는 것으로 인정될 때는 즉시 발매 및 반포금지하고, 필요한 경우에 압류할 수 있다.
> 전항(前項)의 경우에 있어 내무장관은 동일한 취지의 사항을 게재 금지할 수 있다.

단지 제2항은 『현대법학전집』(1930년)의 설명에 따르면 〈이 금지 명령은 금지 처분을 받은 그 신문에 대한 것으로 다른 일반 신문에 대한 것은 아니다〉.

그럼 어떻게 일반 치안 기사를 제한하는 것일까.

「신문과 그 단속에 대한 연구」(1936년)라는 검찰관이 쓴 사법연구보고에 내무장관이 실시하는 "사실상의 기사 금지"에 대한 설명이 있었다. 이것을 게재하면 신문지법 제23조 위반이 되는 사항에 대해, 내무장관은 미리 신문 발행업체에 게재하지 못하도록 주의를 환기할 수단을 강구하고 있다는 것이다. 이에 따라 신문을 발행하는 쪽은 애매한 "안녕질서"의 구체적 기준을 이해하고 발매금지로 인한 경제적 손실을 방지할 수 있으며, 당국은 불온한 기사의 게재를 방지할 수 있기 때문에 〈신문법상 인정된 처분은 아니지만, (략) 출판경찰상 유효적절한 것으로 인정된다〉고 한다.

그리고 '시달' '주의' '간담'의 세 가지 방법을 들 수 있다.

이것은 금지 정도의 대·중·소에 따른 것으로 '시달'은 기사를 게재하지 않도록 전하고 만약 게재하면 행정 처분의 대상이 될 것임을 예고하는 것이며, '주의'는 게재하면 행정 처분이 있을지도 모른다고 예고하는 방법. 그리고 '간담'은 〈신문사의 미덕에 호소해 해당 기사를 게재하지 않도록 권고하는 방법〉이라고 한다.

군기군략 이외의 기사를 컨트롤하는 데 이 '간담'도 활용되고 있었다.

예를 들어, 노구교사건 후 〈일부의 신문지 통신 중에는 이번 일본과 중국 정책에 대하여 근본적인 오류가 있거나, 또는 영토적 야심이나 호전적 실력행사의 발로가 되는 사실무근을 게재했기〉 때문에 (『출판경찰보』제107호) 내무성은 7월 13일 보도에서 "시국에 관한 기사취급 관련 사항"을 각 지방 장관에게 보내어 다음과 같은 항목에 대하여 관내 신문사, 통신사, 잡지사의 책임자와 간담하도록 요구하고 있다.

2. 그 밖의 일반 치안에 관한 기사취급에 관해

일반 치안에 관한 기사취급에 있어 아래 각 항에 특단의 주의를 요하는 것은 적어도 우리의 국익을 해치거나 국제 신망을 훼손하는 듯한 언설을 하지 않도록 특히 자제시킬 것

 (1) 반전 또는 반군적인 언설이나, 혹은 군민 간의 이간을 초래하는 듯한 사항

 (2) 우리 국민(일본)을 호전적(好戰的) 국민인 듯한 인상을 주는 기사, 혹은 일본의 대외국책을 침략주의인 듯한 의혹을 불러일으킬 우려

가 있는 사항

(3) 외국 신문 특히 지나(중국) 신문 등의 논조를 소개함에 있어, 특히 우리나라를 비방하거나 우리나라에 불리한 기사를 전재(轉載), 혹은 이를 용인하거나 긍정하는 언설을 행하는 것, 더 나아가 일반 국민이 사변에 대한 판단을 잘못할 우려가 있는 사항

(4) 앞의 각 항 외에, 시국에 관하여 공연히 민심을 자극하여 국내 치안을 교란하는 사항

반전은 NG인 것이다.

또, 8월 13일 날짜로 "국시에 관한 출판물 단속에 관한 사항"을 내보내, 다음과 같은 "일반안녕금지표준"을 중시하고 출판물 단속에 해당하도록 내무성이 경시청 특고부장과 각 관청의 부·현의 경찰부장에게 요구하고 있다(『출판경찰보』제108호).

북지(北支: 북중국)사변에 관한 일반 안녕 금지 표준

1. 일본의 대 지나(중국) 방침에 관해 정부부(政府部) 내, 특히 각료 간의 의견 대립이 있을 수 있는 추측성 논의

2. 국민은 정부의 대 지나 방침을 지지하지 않거나 혹은 민심을 분리시켜 국론 통일을 방해하는 논의

3. 국민의 대 지나 강경 결의는 당국의 조작에 의해 위작당하고, 국민의 진의는 전쟁을 공포 혹은 기피하려는 경향의 논의

    (략)

7. 사변과 관련하여 국내, 특히 농촌의 빈곤을 과장하거나, 이번 전시 재
   정(戰時財政)은 국민생활을 유린하는 것으로 판단함에 따라 반군 혹
   은 반란사상을 고취시켜 군민 간의 이간을 기도하는 듯한 논의

   (략)

농촌의 피폐도, 전시 재정이 생활을 압박하는 것도 널리 알려진 사실
로 군사기밀이라고는 할 수 없다. 그러한 사항의 게재를 제한하기 위해
'안녕'이 사용되고 있었다.

미담은 명랑하게

금지할 뿐만 아니라 〈이러한 기사, 사진이라면 게재를 인정한다〉라
는 형태로 쓰기를 유도하였다. 후방의 미담 등이다.

먼저 동원이나 파병을 동반하는 부대의 이동에 대해서는 이를 짐작
할 수 있는 기사나 사진도 일절 게재 불가되었다. 가족과의 면회, 송별회,
배웅 기사까지 배제되었다. 그러나 8월 15일, 육군성은 국민의 애국심을
유지하기 위해 소집미담, 후방미담, 소집자나 부대의 출발, 배웅 상황 게
재는 조건부로 금지령을 풀었다. 부대의 행선지나 배웅 일시, 장소를 명
시하지 않는 조건을 충족하고, 이미 중국으로 건너 간 부대에 관한 기사
에 한해서 금지령을 풀었다. 이것을 내무부가 경시청 특고부장과 각 기
관 부·현의 경찰부장에게 전한 문서에는 육군성의 이러한 다짐이 있었
다.(「육군성령 제24호에 의한 기사게재 허가 취급에 관한 건」 8월 16일)

소집 및 후방 미담 등의 소개에 관한 것은 명랑한 기사를 주로 하고, 쓸데 없이 감상적으로 흐르거나 국가 또는 사회 시설의 결함을 입증하는 듯한 기사를 피하도록 한다.

이「명랑한 미담」게재 허가는 일단 파기된 후 정리되어 9월 9일에 육군성의 '판정 요령'이 전면 개정된 때에 중국으로 이미 건너 간 부대를 막론하고 이어 금지령이 풀렸다.

이러한 당국의 명령이나 요청을 듣고 있으면, 사실을 공정하게 보도 할 수 없다. 사정이 좋은 것만 전하는 홍보선전이 되어버린다.

9월까지의 상황을 대충 조사만으로 이러한 상태여서 이시카와 다쓰조가 아니더라도 ○○의 상대편을 알고 싶었을 것이다.

이후, 전사와 부상자의 이름을 신문에 다수 나열하는 것도 금지되었고, 아니 전국 단위의 게재는 안 되지만 지역의 전사자만을 게재하는 것은 괜찮다는 식으로 정책 변경이 되었다.

12월에는 신문지법에 의거한 외무성령도 발령되어 〈국교에 영향을 미칠 수 있는 사항〉으로 외무대신이 개별적으로 지정한 것에 대한 게재를 금지하게 되었다.

전쟁은 그렇게 경사스러운 일이 아니다

다쓰조는 중국으로 출정한 친구가 보낸 편지를 통해 전장 상황을 조금 알고 있었다고 한다.

전후에 발표된 『로망의 잔당(ろまんの殘黨)』라는 소설에 그와 비슷한 것이 적혀 있다. 이 소설은 이시카와 다쓰조로 보이는 '나'를 주인공으로 하여, 문학 수행시절의 친구의 일을 회상하는 것이다. 1937년 8월에 소집영장을 받고, 곧 상하이로 건너갔던 "미야모토 구사오(宮本草雄)"가 전한 편지 내용이다.

이렇게 연이어 미야모토의 편지를 받으면서 나의 마음은 점점 격해졌다. 후방의 신문보도는 거짓말이다. 대 본영 발표는 거짓말투성이다. 일본의 전쟁은 성전(聖戰)이고, 일본의 병사는 신병(神兵)으로 점령지는 화기애애하다고 하지만 전쟁이라는 것이 그렇게 경사스러운 일이 아니다. 형편없이 통렬하고 비참한 것이다. 전쟁이란 무엇일까. 나는 그것을 규명하고 싶은 욕망에 불탔다.

(이시카와 다쓰조 『로망의 잔당(ろまんの殘黨)』)

다쓰조는 현지를 보고 싶다고 중앙공론사에 전했다. 그때 32세. 장녀가 태어났을 때다.

12월 13일에는 일본군이 적국의 수도 난징을 점령했다고 하여 국내는 축하 분위기였고, 도쿄에도 제등행렬에 많은 사람이 몰렸다.

파견이 결정된 것은 12월 25일이라고 경시청의 「청취서」에 쓰여 있다.

다쓰조의 당시 여행과 집필 일정은 관계자가 쓴 것과 기록과는 다소 차이가 있다.

여기에서는 여정을 통합해서 나타낸 것으로, 경시청 검열과의 시미즈 분지(淸水文二) 경감이 1938년 3월 16일로 작성한 이시카와 다쓰조의 「청취서」부터 살펴본다.

중앙공론사가 다쓰조의 파견을 결정한 것이 1937년 12월 25일. 다쓰조는 시마나카 유사쿠(嶋中雄作) 사장을 면회했을 때 "현지보고 보다 소설을 쓸 목적으로 가면 좋겠다"는 사장의 요망사항을 들었다. 출발은 12월 29일. 「청취서」에는 없지만, 고베 항에서 군용 선박을 탔다고 한다.

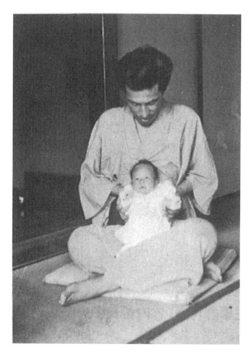

●── 생후 20일째의 장녀 게이코
를 안고 있는 다쓰조(1937년.
다케우치 게이코씨 소장)

1월 5일 상하이 상륙

　　7일 쑤저우(蘇州) 도착 1박

　　8일 난징 도착

　　15일 난징 출발 상하이 도착

　　20일 상하이 출발

　　23일 도쿄 도착

　해군성 발행의 종군허가증 복사가 아키타시립중앙도서관 메이토쿠관의 「이시카와 다쓰조 기념실」에 있다. 실물은 장녀의 다케우치 게이코씨가 보관하고 있다.

　〈오른쪽 "제3함대"(상하이 방면)에 종군을 허가한다. 1938년 1월 19일〉이라고 되어 있고, "폐(廢)" "종군 기념으로 교부"라는 빨간 스탬프가 찍혀 있다. 돌아가는 배편의 승선을 위한 것으로 위의 일정과 거의 일치한다.

●── 해군성발행의 종군허가증
　　(다케우치 게이코씨 소장)

종군 취재의 일정은 대충 이러했던 것 같다. 중국 체류가 2주일 남짓. 그 중 난징이 1주일 정도.

도쿄의 집에 돌아온 것이 다음 해 1938년 1월 하순. 법정에서의 대화를 기록한 공판조서에 의하면,『중앙공론』3월호의 일정에 맞추어 달라는 중앙공론사의 요청 때문에 조급했다. 3월호가 발행되는 것은 2월 19일이다. 마감까지 2주일 정도 밖에 시간적 여유가 없었던 것이다.

다쓰조는 최선을 다해 썼다. 탈고한 것이 '기원절(紀元節)', 즉 2월 11일. 이 시간을 정확하게 말하면, 11일인지 12일 새벽인지 양설이 있지만 어쨌든 기다리고 있던 "중앙공론사"의 편집자에 의하면 그것은 마감에 임박하여 들어온 원고였던 것이다.

3. 이것은 도저히 통과할 수 없다

편집자의 기개와 상혼(商魂)

이시카와 다쓰조는 3회에 걸쳐서 원고를 편집부에 건넸다고 법정에서 진술했다. 공판조서에 의하면 탈고한 것은 2월 12일 새벽.

그것을 편집부는 실제로 2월 19일에 시판하는 『중앙공론』 3월호에 실어야만 했다.

당시 『중앙공론』의 편집장은 아메미야 요조였다. 다쓰조보다 두 살 위이므로 서른 중반이다. 전쟁 후에는 요미우리신문사에 들어가 저널리스트로 활동했다. 회상록 『시노부구사 저널리스트 60년(偲ぶ草 ジャーナリスト六十年)』(1988년)에서 「살아있는 병사」 사건을 회고하고 있다. 복자시대의 편집장이 "기개와 상혼"을 표현한 문장을 인용하고 싶다.

전후 편집자들은 이해하기 어렵겠지만 검열제도가 있었던 때에는 에로티시즘에서 사상에 이르기까지, 검열을 통과할 수 있을지 없을지 아슬아슬한 선까지 편집의 묘미를 살려야만 좋은 잡지, 잘 팔리는 잡지가 만들어진다는 기개와 상혼이 일관하고 있었다.

같은 검열이라도 공산권의 검열과는 본질적으로 달랐지만 이런 방식은 진보적인 종합잡지 편집자의 정신을 필요 이상으로 소모시키는 것이었다. 목숨을 걸고 일하는 것과 비교하면 '언론의 자유'가 보장되는 현재의 편집은 소꿉놀이에 가깝다. 양식(良識)과 시대감각과 편집기술과 상혼을 가지고 마음껏 할 수 있기 때문이다.

이 고투를 경감하는 의미에서 사전검열이라는 것도 있었지만 그것은 제도화되지 않았다. 편집자라 하더라도 사전검열은 언론통제로 직결되기 때문에 경계하고 있었고, 현실적인 문제로서도 원고가 마감 직전에 쇄도하는 경우가 많으므로 그것은 실행 불가능했다. 「살아있는 병사」의 원고 330장의 원고가 도착한 것은 출장 교정을 하기 직전에 들어왔다.

(아메미야 요조 『시노부구사(偲ぶ草』)

330장이라는 원고용지의 장 수를 현재로 보면 문고판 책 한 권에 해당한다. 그런 장편소설을 이시카와 다쓰조는 단숨에 써 냈기 때문에, 편집자는 즉시 그것을 교정하고 점검한 후 복자를 해야 했다. 『중앙공론』에서는 위험하다고 생각하는 원고는 여러 사람이 서로 읽어 보면서 교정한 듯하다. 아메미야는 다른 책에서 그렇게 썼다.

검열제도로 골치가 아팠던 일은 지금 시대에서는 상상도 할 수 없는 일이다. 가와카메 하지메(河上肇) 박사 등 요주 인물의 원고에 대해서는 선대(先代)사장과 자주 읽고 교정을 했다. 구로시마 덴지(黒島伝治)의 소설 「빙하(氷河)」 때는 시베리아 출병에 대한 내용으로 내각 총책임자가 출병 책임자 다나카 기이치(田中義一)였기 때문에, 서로 읽어 보면서 상당한 복자를 가했지만 게재는 위험하다고 진언했다. 그 역시 발매 당일에 발매금지 당했다. 그러나 신문에는 「군벌 탄압」이라는 기개에 찬 광고를 내었다. 이것은 여론의 지지와 다음 호에 대한 독자의 구매욕을 높이기 위한 것이었다.

(「역대편집장의 회상」 『중앙공론』 1955년 12월호)

페이지를 비워놓고 기다리고 있었다

다만 「살아있는 병사」에 대해서는 시간의 여유가 없었다. 당시 중앙공론사 중역으로 출판부장이며 『중앙공론』 발행인이었던 마키노 다케오는 이렇게 회상하고 있다.

『중앙공론』으로부터 특파되어 종군한 이시카와씨는 계약기간 내내 현지에서 취재했고, 돌아와서도 그 보고 작품을 완성시키기 위해 뼈를 깎는 노력을 했다. 원고가 전달된 것은 마감날짜가 3일이나 지나서였다. 페이지를 비워놓고 기다리고 있던 편집부에서는 아무도 원고를 훑어보지 않고, 조판 지정만 하여 인쇄소에 보냈다고 한다. 그러한 점에서도 무리한 착오는 있었다고 생각할 수 있지만 잡지의 편집제작 도중에는 때때로 이런 일이 생긴다.

(마키노 다케오 『구름인가 산인가(雲か山か)』

하지만 임박하게 도착한 원고는 심상치 않은 것이었다. 마키노의 회상은 계속된다.

완료된 초고를 대충 훑어 봤을 때 편집부에서는 당연히 문제가 되었다. 교정쇄를 보고 놀란 내 충격만큼이나 교정실에서는 이미 편집부 전원이 초고 때부터 옥신각신 했다고 한다. 복자, 삭제, 할 수 있는 모든 수단이 강구되었다. ○○나 ××를 아무리 덧붙여도 모든 내용을 알아볼 수 있었다. 그것을 은폐하기 위해서는 문장의 글씨를 볼 수 없을 정도로 삭제를 하지 않으면 안 된다. 그렇게 하면 작품의 가치가 없어진다. 끝까지 파고 들어 그 작업을 해야 할지 말아야 할지까지 생각하게 되었다.

(위의 책)

출판부장인 마키노가 읽었던 것은 편집부에서 복자를 가하고, 이것으로 끝이라는 교료지(校了紙: 인쇄하기 전 교정이 끝난 상태)가 나오고 나서이다. 이미 위험한 부분은 '○○'나 '…….'로 되어 있었다. 그래도 충격에 휩싸였다고 마키노는 말한다.

물론 그때 본문은 이미 윤전기에 걸려 요란하게 인쇄되고 있었다. 읽기 시작하자 내 눈은 원고에 빨려간 듯, 완전히 매료되어 버렸다. 정력적이고 야심적인 젊은 작가는 직접 전장에 말을 타고 누비며, 그 현실을 얄미울 정도로 생생하고 적확(的確)하게 파악하고 있다. (략) 전장에 대해서, 이러한 보도와 묘사를 본 적조차 없는 나는 홀린 듯이 단숨에 다 읽었다. 그리고 나는 오히려 깜짝 놀랐다. 이것은 도저히 통과할 수 없다.

(위의 책)

마키노는 이렇게 적었다.

「살아있는 병사」는 강하고 용감한 일본군의 생태를 여실히 묘사함과 동시에 전쟁으로 인한 죄악, 수치, 무도(非道)를 파헤쳐 내고 있다. 전쟁의 본 모습은 서로 죽이는 것이며, 전장에 내보내면서 손을 더럽히지 말고 돌아오라는 등의 요구는 무리이다. 하지만 일본군만은 그러한 일을 하지 않는다고 주장하는 것이 당시 군부의 태도이자 선전이었다. 지도자는 전쟁 찬미 보도에 따라 '정전(正戰) 또는 성전(聖戰)'의 이미지를 국민에게 계속해서 부각시키는 것에 노력을 기울이고 있었다. 그런 상황에서 「살아있는 병사」는 무모하다 할 정도로 대담하게 전장의 풍경을 있는 그대로 묘사한 것이다. 군부가 가만히 지켜볼 리가 없다……

게재의 결단

이제 이 작품을 실을지 말지, 선택해야만 했다. 편집장인 아메미야는 현장의 순간적인 판단으로 이것을 싣기로 결정했다.

그 작품이 당시의 검열을 무사히 통과할 것이라고는 생각되지 않았지만 이시카와 다쓰조를 일부러 남지나(남중국)에 파견해 그 작품을 광고·저널리즘의 인기 기사로 예정하고 있었다. 그 때문에 다른 잡지와의 경쟁상에서도 이 작품을 내리고 다른 작품으로 소설란을 채운다는 소극책(消極策)은 취하지 않았다.

오히려 1927년의 구로지마 덴지의 시베리아 출병을 주제로 한 「빙하」게재가 걱정되었지만 결국 발매금지(發禁)가 된 것, 1929년 고바야시 다키지(小林多喜二)의 「부재지주(不在地主)」 게재 때 과감하게 정리하여 발매금지를 면한 일을 떠올리며, 그런 자신감으로 「살아있는 병사」는 기정방침대로 게재하기로 했다.

(『시노부구사』)

과감하게 정리했기에 게재하기로 한 것이다.

그때의 긴장감을 「살아있는 병사」의 담당편집자였던 사토 간지로(佐藤観次郎, 후의 사회당 중원위원)는 나중에 사회신보에 기록했다. 도쿄역 앞의 마루(丸)에 있던 중앙공론사와는 다른 장소(아마 인쇄소)에 있는 교정실에서 편집장 이하가 틀어박혀 의논하고 복자로 처리하고, 되풀이하여 읽는 작업을 계속하고 있었던 것 같다.

이시카와씨가 난징에서 귀국하여 원고를 중앙공론사로 가지고 온 것은 2월 초였다. 330장에 달하는 대작으로, 그 내용도 꽤나 대단한 것이었다. 전에는 소설이라고 거절했지만 서둘러 편집부에서 토의하여 위험한 내용은 상당히 복자를 가할 필요가 있었다. 하지만 이 정도의 대작이니까 소설은 3월호에 이 한 작품으로 현지의 내정(內情)을 표명하고, 세상에 물어봐야 한다고 하는 것으로 모두 의욕이 충만했다.

(「그 무렵 살아있는 병사 사건 ②」『사회신보』 1960년 3월 24일)

전쟁의 모습이 다쓰조의 왕성한 필력으로 표현된다는 기대도 있었다고 한다. 하지만…….

정말 그대로는 발표할 수 없기 때문에 교정쇄를 20통이나 받아 불안한 곳은 복자하고, 될 수 있는 대로 위험한 곳은 피해 최소한의 삭제를 가하여 검열에 걸리지 않도록 빈틈없는 주의를 기울였다.

(위의 기사)

이 정도로 복자했으면 이제 불만을 토로하지 않을 것이라는 사람, 이건 소설이라는 설명이 있기 때문에 걱정 없을 것이라는 사람, 그래도 아직 걱정하는 사람도 있어 〈신중에 신중을 기해 마지막까지 방심하지 않고, 모두 교정실에서 열심히 한 글자, 한 문장도 소홀히 하지 않겠다는 것이 편집부의 솔직한 분위기였다.〉

나는 도마 위의 올려진 생선 같은 기분으로 결의를 다졌다. 이렇게 결의한 것은 나가이 가후(永井荷風) 선생님의 소설 「그늘의 꽃(ひかげの花)」 이래 처음 있는 일이었다.

(위의 기사)

연판(鉛版)을 깎다

복자를 한 후 교료지를 보고 마키노는 깜짝 놀랐다. "이것은 도저히 검열을 통과할 수 없다." 시마나카 유사쿠 사장에게 진언해서 아직 인쇄소에 있던 아메미야 편집장을 전화로 불러냈다고 한다.

이미 윤전기는 돌기 시작했다. 그 윤전기를 멈추고 거듭 연판(鉛版)을 깎았다. 그 때문에 나중에 『중앙공론』은 더욱 궁지에 빠지게 된다.

관계자의 회상 등으로부터 추측해보면, 적어도 세 종류의 인쇄가 있었다고 생각된다.

원고 그대로 인쇄한 첫 교정쇄.

편집부에서 ○○등의 복자나 삭제를 가하고, 일단은 이것으로 됐다고 한 교료지.

교료지를 기초로 대량 인쇄를 위한 연판을 만들어 인쇄하기 시작했지만 그때부터 한층 더 연판을 깎는 기술을 첨가했다. 깎아진 부분은 공백이 된다.

그 결과, "완성품"은 예를 들어 이런 식이 되었다.

"   있으면 나다"
"바보, 가위바위보다"

공백 세 글자는 「처녀가」

먼저 편집부가 더한 복자와 마지막 삭제의 공백이 혼재한 곳도 있다.

"아, 돌아가고 싶다."

"돌아가고 싶은 데. 우리 마누라는 어떻게 하고 있으려나."

"바보, 걱정하지 마." (이하 공백)

"무슨 소리하는 거야…………."

"바보, 굼벵이, 시치미 떼지마. 지금쯤 너 같은 건 불단 구석에 밀어 넣었을 거야. 아하하. 그 증거로는 봐라, 편지가 오지 않잖아."

공백 부분은 「다른 남자가 생겼을 것이다」.

위의…………로 복자로 된 것은, 「우리 마누라는 아침에도 밤에도 내가 돌아오길 기다리고 있어」.

복자로 벌써 의미가 불분명한데도 더 깎은 장면도 있다.

예를 들어 중국의 딸을 살해하는 장면. 탄환에 맞아 빈사상태에 놓인 모친을 안고 계속 우는 딸을 일본병들은 처음에는 불쌍하게 생각하다, 밤새도록 계속 우는 소리에 점차 초조해졌다. 한 명의 일등병이 총검을 안고 달려 나간다.

"에이, 에이, 에잇!"

마치 미친듯이 날카로운 절규를 지르면서 히라오는………… 명중을………… 다른 병사들도………………… 뒤쫓았다. 거의 10초 동안…………. ……편편한 한 장의   과 같이 기진맥진하여………… 흥분한 병사의 달아오른 얼굴에………… 숨 막히듯 감돌았다.

공백의 두 글자는 '이불'

그녀는 편편한 한 장의 이불과 같이 기진맥진하여 어두운 흙 위에 누워 흥분한 병사의 달아오른 얼굴에 생생한 피 냄새가 숨 막히듯 감돌았다는 문장으로, 마지막에 확실하게 깎은 것이 '이불' 두 글자였다. 그 밖에 일본병이 위안소로 떼지어 몰려 가는 장면 등에 공백이 있다. 벌써 편집부가 대부분의 복자를 가하고 있었고 그리고 마지막에 어떤 곳에 신경을 썼는지를 엿볼 수 있다.

두 종류의 「살아있는 병사」 발각

여기서 예측 못한 사태가 벌어졌다.

충분히 주의를 기울여 편집까지 했는데 윤전기를 도중에 멈추어 깎는 바람에 공백이 있는 곳과 없는 곳이 생겼다. 연판 깎기도 여러 차례 된 듯하다. 그리고 인쇄한 종이를 재단하고 철해 가는 제본의 과정에서 복잡하게 짜 맞추다보니 몇 종류의 「살아있는 병사」가 생겼다.

게다가 고의인지 우연인지, 당국에 납본한 것은 깎기가 많은 것이었다. 그것이 판명되었을 때, 당국의 심사는 대단히 좋지 않았다. 정정보다 먼저 빠른 인쇄물이 지방 등에 발송되었기 때문이라고 했지만 일부러 악질적인 검열을 피한 것처럼 보였던 것이다. 이 몇 종류의 버전에 대해서는 시라이시 요시히코(白石嘉彦)의 『이시카와 다쓰조의 전쟁소설(石川達三の戦争小説)』, 마키 요시유키(牧義之)의 「이시카와 다쓰조『살아있는 병사』의 지면 삭제로 보는 텍스트의 과감성」에서 상세히 다루고 있다. 마키의 연구는 17곳의 연판삭제 개소에 대하여 현존하는 『중앙공론』 발매금지판이나 당시의 『출판경찰보』에 인용된 부분을 비교했다. 그것에 의하면 일본근대문학관의 『중앙공론』과 가나가와(神奈川) 근대문학관이 소장한 『중앙공론』, 국립국회도서관의 『중앙공론』 마이크로피시는 각각 공백 개소가 다르다. 더욱이 『출판경찰보』가 인용한 것은 다른 버전일 가능성이 있다. 즉 적어도 네 종류의 「살아있는 병사」를 실은 『중앙공론』이 존재한 듯하다.

덧붙여 내가 이 책에서 인용하고 있는 「살아있는 병사」는 이시카와의 장남인 이시카와 사카에씨가 보관해 온 『중앙공론』을 텍스트로 하고 있다. 마키의 연구와 비교하면 이시카와가에서 보관하고 있는 소장본은 국회도서관의 마이크로 피시와 같이 삭제된 상태다.

또한, 나는 공백과 복자부분의 판결에 대해서는 이 두 연구 및 중공문고(中公文庫)의 『살아있는 병사(복자 복원판)』에 의거하고 있다.

그해 1938년 3월 24일 자의 『도쿄아사히신문』 조간은 〈납본용과 판매용 / 두 종류의 「살아있는 병사」 발각〉이라는 기사를 게재했다. 삼단으로 비교적 크게 다루고 있다.

취조 중 뜻밖에 문제가 된 「살아있는 병사」가 납본용과 판매용, 두 가지로 인쇄해서 발행한 것을 발견. 이 두 종류의 인쇄는 납본용 책에 복자로되어 있는 부분도 판매용에는 버젓이 활자화되어 있고, 게다가 모든 글속에 이런 위장이 수십 페이지에 달하는 것으로 판명. 발행에는 상당히 유쾌하지 않은 편집의도가 숨겨져 있어 서류송치는 신문지법 외, 육군형법 또는 군사기밀 보호법에도 저촉되는 것으로 볼 수 있다.

(『도쿄아사히신문』 1938년 3월 24일 조간)

아주 좋지 않게 쓰여 있다. 군사기밀 보호법은 작년 여름에 전면 개정되어 확대 강화되기는 했지만, 본건이 바로 군사기밀 보호법에 저촉된다고는 생각하지 않는다. 실제로 경시청의 이시카와 다쓰조의 「청취서」 등을 보아도 신문지법과 육군형법을 위반한 혐의로는 조사하고 있으나 군사기밀 보호법은 나오지 않는다. 날조이다.

『도쿄아사히신문』의 특종이었던 듯하지만, 그 시대 신문지법에 따라 검사는 공판 전의 수사 중 사건 등에 관한 기사화 금지 권한을 가지고 있었다. 이 기사가 검사로부터 듣고 쓴 것인지 아닌지는 알 수 없지만, 적어도 검사가 보기에는 써도 상관없는 종류의 기사였다는 것은 나도 상상할 수 있다.

수사당국은 악질적인 사건이라고 간주했다.

4. 찢겨진 『중앙공론』

발매 전야의 조촐한 축하연

사실은 한 가지 더 당국의 '심사를 결정적으로 건드린 일이 있지만 그 이야기는 후에 하겠다.

예의 『중앙공론』 3월호는 규정대로 2월 19일에 발매될 계획이었다. 마키노 다케오(牧野武夫)의 회상에 따르면 발매일은 매월 19일로, 이것은 변경할 수 없었다.

> 최초 수송 관계에서 종합 잡지 네 개의 회사 사이에 발매일 협정이 있어, 매월 조금도 어김없이 엄중히 지켜지고 있었다. (략) 만약 그것이 어긋나게 되면 국철(国鉄)수송의 배차 준비에 차질을 일으켜 전국의 판매 루트가 혼란해지는 것이다.
>
> (앞의 책 『구름인가 산인가』)

발매 전날인 2월 18일, 담당 편집자였던 사토 간지로(佐藤観次郎)에 따르면 다쓰조가 중앙공론사에 와서 사토와 담당 편집자인 마쓰시타 히데마로(松下英麿) 셋이서 긴자(銀座)로 나가 조촐한 축하연을 벌였다.

그러나 불안감에서 벗어날 수 없었던 듯하다.

〈잡지 견본이 완성되었다. 그것을 읽으면서 생각하면 할수록 솔직히 불안한 마음을 떨쳐낼 수도 없었다〉고 사토는 회상하고 있다(「그 시절 살아있는 병사 사건③」『사회신보』1960년 3월 27일).

『중앙공론사의 80년』에 따르면 배본은 2월 17일. 발매 이틀 전이다. 필시 거의 같은 때에 내무성이나 검사국 등, 신문지법에 따라 정해진 곳으로 납본했을 것이다.

발매 전야가 되어도 아무런 연락이 오지 않아 다쓰조를 위로할 겸 해서 긴자로 나갔다는 것이다. 그리고 다쓰조로부터 현지 이야기를 듣고 〈이 전화(戰禍)의 확대가 결국 수렁에 빠지는 것은 아닌가 하는 불안감이 커졌다〉고 사토는 기술했다.

발매금지 처분 통지

그날 저녁, 3월호가 내무성으로부터 발매금지 처분 당했다는 통지가 중앙공론사에 전해졌을 터이다. 이장의 서두에 썼듯이 이튿날 아침 신문에 나온 광고에서 거기에 있어야 할 이시카와 다쓰조의 이름과 「살아있는 병사」의 제목이 삭제되고, 그 대신 「창작에 사고(事故)있음」이라는 알림이 실려 있었다. 『출판 경찰보』에 따르면 발매금지 처분 날짜는 2월 18일이다.

그러나 휴대전화도 없는 당시의 일. 밖에 나가버린 편집자와 작가에게 연락은 닿지 않았던 것이다. 다음날 아침 일찍, 경시청으로부터 출두 명령 전화를 받고서야 사토는 발매금지를 알았다고 한다.

가보니 확실히 발매금지 서한이었고, 한편으로는 경찰들이 각 서점을 돌며 『중앙공론』을 압수하고 있었다. 편집자로서 자기가 만든 잡지가 이런 운명에 처한 것을 보는 것은 정말 괴로웠다.

(위의 기사)

편집장은 지금도 때때로 발매금지를 당한 꿈을 꾼다고 사토는 쓰고 있다.

경찰이 잡지를 압류

잡지가 발매금지되면 어떻게 될까?

신문지법은 내무장관에게 발매·반포 금지의 권한과 동시에 압류의 권한도 주었다. 실행하는 것은 경찰이다.

벌써 서점에 배포된 잡지가 각 경찰서에 압수되었다. 출판사는 잡지를 안 팔면 수입이 없다. 그래서 문제 작품만 잘라내고, 나머지를 발매하기 위해 '분할환부' 신청을 했다. 받아들여지면 경찰서에 가서 해당 잡지에서 문제가 되는 페이지를 잘라내고 잡지를 받아 그것을 발매하는 것이다.

『중앙공론신사 120년사』는 1931년에 입사하고 바로『중앙공론』발매금지되고, 잘린 것을 경험한 미야모토 신타로(宮本信太朗)의 회상을 인용하고 있다.

발매금지되면 잡지는 다 경찰에 압수됩니다. 그래서 분할환부 신청을 내고 허락을 받으면, 문제 있는 부분만 잘라내기 위해 전 사원이 몇 사람씩 각 경찰서를 돌며 그 기사를 빼고「개정판」의 도장을 받아 오는 것입니다.

(「출판그룹 소식」 2000년 6월)

또, 아메미야 요조(雨宮庸蔵)에 이어『중앙공론』의 편집장이 된 고모리타 가즈키(小森田一記)는 발매금지 작품을 잘라내는 도구가 있었다고 쓰고 있다.

지금 젊은 편집장들은 모르겠지만 우리 시대에는 잡지가 발매금지 된 경우, 삭제하는데 사용하는 이름도 모르는 편리한 소도구(4분판의 길이 1척에 2, 3촌. 폭 3, 4촌 정도로 한쪽이 얇게 깎인 칼로 되어 있다)가 있었다(1척은 약 30센티, 1촌은 약 3센티).

발매금지되면 잡지는 서점에서 각 경찰에게 몽땅 압수당했다.

바로 삭제재배포원을 제출하여 허가되면, 전 사원이 출동하여 압수된 잡지의 삭제할 부분의 페이지를 처음에는 자를 대고 잘라내었다. 하지만 몇천 몇만 부수를 1시간이라도 빨리 잘라내어, 다시 서점에서 주목받게 하는 것은 쉬운 일이 아니었다.

그 발매금지가 수시로 행해졌다. 우리는 자로 잘라내는 작업도 경험을 쌓아 점차로 익숙해 졌지만, 자로는 아무래도 비능률이고 삭제하는 속도도 느렸다. 그래서 그때 익살스러운 사쿠라이(桜井)군이었다고 생각되는데 드디어 발매금지 잡지 삭제전용의 아주 편리한 소도구를 고안하여, 만일의 경우에 대비하게 되었다.

그 당시 우리는 좋은 잡지를 만들기 위해 발매금지의 경계선을 아슬아슬하게 통과할 수 있는 편집을 하고 있었다. 각오의 정도는 그 삭제전용의 소도구가 나타내고 있다.

(「역대편집장의 회상」『중앙공론』 1955년 12월호)

그런 가운데 고모리타(小森田)는 「살아있는 병사」는 일부 삭제를 할 수 없어, 그 소도구를 활용할 수 없었다라고 쓰고 있다. 같은 해 6월호로 오자키 호쓰미(尾崎秀実)의 「장기전 하의 여러 문제」가 발매금지되었을 때는 삭제전용 소도구가 도움이 되었다. 하지만 그것을 마지막으로 이후는 소도구가 도움이 되는 쉬운 상황은 아니었다고 한다.

절제하여 분할환부를 허락받다

『출판경찰보』에 따르면, 예의 『중앙공론』 1938년 3월호는 2월 21일에 〈각페이지 절제 위, 분할 환부 허락〉이라고 되어 있다.

간략하게 정리하면, 2월 17일이 배본.

2월 18일 금요일 밤에 다쓰조 등이 긴자(銀座)에 가고, 『중앙공론』은 발매금지 처분되어 신문광고로 대체했다.

발매일이었던 19일 토요일 아침, 사토(佐藤)는 경시청에서 온 전화로 발매금지를 알았다. 잡지는 벌써 서점에 있었지만 경찰에 의해 압수당했다.

일요일이 끼여 21일 월요일에 〈절제 후, 분할 환부〉가 허락되었다.

그리고 나서, 『중앙공론』의 "절제팀"이 출동했다고 생각된다.

다쓰조가 아메미야(雨宮)에게 보낸 사과 편지에는 〈개정판 발행이 안 될까 걱정 했습니다. 화요일 밤 서점에 있는 것을 발견. 겨우 안도했습니다〉라고 쓰여 있었다고 한다. (『시노부구사』)

다쓰조가 보고 안도했던 『중앙공론』은 어떤 것이었을까.

개정판의 상태

「개정판」의 청자색 스탬프가 표지에 얇게 남아 있는 『중앙공론』 1938년 3월호를 나는 야마나시현립문학관(山梨県立文学館)에서 보았다.

야마나시현립문학관(山梨県立文学館)이 소장하고 있는 그 『중앙공

론』은 표지에

전시 제2년의 일본(특집)

장편소설 「살아있는 병사」(이시카와 다쓰조)

라고, 사람들의 관심을 끄는 기획 2개의 타이틀이 인쇄되어 있다. 하지만 뒤표지를 넘기면 「편집 후기」 한 장을 남기고 권말에 있을 법한 「살아있는 병사」는 없다.

표시는 어슴푸레 남아 있다.

목차에는 「살아있는 병사」가 남아 있고, 「편집 후기」에도 다음과 같은 작품 소개가 있다.

소설은 특히 난징까지 이시카와씨를 특파하여 완성한 250장의 대역작. 군소(群小) 르포르타주를 제압할 수 있는 문학적 일대 문제작인 것을 자부한다.

그렇지만 그 "일대 문제작"은 완전히 없다.

잡지의 상하를 살펴보면 페이지가 거의 잘려나간 흔적이 보인다.

속표지를 손으로 살짝 만져 보면 표면에서 1센티쯤 움푹 패여 있다.

3월호는 전체 600페이지에 가깝다. 485페이지부터 「창작」의 1페이지가 된다. 그리고 「창작」 105페이지까지 이 「살아있는 병사」이고, 그 뒤가 건강기구 광고. 여기까지 106페이지 분량이 잘려 나갔다.

잘라냈다고 말하는 것보다 찢은 것처럼 보인다. 자를 대고 잘라냈을까, 가운데는 깨끗하게 잘려 있지만 끝이 비어져 나와 남아 있다.

● 『중앙공론』 1938년 3월 표지
(이시카와 사카에씨 소장)

만약을 위해 같은 1938년의 『중앙공론』 1월호도 보았다. 그 호에는 오모리 요시타로(大森義太郞)의 「영화시평」이 발매금지되어, 잘려 나갔다. 오모리(大森)는 경제학자로 「노농파 교수그룹」의 일원으로 작년 12월에 검거되었다. 그런 사람이 쓴 것은 영화이야기라도 게재하면 안 된다는 말인가.

이 「영화 시평」의 전말을 미야모토 유리코(宮本百合子)가 남긴 글이다. 「1937년 12월 27일 경보국 도서과 저널리스트와의 간담회 결과」라는 제목으로 원고 용지에 쓰여 있지만 생전에는 공표되지 않았다. 내무성 경보국 도서과는 간담회에서 미야모토와 나가노 시게하루(中野重治) 등이 집필하지 않도록 잡지관계자에게 요청하였다. 미야모토와 나가노는 연초에 내무성에 사정을 들으러 갔다. 그때 도서과의 사무관이 오모리 요시타로(大森義太郎)의 「영화 시평」을 예로 최근의 검열기준을 설명했다고 한다.

따라서 영화시평에 있어서도 사람에 따라 다르다며 운운.
"내용에 대한 검열이라는 것은 당연하지만 인민전선이래, 노련해져 문장의 표면적 의미만으로는 체포할 수 없게 되었기 때문에……"라며 "가장 나쁘게 해석하는 것입니다."

이 「영화 시평」이 잘려나간 방식은 대단하다. 뒤에서 3, 4센티가 너덜너덜 남아 있다. 남아 있는 곳은 부분적으로 읽을 수 있다. 상당 부분 잘려 나갔다. 담당자가 거칠어서였는지 화가나서 찢어 버렸는지. 혹은…… 어쩌면…… 일부러 그런 것일까?

결코 좋지 않은 모양으로 (도중에 찢겨 있음) 예외는 없다. 아무리 봐도 그면 지평선에 장밋빛의 구름이 깔려 있다고는 보이지 않는다. / 우선 외국영화가 모습을 감춘다.

여러 가지 불평을 말했지만, 1938년의 일본영화가 가능한 한 발전하기를 한결같이 바라 마지않는다. 그래서 우리는 힘껏 그 일에 협력을 아끼지 않을 작정이다.

남겨진 너덜너덜한 부분에서 오모리(大森)가 잔 루느와르 감독의 영화 「수렁(どん底)」을 받아들인 것도 알 수 있다.

이 「영화시평」은 490페이지로 끝나고 그 뒤에 단가 1페이지가 있다. 그 때문에 단가의 모두를 장식하는 사이토 모키치(佐藤茂吉) 의 5수도 찢겨졌다. 조금 너덜너덜한 부분에 이 시가 남아 있다.

우연히 몽고의 하늘을 보니 멀리서 기러기 떼가 이리로 날아오고 있구나.

나는 검열이 이와 같은 폭력의 흔적을 외관으로 남기는 것이라고는 상상하지 못했다. 다만 그 폭력을 가하여 찢은 것은 직접적으로는 출판사의 직원이다.

자신이 만든 잡지에 손을 대는 편집자의 생각은 대체 어떤 것이었을까.

5. 생명이란 이 전장에서는
쓰레기와 같은 것이다

자유로운 창작을 시도했다

「살아있는 병사」는 이시카와 다쓰조가 상하이, 난징 등에서 종군취
재하며 보고 들었던 것을 바탕으로 등장인물을 만들고 구성한 소설이다.
본문 앞에 짧은 양해의 글이 있다.

> (전기) 일지사변에 대해서는 군사전략 외에도 아직 발표 허가를 받지 못
> 한 것이 많이 있다. 따라서 이 원고는 실전을 충실하게 담아낸 기록이 아
> 니고, 작가가 상당히 자유롭게 창작을 시도한 작품이다. 부대명, 장병의
> 이름 등도 전부 가상의 존재라고 생각해주었으면 한다.

먼저 다쓰조가 쓰려고 했던 내용을 1999년에 낸 중공문고(中公文庫)
의 『살아있는 병사』(복자복원판)을 바탕으로 소개하겠다. 이 복자 복원판

을 원본으로 썼던 『중앙공론』은 비교적 깎여 나간 부분이 적은 버전인 듯하며, 내가 지금까지 인용했던 이시카와가(家)에 전해내려오는 『중앙공론』과는 차이가 있다. 그렇다고 해서 복자 등을 살린 전체 내용을 소개하는 데는 지장이 없다.

부대가 중국 톈진 근처의 항구에 상륙한 부분에서 이야기는 시작된다. 글의 서두는 이런 방식이다.

다카시마 원부대가 타이구(太沽)에 상륙했던 것은 베이징 함락의 직후로, 대륙은 마침 늦여름의 막바지 더위였다. 땀과 먼지투성이가 된 병사의 행군을 따라 엄청난 파리 떼가 원을 그리며 나아갔다.

초장부터 파리가 난다.

2개월 후 적을 쫓아 남하한 부대는 다음 명령을 기다리고 있다. 이미 보병의 10분의 1을 잃었지만 보충 병력은 오지 않는다. 작전은 기밀이기 때문에 병사들은 다음에 어디로 가는지 알지 못한다. 다음에는 열차로 북상한다. 소련국경까지 가는 것인지, 아니면 개선 귀국인 것인지 병사들은 일희일비하며 다롄(大連)에 도착한다. 안도하여 술을 마시고 고향으로 가져갈 기념품을 산다. 하지만 적전(敵前) 상륙 훈련을 하고, 이번에는 배로 남하한다. 행선지는 상하이. 병사들은 선상에서 고향으로 가져갈 기념품을 던져버린다. 여기까지가 제1장.

전체 내용은 12파트로 되어 있고, 1, 2등의 번호가 붙여 있을 뿐이지만 임시로 '장'이라고 부른다. 제2장에서 부대는 상하이에서 작은 배로 양쯔강을 거슬러 올라가 상륙. 적과 싸우며 차츰 난징으로 다가가고, 제8장에서 드디어 난징총공격. 그리고 난징 입성식에 참가한다.

이러한 이동이나 전투, 휴식을 쓰면서도 본토에서는 상인이나 농민, 교사나 승려였던 일본 병사들이 어떻게 달라지는지를 다쓰조는 그려내고자 했다. 브라질 이민을 그려낸 출세작 「창맹」과 비슷한 군상소설이라고 할 수 있다. 다른 점은 전쟁 쪽이 가혹하다고 할까. 사람을 죽이고, 빼앗고, 불을 지른다. 순식간에 동료는 죽고 자신도 그리될지 모른다. 살아 있는 것 자체가 불확실하다. 하지만 일단 살아서 움직일 수 있다면 다시 행군해야만 한다.

교사와 승려가 전장으로

주된 등장인물을 열거해 본다.

– 기타지마 중대장(北島中隊長)

40세를 넘긴 시골 운송점의 주인. 비가 오는 날 격전지로 돌격하여 사망.

– 구라타 소대장(倉田小隊長)

매일 일기를 쓰는 규칙적인 남자. 초등학교 선생이었다. 직접 전장에서 싸우기보다는 점차 전술을 몸에 익혀, 기타지마의 뒤를 이어 지휘를 하게 된다.

– 가사하라 병장(笠原伍長)

농가의 차남. 용감하고 난폭하다. 이러한 환경에 가장 흔들리지 않는다.

– 가타야마 겐초(片山玄澄)

종군 승려. 왼손에 염주를 차고, 오른손에 삽을 쥐고 상대를 때려 죽인다. 절을 나올 때에는 적의 전사자도 애도할 생각이었지만 전장에서는 그런 기분이 될 수 없다.

– 히라오 일등병(平尾一等兵)

도시에 있는 신문사에서 교정을 담당하던 로맨틱한 청년. 전선에 나가게 되면서 호언장담하는 법을 배웠다. 한가해지면 섬세한 성격으로 돌아와 지리멸렬해진다.

– 곤도 일등병(近藤一等兵)

의과대를 졸업하고 연구실에서 일하고 있었다. 생명이라고 하는 것이 전장에서 얼마나 경멸당하고 무시당하고 있는지를 느끼고, 그렇다면 의학연구실은 대체 무엇이었는가 하며 혼란스러워 한다.

더욱이 '사단과 연대'는 복자 버전에서는 '부대'라고 고쳐 쓰고 있다.

이 등장인물들이 고향에서는 안 하던 짓을 하면서 진군해가는 것이다. 노파에게서 물소를 빼앗거나 권총을 가진 스파이처럼 보이는 여자의 옷을 벗기고 죽이거나 귀중한 설탕을 훔친 취사 담당 중국인청년을 살해하거나 한다. 전투 상황이 되면 교사였던 구라타는 참호 안에서 마구잡이로 적병을 베고 "오랜만에 기분 좋게 일했습니다"라며 태연하게 말한다.

이후 경찰에서 "약탈, 방화, 강간, 살육 등을 그리고 있지만 군기의 해이를 폭로하는 게 아닌가"라는 추궁에 다쓰조는 "부득이한 행위로써 구실을 대서 묘사했다"라고 대답했다.

정말, 난징총공격이 다가와 포로를 데리고 걸을 수는 없으니까 붙잡으면 바로 죽이게 되었다는 "이유"도 쓰여 있고, 중국병사가 군복을 버리고 서민 사이에 섞여서 전투원과 비전투원의 구별이 명확하지 않았다는 상황도 쓰여 있다.

쿠냥(중국 여성)이 준 반지

'어쩔 수 없다'라고 말하기 힘든 광경도 그려져 있다.

난징에 일본 군인을 위한 위안소가 만들어져 줄을 서 있는 모양이나 쿠냥을 찾기 위해 일본병사가 나가는 모습도 다쓰조는 썼다.

위안소에 대해서는 〈그들의 건강하면서도 무료함에 시달리는 육체의 욕정을 달래기 위한 것이다〉라는 이유가 될 만한 것이 쓰여 있으니 다쓰조의 마음속에서는 어쩔 수 없는 것으로 분류되었던 것일지도 모른다. 위안소의 티켓 요금이나 시간까지 쓰여 있지만 『중앙공론』 게재 당시에 편집부에 의해 일찌감치 잘려나가 위안소가 만들어졌다고 하는 한 문장 정도밖에 남지 않았다.

'쿠냥 찾기'는 여성을 덮치는 듯한 장면은 묘사하지 않고 직접적인 표현을 피하면서 주의를 기울여 쓰고 있다.

최초에 나오고 있는 부분은 이런 느낌이다.

비번인 병사들이 싱글벙글 거리며 나가는 모습에 병사가 "어디에 가는 거야"하고 묻자, 그들은 야채를 징발(徵發)하러 간다던가, 날고기를 징발하러 간다라고 대답했다. 결국……

결국 징발은 그들의 외출에 좋은 구실이 되었다. 그 다음에는 은어처럼 사용되었다. 특히 날고기를 징발한다고 하는 말은 쿠냥을 찾으러 간다는 의미로 쓰였다. 그들은 젊은 여자를 찾아내고 싶었다. 얼굴을 보는 것만이라도 좋고, 뒷모습이라도 좋고, 사진이나 그림이라도 좋다. 그저 젊고 아름다운 여자를 상징하는 것이라면 충분했다.

이 "날고기 징발(生肉の徵發)"이라는 글자는 게재 당시에는 복자였다. 다음으로 등장하는 '쿠냥 찾기'는 가사하라가 은반지를 끼고 있는 것을 구라타가 발견하고 그건 뭐냐고 묻는 장면이다.

"소위님, 이건 쿠냥이 준 겁니다!"
그러자 병사들이 와자지껄 웃었다.
"권총 탄알과 바꾼 것이겠지. 그치, 가사하라?"
"그래!" 하고 그는 대답한다.(략)
중국의 여자들은 결혼반지에 은을 사용하는 듯, 어느 여자나 은반지를 끼고 있었다. 어떤 반지에는 미세한 파임이 있고, 또 이름을 새긴 반지도 있었다.
"나도 한 개 기념으로 갖고 싶은데" 소위는 웃으며 그렇게 말했다. 그러자 가사하라는 한층 기운차게 외치는 것이었다.
"그건 소대장님 본인이 받아오지 않으면 안 됩니다. 우시시(無錫市)에라도 들어가 빨리 아가씨를 찾으면 준단 말이에요. 창수(常熟)는 이제 늦었어요. 어디에도 없을 거예요. 모두들 어떻게 해 버렸어요. 아하하하하."

소중한 결혼반지를 '총알과 바꿔 주었다'라는 것은 어떤 의미일까. 뒤의 상상은 독자에게 맡긴다. 〈권총의 총알과 교환해 주었겠지〉라는 한 문장은 게재 당시에 이시카와가에서 보관하고 있는 책에서는 삭제되어 공백으로 되어 있다. 연판을 깎은 것이겠지.

세 번째로 나왔을 때에는 이렇게 묘사되어 있다. 격전 중 휴식 시의 광경이다.

그들은 큰 보폭으로 마을 안을 돌아다니며 토끼를 쫓는 개처럼 여자를 찾아다녔다.

이 무도한 행위는 북중국의 전선에서는 엄중히 단속하고 있었지만 여기까지 와서 그들의 행위를 속박하는 것은 곤란했다.

그들은 각자가 제왕처럼, 폭군처럼 방자한 기분이 들었다. 그리고 마을 안에서 목적을 달성하지 못한 때는 멀리 성외의 민가까지 나갔다. (략) 두말할 것도 없이 이런 감정에서는 도덕도, 법률도, 반성도, 인정도 모두 그 힘을 잃고 있었다. 그런 식으로 병사는 왼쪽 손가락에 은반지를 끼고 돌아왔다.

"어디서 받아온 거야?"라고 전우가 묻자, 그들은 웃으며 대답하는 것이었다.

"죽은 아낙네의 유품이야."

알고 싶었던 것은 개인의 모습

이러한 장면만 발췌하면 다쓰조가 일본군의 비행을 폭로하려는 것처럼 받아들일지도 모른다. 그러나 다쓰조는 중국인 측에 호의를 갖고 쓰지는 않는다. 일본군에 대해서는 곤란한 진군이나 부상으로 옮겨지면서 "조금 더 공격해 줘"라고 신음하는 모습도 그리고 있다.

이것은 반전소설이 아니라 전쟁소설이다.

내가 제일 알고 싶었던 것은 전략, 전술 등과 같은 것이 아니라 전장에서의 개인의 모습이었다. 전쟁이라고 하는 극한상태에서 인간은 어떻게 되는 것일까. 평상시의 인간의 도덕이나 지혜나 정의감, 에고이즘이나 사랑이나 공포감이 전장에서는 어떤 모습으로 나타나는가……. 그것을 알지 못하고서는 전쟁도 전장도 알 수가 없다. 살인이라고 하는 극한의 비행이 공공연히 시행되고, 그것이 장려되는 세계는 어떠한 것일까. 그 속에서 개인은 어떤 모습을 하고, 어떤 마음이 되어 그것을 견디고 있는 것일까. 그것을 쓰는 것은 역시 작가의 일이었다.

(이시카와 다쓰조『실험적 소설론』)

단지 이것은 만년의 감개로 약간 멋있게 정리되어 있는 것처럼 느껴진다.

당시에는 병사들과 숙식을 같이하며 대화를 나누고, 상하이에서 난징까지 진군 일정에 따라 마을을 보고 걸으며 충격받았던 것을 홀린 듯 썼던 것은 아닐까.

생명이란 무엇일까

이 소설의 주인공을 굳이 말하자면, 한 사람은 망설임 없이 목을 베는 가사하라 오장이고, 또 한 사람은 의학자였던 곤도 일등병일 것이다. 곤도는 매번 생명이란 무엇일까라고 생각한다. 망설이는 곤도의 감개에는 게재 당시 복자된 이런 말도 있다.

〈생명이란 전장에서는 쓰레기와 같은 것이다〉

곤도는 감상적인 부분은 무시하고 전장에 순응하려고 하지만 파탄해 간다.

난징을 점령해도 전쟁은 끝나지 않는다. 부대는 한가한 정월을 맞이하고, 곤도는 유골을 옮기는 종군승을 따라 상하이로 가서 번화한 도시에서 놀며 의학에 몰두할 수 있었던 때의 즐거움을 회상한다. 피 비린내 나는 난징으로 돌아온 곤도의 혼란은 깊어진다. 자신이 죽인 여자의 환영에 사로잡혀 게이샤에게 발포해 버리고 만다. 다음 날 헌병대에 연행되고, 부대는 곤도를 두고 출발한다.

「살아있는 병사」의 궁리는 난징함락 후에 있다고 나는 생각한다. 단순한 승리로는 끝낼 수 없는 소설이기 때문인지, 그 발포사건을 그린 제 11, 12장이 게재 당시는 전부 삭제되었다.

그러므로 복자판을 읽으면, 무언가가 얼빠진 듯한 인상을 받는다.

기술(記述)이 남긴 것은 전적으로 일본군의 영웅적 행위. 쿠냥 찾기 등은 복자가 되어 있다. 단지 중국인 청년이나 여성을 살해하는 장면은 전후 맥락으로부터 죽였다는 것을 알 수 있다.

〈……〉으로만 되어 원문 이상의 망상을 낳는 점도 있다고 생각된다.

그리고 그것이 단속하는 측의 눈에 띄었다.

6. 그것은 유언비어인가

봄기운을 느끼다

〈전쟁소설. 쓰려고 하니 역시 더 자세히 보고 왔으면 좋았을 것이라는 후회가 많았다.〉

이시카와 다쓰조는 필화 후의 "근신중"에 새로 쓴 『결혼의 생태』(1938년)에 그렇게 쓰고 있다.

『결혼의 생태』는 "달리 쓸 것이 없었기 때문에 썼다고 아버지는 말씀하셨습니다"라고 장녀인 다케우치 게이코씨가 말한다. 〈어느 중요한 일생의 한 시기를 가장 정확히 기록하여 두고 싶다고 생각했다〉는 스스로 쓴 서문에서 밝혔지만, 기록인지 소설인지 분명하지 않다. 구김살 없는 여자를 알게 되어 결혼하고 아내로서 교육하고…… 딸이 태어나고, 작가 '나'가 종군하여 필화를 당할 때까지 엮고 있다. 아내 요시코(代志子)는 '기시코(其志子)'로, 이름 한 자가 바뀌어 나온다.

'나'가 '어떤 잡지사'의 특파원이 되고, 귀국하여 전쟁소설을 쓰는 대목은 이렇게 이어진다.

〈슈젠지(修善寺) 온천에 틀어박혀서〉 8일째에 귀가하여 2월 12일의 새벽까지 거의 매일을 철야했다. 잡지사 쪽은 인쇄소에서 줄곧 원고를 기다리고 있다. 온갖 노력 끝에 마감일에 맞춰서 일을 끝내자, 나는 긴장이 풀려 깊이 잠들었다. 뭐라 말할 수 없는 힘든 기간이었다.

그 뒤로 다시 1주간이 지나 잡지가 간행되자마자 전쟁소설이라는 이유로 발매금지 처분을 받았다. 말로 표현할 수 없는 혼란이 잡지사와 나의 가정을 덮쳤다. 온갖 창작의 노력이 일거에 수포로 돌아가고 경제적인 타격도 적지 않았다. 기시코는 억울해하며 화를 냈다. "이런 어처구니 없는 일이 있을 수 있어요. 매일 밤 철야해서 살도 빠지고, 그동안 저는 저대로 장지문 한 짝 닫을 때도 살짝 닫을 정도로 신경을 썼는데, 되돌려놔!"

그러나 그때부터 조용한 휴식의 날들이 잠시 지속되었다. 나는 근신하며 일도 휴업상태에 있었다. 약간의 독서 외에는 하는 일도 없이 겨우 누그러진 추위로부터 봄기운을 느끼고 근처를 산책하며 오랜만에 몸을 쉬게 할 수 있었다.

아기에게 일광욕을 시키고 아내에게 오랜만에 백화점에 가게 하거나……. 그러나 그런 봄날은 오래 이어지지 않았다.

어떤 예감

3월 중순 어느 아침 일찍이 나는 이부자리에 누운 채 눈을 뜨고 있었다. 아직 8시인데도 현관에 방문객의 인기척이 났다. 이렇게 일찍 손님이 올 리가 없다. 나는 문득 어떤 예감이 들었다.

가정부가 명함을 들고 들어왔다. 경찰청 특고검사라는 이름이 고압적으로 용건을 전해주었다.

나는 급히 복장을 갖추면서 말했다.

"아마 지금부터 데리고 가려는 가봐, 걱정할 일은 아니오. 나쁜 일을 한 것은 아니니까."

물론 예의 전쟁소설 건을 조사하기 위한 것임이 분명하다. 기시코는 걱정스러운 얼굴을 하고 있었다. 그런 걱정을 시키는 것에 나는 왠지 미안한 마음이 들었다.(략)

나는 두 명의 형과 변호사인 남동생을 지명하여, 만약 오늘 밤 돌아오지 못한다면 내일 알리도록 말해 두었다. 더욱이 저금을 생각했다. 처자식이 반년 정도는 살아갈 수 있는 저축이 있었다.

그것을 부인의 입장에서 회상하면 이러했다. 다쓰조 사망 후에 부인 요시코는 잡지 인터뷰에 응하여 다음과 같이 말하고 있다.

2월 하순 어느 날 아침, 깊이 잠들어 있는 사이에 습격했다고 해도 좋을까요. 아침 5시경, 사복차림의 특별고등경찰(特高)인지 형사인지, 두 사람이 왔습니다. 나는 23세로 세상물정을 잘 모르는 생활을 하고 있었기 때문에 정말로 깜짝 놀랐습니다. (략) 어쩌면 이런 일이 있을지도 모른다고 말했기 때문에 두 사람이 와서 "좀 물어볼 말이 있다"고 남편을 데리고 가려할 때 역시라고 생각했습니다. 나는 바로 속옷을 입힐 수 있을 만큼 몇 벌이나 입히는 게 고작이었습니다. 양팔이 잡힌 채 연행될 때 남편은 "만약 오늘 밤 돌아오지 못한다면 남동생에게 연락해"라고 말했습니다. 시동생이 변호사였습니다.

나는 현관에서 형사를 불러 "가족이 기다리고 있으니 가능한 한 빨리 돌려 보내주세요"라고 부탁했습니다. 연행되어 간 뒤 나는 바로 시동생에게 전화를 했습니다. 오늘 밤 돌아오지 못하면 연락하라고 했지만 아무래도 밤까지 기다릴 수 없었기 때문입니다.

(이시카와 요시코 「회상하는 이시카와 다쓰조」『올 요미모노(オール読物)』

1992년 2월호)

다쓰조의 일기

『결혼의 생태』에서 〈3월 중순의 어느 아침〉은 부인의 만년의 회상에서 보면 〈2월 하순의 어느 아침〉과 같은 날로, 1938년 3월 16일의 일이다. 경시청 검열과의 시미즈 분지 경감이 작성한 다쓰조의 「청취서」에 날짜가 기록되어 있다.

그리고 그것은 다쓰조의 일기와 일치한다.

장녀 다케우치 기에코씨로부터 나는 관계 부분 복사를 보았다.

일기는 아쿠타가와상을 수상한 다음 해인 1936년 1월 1일부터 시작된다.

〈염원한 지 10년, 이제 겨우 천하에 이름을 알리는 데 이르러〉……라는 의욕적 문장. 문학의 심연을 찾는 것이 자신의 역할이 아니고 인생이란 무엇인가라는 물음에 설명을 하는 것이 〈내가 지향하는 바〉라고 연초에 쓰고 있다.

결혼, 장녀 출생까지 이어졌지만, 1938년 3월에서 끊긴다.

이 일기는 이상한 과정을 거쳐 이시카와가(家)로 되돌아 왔다. 기에코씨에 의하면 부친 사후에 고서점으로부터 〈일기가 나와 있다〉는 연락을 받고 모친이 구입했다고 한다. 특고는 그 3월 아침만이 아니고 이후에도 종종 집에 와서는 책장 등을 조사했다. 〈일기를 특고가 가져간 것이 아닐까〉라는 것이 기에코씨의 추측이다.

3월 16일의 일기는 지극히 짧다. (□는 판독할 수 없는 문자. 이하 동일)

3월 16일

아침 일찍 깊이 자고 있는 사이에 들이닥치고 경시청에 가서 밤 8시반까지 쉼 없이 취조를 받는다. □□검사국으로 불려간 것 같은데 나에 관해서는 큰 문제가 되지 않는 듯하다.

계속해서 〈이시카와 다쓰조씨 소환 / 중앙공론의 아메미야 편집장(휴직)도〉라는 신문기사가 〈23일 아사히〉라는 메모와 함께 붙어 있었다. 다음 페이지에는 〈납본용과 판매용 / 2종류의 「살아있는 병사」 발견〉의 기사(『도쿄아사히신문』 3월 24일 석간)가 붙어 있다. 또 다른 하나, 3월 하순의 『요미우리신문』의 기사가 붙어 있고 거기에서 일기는 도중에 끊긴다.

필화사건에 관해서는 3월 5일에 그 소회가 있다. 그전에 중국 종군취재의 여정이 기록되어 있다. 귀국 후에 정리하여 쓴 것일까?(이하는 일기에 있었던 구독점은 생략한다).

12월 25일 중앙공론사로부터 파견이 성사되어 중국 중부 상하이와 난징으로 가는 것이 결정 / 12월 27일 □□을 위한 준비 / 29일 밤에 도쿄역 출발 곧장 고베로 / 30일 고베에서 군용선 다이난마루(台南丸)를 타다 / 31일 관문 통과

1938년 1월 새해 아침 현해탄 / 2일 저녁 오마쓰 앞바다 도착 정박 / 3일 4일 정박 / 5일 상하이 상륙 / 6일 체재 / 7일 상하이 출발 쑤저우에서 1박 / 8일 난징 도착 체재 / 15일 난징 출발 상하이 도착 / 20일 상하이 출발 / 21일 나가사키 도착 / 22일 오카야마 도착, 밤 출발 / 23일 도쿄 도착

2월 1일 슈센지에 가서 체재 / 2월 7일 슈센지에서 귀가

본장의 제2절에서 「청취서」에서 찾은 여정과 일치한다.

그리고 3월 5일에 다음과 같은 기술이 있다. 문자가 흐트러져……라고 말해도 될지 모르겠지만, 보통보다 한층 더 글씨를 흘려 써서 읽기 힘들다. 조금 길지만 전문을 소개한다.

3월 5일

『중앙공론』의 위촉에 의해 전쟁소설을 썼다. 「살아있는 병사」 240장. 2월 1일부터 밤낮으로 작업하여 11일 만에 완성했다.

3월호에 게재, 문단에 센세이션을 일으킬 것이었다. 그것이 3월 18일 밤, 갑자기 검열 당국으로부터 발매금지명령을 받았다.

중앙공론사는 몹시 당황한 끝에 결국 106페이지 모두 삭제하고, 창작이 없는 잡지를 시장에 냈다. 3만엔 정도 손실을 입었다. 책임자 아메미야 요조(雨宮庸藏)와 사토 간지로(佐藤觀次郎)는 휴직당하고, 마쓰시타 히데마로(松下英麿)는 견책을 받았다. 검열 당국은 원고 제출을 요구하고, 가지고 사라졌다.

나는 원고료 700엔 남짓을 사양했다. 그리고 이미 □□의 제안이 있었던 출판 약속은 모두 수포로 돌아갔다. 영화화도 무산되었다.

□에게 당분간 근신하지 않으면 안 되는 상태까지 이르렀다.

그래도 압류당하지 않은 잡지는 친분이 있는 사람들의 손에 의해 회람되어 큰 호응을 얻고 있다.

우치다 핫켄(內田百閒)은 "우국(憂國)의 일대 서사시다"라고 했다.

사이토 모키치(齋藤茂吉)는 "사변 관계 문학으로 유일하게 후세에 남을 작품이다"라고 말했다.

다케다 린타로(武田麟太郎)는 감격했다고 말하고, 오가와 고로(小川五郎)는 일본에는 없었던 문학이라고 칭했다.

하지만 발매금지는 어쩔 수 없었다. 앞으로 10년을 기다리지 않고는 세상에 나올 수 없게 되었다.

지금 나는 지쳐서 휴양하고 있다. 이 시대에 속물 관리가 얼마나 큰 힘을 가지고 있는지를 생각한다.

작가가 받은 충격과 작품에 대한 긍지가 전해져 온다.

이 소회를 일기에 쓴 3월 5일, 다쓰조는 게재지의 편집장이었던 아메미야에게 편지를 보냈다. 아메미야의 『시노부구사』에 소개되고 있다. 3월 5일 자 다쓰조가 붓으로 쓴 두루마리 편지가 도착했다고 한다.

오늘 마쓰시타군으로부터 책임을 지고 처분을 받아들인다는 말을 듣고 아주 죄송하게 생각합니다. 용서해 주세요. 2, 3일 내에 꼭 자택을 방문하여 사죄드리고 싶지만 먼저, 편지로 간단하게 죄송한 마음을 전합니다. 새삼 이렇게 중대한 결과를 초래한 데 대해 아주 죄송하게 생각하고 있습니다. 12개월 안에 다시 복귀가 확실하다는 것을 듣고, 그날이 빨리 오기만을 기원하고 있습니다. 회사에도 부끄럽고 죄송해서 나갈 수 없게 된 처지라 몹시 후회하고 있습니다. 단지 독자평이 점점 좋아져서 사죄를 구할 수 있는 유일한 길이 되고 있습니다. 우선 이렇게 사죄의 편지를 드리는 것을 용서해 주세요.

그날에 다쓰조는 편집자 마쓰시타에게서, 아메미야 편집장과 담당 편집자 사토가 휴직 처분이 된 것을 들은 것이다. 『시노부구사』에 의하면 「살아있는 병사」를 직접 담당한 것이 사토이고, 마쓰시타는 교정을 담당했다. 그리고 사토는 이 사건 후 〈이상하게도 3월 10일 보병제 1연대에 담당 소위로 소집되었다〉고 한다(사토 간지로 「그 시절 살아있는 병사사건④」 『사회신보』 1960년 4월 3일). 다쓰조보다 네 살 위인 사토는 이때 이미 서른 여섯이었다. 2년 남짓 전장을 돌아다녀서 다쓰조의 소설과 같은 장면이 도처에 있다는 것을 알고 있었다고 회상했다.

아메미야의 『시노부구사』에는 1938년 3월 24일 다쓰조에게서 온 편지도 소개되어 있다.

3월 24일은 조간에 〈납본용하고 판매용 / 두 종류의 「살아있는 병사」 발각〉 기사가 실려 있다. 전날 석간에서는 〈이시카와 다쓰조씨 소환 / 『중앙공론』의 아메미야 편집장(휴직)도〉라는 기사가 나와 있고, 다쓰조는 그 기사들을 일기에 붙였다.

〈신문에서 보니 소환을 당한 모습에 죄송할 따름입니다〉라고 시작되는 이것 또한 사과편지이다. 그 안에는 〈소생이 지난 16일 하루 종일 조사를 받고 돌아왔습니다만, 반군적 의도가 아니고 과실인 것을 일단 인정하여 처분도 과하지 않을 것 같아 조용히 기다리고 있습니다. 하지만 신문에서 보니 회사 측에는 상당히 나쁜 인상을 가지고 있는 것으로 생각됩니다만, 나쁜 결과가 나오지 않았으면 하고 생각하고 있습니다〉라고 쓰여 있다. 〈벌금 정도로 끝나겠죠?〉라고도 적혀 있지만 섣부른 전망이었다.

수입이 끊기면 작가도 큰일이지만, 중앙공론사는 더욱 혼란에 빠져 있었다. 『출판경찰보』에 의하면, 편집장이었던 아메미야와 발행인이었던 마키노는 그 무렵 다른 건에도 서류송치되어 있었다. 작년 12월에 도쿄 제국대학교에서 쫓겨난 크리스천 야나이하라 다다오(矢内原忠雄) 논문을 그 전의『중앙공론』1937년 9월호에 게재하여 안녕질서를 어지럽혔다는 신문지법 위반 혐의사건이다.

군형법의 처벌을 받을지도 모른다

조사하는 날로 이야기를 되돌리자.

『결혼의 생태』에 따르면, '나'는 오후가 되어 변호사인 남동생이 경찰에 와서 오늘 밤 돌아가게 해 달라고 부탁한 것을 형사에게서 들었다. 아내가 남동생에게 알린 것이라고 직감했다.

조사는 아침 9시부터 저녁 8시까지 계속 이어져 두꺼운 조서가 완성되었다. 그 마지막에 손도장을 찍고 나는 겨우 해방되었다. 자동차를 급하게 몰아 돌아오니 기시코는 달려 나와 다행이다, 다행이라며 계속 외쳤다.(략) 요컨대 내가 쓴 것이 전쟁에 관한 유언비어를 조성했다는 문제가 있고, 또한 군형법의 처분을 받을지도 모른다고 하는 의혹이 팽배했다. 그렇다고 하면 일단은 풀려났지만, 좋아할 일만은 아니었다.

다쓰조와 아메미야 등은 최종적으로, 신문지법 위반으로 기소당했다. "안녕질서를 문란"으로 유죄판결을 받았지만, 경찰청의 조사에서는 육군형법위반으로도 추궁당했다. 그 중에서도 「청취서」에 의하면 육군형법위반이 추궁의 중심이었다.

신문지법은 잡지 등의 정기간행물을 포함한 「신문지」가 게재한 것이 "안녕질서를 문란"하게 했다고 당국이 간주하면 위반으로 몰 수 있는 문제시되는 단속 측에 유리한 법률이다. 법정형은 예를 들면, 황실을 비난하는 사항을 게재했을 경우에는 2년 이하의 금고 및 300엔 이하의 벌금이다.

한편, 육군형법은 죄를 범한 육군군인에게 적용하는 법으로 "도망죄" 등을 정하고 최고형은 사형. 그리고 다음 조문은 육군 군인이 아닌 사람도 대상으로 하고 있었다.

육군형법 제99조
전시 또는 사변에 군사에 관한 유언비어를 퍼뜨리는 사람은 3년 이하의 금고형에 처한다.
〔이후 1942년에, 7년 이하의 징역 또는 금고형으로 강화되었다.〕

유언비어(造言飛語)란 만들어낸 이야기, 근거 없는 헛소문, 소문이라고 하는 것이다.

다쓰조의 「청취서」는 70페이지 가까이 된다. 하루에 그만큼 말했다간 분명 몹시 지칠 것이다. 경력, 교유(交遊) 관계, 읽은 책이나 지금까지 쓴 작품, 사상의 추이, 중국에서 보고 들은 내용이나 감상에 대해 다쓰조의 이야기를 경찰관이 정리해서 작성했다. 그리고 끝부분에 문답이 쓰여 있다.

문: 소설에서 "일본군이 현지 전장에서 저지른 약탈, 방화, 강간, 살육 등의 장면"을 묘사하고 있는데, 그것은 일본군의 군기가 해이해진 상황을 폭로하는 것이 되지 않는가?

답: 저로서는 그런 행위가 어쩔 수 없는 행위라는 구실을 붙여 표현한 것입니다. 하지만 독자는 군대 규정이 해이해졌다고 느끼겠죠.

문: 비전투원을 살육하는 장면을 묘사하고 있는데 일본군이 국제법을 무시하고 있는 것을 입증하는 것이 되지 않는가?

답: 그렇습니다. 쓸 당시는 그럴 생각으로 쓴 것은 아닙니다만, 결과적으로 입증하는 것이 되었습니다.

문: 중국의 북부 전선에서 상하이 전선으로 군대가 이동할 때 병사가 개선(凱旋)할 것으로 생각하고 기념품을 샀지만, 대련(大連)에서 승선해서 상하이 방면으로 이동하는 것을 알고 기념품을 바다에 던진 장면 등은 일본군의 사기를 떨어뜨리는 것으로 독자는 느끼게 되지 않는가?

답: 그렇게 느낄 것이라고 생각합니다.

문: 이 소설을 각국의 스파이가 악용할 우려는 없는가? 그런 경우 아군과 일본에 불이익을 주지 않겠는가?

답: 외국의 스파이가 악용할 우려가 있는 소설로 만일 악용된다면 아군에게 불리한 것은 물론, 이후의 외교에도 불리하게 작용할 것으로 생각됩니다.

문: 이 기사가 유언비어라고 생각하지 않는가?

답: 전혀 예상하지 못했습니다. 소설이라는 것은 원래 가정된 일을 실제인 듯 써서 표현하는 것으로, 이번 전쟁에서 취재한 가정(假定)의 일을 사실처럼 쓴 것도 그러한 창작방법을 따랐을 뿐이다. 하지만 이 경우에 그와 같이 사실처럼 쓴 것이 유언비어라는 것을 미처 알지 못했습니다.

이 문답은 다쓰조의 언어라고는 생각되지 않는다. 오랫동안 주고받은 수사의 줄거리에 따라 간결하게 정리하면 이럴 것이라는 추측일 수도 있다. 문제가 "유언비어"에 해당하는지 아닌지에 대한 것뿐이라면 마지막 문답에 있듯이, 소설이란 원래 그런 것이라는 말로 끝난다. 다쓰조가 '큰일 아니다'라며 무시했다고 해도 이해할 수 있다.

전쟁이 끝나고 나서야 다쓰조는 가족에게 그때의 조사와 명확하지 않았던 재판에 대해 이런 식으로 말했다고 한다.

"본 그대로를 쓴 것이냐고 물어서 아니 소설이니까 본 그대로 쓴 것은 아니다라고 대답했더니 그럼 유언비어다라고 했다."

범죄사실이 된 일

시미즈(淸水) 경감이 4월 23일 정리한 「의견서」는 냉엄했다.

시미즈 경감의 「의견서」는 다쓰조와 편집장 아메미야, 발행인 마키노, 그리고 담당 편집자 사토와 마쓰시타 등, 총 5명에 대해서 육군형법 제9조(유언비어), 신문지법 제27조(육군 장관의 금지명령), 제40조(상기를 위반했을 경우의 벌칙) 등을 적용하고 참작의 여지없이 엄벌에 처할 것이라고 기술하고 있다.

단지 「의견서」에는 신문지법 제41조의 '안녕질서 문란'은 나오지 않았다.

「의견서」는 다쓰조에 관한 부분만으로 150페이지 가까이 되었다. 그 대부분이 '범죄사실'의 기술이며 '범죄사실'이란 「살아있는 병사」에 이러이러한 것을 썼다는 인용이다.

다쓰조에 대해서는 「살아있는 병사」에서 군기 해이 상황, 사기 저하 상황, 비전투원을 살육하는 상황, 그런 다른 사람의 마음을 혼란시키는 사항 등 〈완전 허구의 이야기를 마치 사실인 것처럼 본인의 공상적 상상을 더해 기술〉하고, 『중앙공론』 3월호에 게재하여 〈아군에게 불리한 유언비어를 유포한 것〉이라고 결론지었다. 그리고 마키노 등에 대해서는 이것을 『중앙공론』에 게재하여 〈유언비어를 퍼트렸다〉고 지탄하고 있다.

소설을 잡지에 게재해 발매하는 것이 거짓말을 퍼뜨리는 것인가? 무엇보다 〈아군에 불리하다〉는 것이 포인트이다.

다쓰조도 분노를 참을 수 없었을 것이다.

이시카와가(家)에 보관되어 온 「의견서」의 사본에는 다섯 군데 빨간 펜으로 써 넣은 글자가 있다. 다쓰조가 써 넣은 것으로 추정된다. 빨간 펜으로 방선을 긋거나, 동그라미를 두르거나, 괄호를 쳐 놓거나, X표를 해 놓거나 한 것은 다음과 같은 곳이다.

완전 허구의 이야기를 마치 사실인
것처럼 본인의 공상적 상상을 더해
기술하여 이것을
『중앙공론』 1938년 3월 1일
제2월호에 게재하여
아군에게 불리한 유언비어를
유포했다는 것이다.

이런저런 묘사를 하여 아군이 상하이전선
에서 약탈하는 것이 마치 아군의 방침인
것처럼 거짓말을 했다.

이런저런 묘사로 현지에서 우리
군의 풍기가 문란한 것
처럼 거짓말을 했다.

이런저런 묘사로 아군이 현지에서
부녀자와 무고한 양민을 살육하고
게다가 포로도 그 자리에서 살육하는
것이 군의 방침인 듯이 한 거짓말이다.

×

그리고 마지막 다섯 번째는 위의 여백에 빨간 펜으로 "거짓"이라고
적혀 있다.

거짓 「살아있는 병사」라고 제목을 붙인
      창작은 우리 군의 사기와 군기에 관
      하여 아군에게 불리할 뿐만 아니라
      상대국에게 악용될 만한 유언비어
      에 틀림없다는 취지로 자백했다.

다쓰조는 「청취서」에서는 유언비어가 된다고는 '알지 못했다'라고
말했고, 그것이 불찰이었다고 말했을 뿐인데 「의견서」에서는 자백한 것
으로 되어 있다.

3월 18일 사정(事情) 청취 후 당국의 심사를 더욱 악화시키는 사건이
생겼다.

그것은 「의견서」 끝의 〈범죄의 정상(情狀)〉 부분에서 엿볼 수 있다.

또한 이시카와의 소설은 영국, 소련, 중국어 등의 언어로 번역되어 현재 상하이 신문에 연재된 상황으로, 현지 군의 사기(士気)에 악영향을 미치고 아군 전체의 위신을 대단히 실추시킨다. 또한 현실적으로 적국에 악용되어 역선전(逆宣伝)의 용도로 사용됨에 따라 적국을 이롭게 하는 결과가 된다.

국제관계에서는 각국에 절호의 구실을 주어 국책수행상 일대의 지장을 초래할 것이라는 예감도 든다.

경찰의 압류에서 벗어난 예의 『중앙공론』은 바다를 건너 중국에서 번역되었다.

7. 압류로부터 벗어난 책이 바다를 건너다

일기 마지막에 붙은 기사

다쓰조의 일기장 마지막에는 3개의 신문기사가 붙어 있었다. 첫 번째가 〈이시카와 다쓰조 소환(召喚)〉, 두 번째가 〈두 종류의 「살아있는 병사」 발견〉 기사. 그리고 세 번째는 절제 전 『중앙공론』이 바다를 건너 「살아있는 병사」가 해외에서 번역되었다고 공지한 『요미우리신문』 기사였다.

「살아있는 병사」

미국에서 출판 임박!

잘못된 2세의 영역(英訳)

『중앙공론』 3월호에 이시카와 다쓰조가 집필한 창작 「살아있는 병사」가 문제가 됐던 그때, 뜻밖에 그 소설이 미국으로 건너가 일본인 2세에 의해 그 곳에서 영어로 번역되어 출판될 즈음에 일본 영사관이 압류해서 번역

본 수천 부를 압수했다고 하는 정보가 25일 외무 외무성에 입수되어 관계 당국을 놀라게 했다. (략)

또한 이시카와 다쓰조는 이미 알려진 보도와 같이 서류송치되었지만 당국에서는 무분별한 출판업자의 작위적 행동이 중대한 파생적 사건을 야기한 선례로, 검열에 신중을 기함과 함께 이참에 더욱더 주의를 환기시키려고 각 출판업자에게 경고하는 것이다.

(『요미우리신문』 1938년 3월 27일 석간, 26일 발행)

전적으로 당국의 입장에 선 보도로써 '무분별한 출판업자의 작위적 행동'이 이러한 결과를 낳았다며 비난하고 있다. 중앙공론사가 의도적으로 유출시켰다고 단정하는 것이다.

다쓰조의 일기는 여기서 끊기고, 다음은 책 끝에 원고 예정이나 원고료 메모뿐이다.

기괴! 「죽지 않은 병사(未死的兵)」

『요미우리신문』 기사가 나오고 나서 며칠 후 이번에는 중국 신문에 「살아있는 병사」의 초역이 연재되어 있다고 알리는 기사가 『미야코신문(道新聞)』에 실렸다. 다쓰조는 이 기사를 몰랐던 것일까. 아니면 누군가가 일기장을 반출하였거나 다쓰조가 일기장을 제출하였거나 해서 더 기사를 붙이는 것이 불가능했던 것일까. 정확히는 알 수 없다.

표제가 4단(段) 이상 있는 화려한 기사로써, 표제어 「죽지 않은 병사

(未死的兵)」에 「살아있는 병사」라는 후리가나가 달려 있다. 다쓰조의 얼굴 사진과 중국 게재지 사진이 붙어 있다.

기괴! 중국 신문에 「죽지 않은 병사(未死的兵)」

발행금지 소설을 고의로

번역하여 역선전

원본 입수 경로에 의혹

〈상하이에서 기쿠치(기쿠치 간) 특파원 28일 발〉 발행금지된 「살아있는 병사」의 작자 이시카와 다쓰조와 『중앙공론』 편집자들이 재차 검열 당국의 추궁을 받고 있을 때, 상하이에서 발행되고 있는 미국계 자본의 일류(一流) 한자신문 『대미만보(大美晚報)』에 그 「살아있는 병사」 번역이 당당히 실리기 시작하여, 상하이 일본 측 당국에서는 사태를 중히 여기고 거류 일본인 측에서도 이 문제를 주시하고 있다. (략) '시라키(白木)'라는 펜네임을 가진 남자가 「죽지 않은 병사(未死的兵)」라는 제목을 붙여 초역하였지만 기괴한 것은 이 원본이 어디서 입수된 것인지, 우리 검열 당국이 가장 위험시 하던 '중국 청년의 죽음'이나 '정도(征途)' 등 처음부터 전부 삭제되어 있던 부분이 번역되어, 이것이 중국 측 민중에의 선전은 물론 외국 측에의 선전 자료로써 악용되기에 충분하다고 생각된다.(략)

상하이의 우리 헌병대에서는 번역자 시라키의 주변을 엄중히 조사함과 동시에 후방의 관계 당국에 문제의 그 발매금서의 입수 경로에 대한 조사를 의뢰했다.

(『미야코신문(都新聞)』 1938년 3월 29일)

당국의 『중앙공론』 압류가 이루어졌다는 전제에서 발매금서 입수 경로를 수상히 여기는 기사가 있었다. 또 이 기사에 따르면 『대미만보(大美晚報)』의 연재는 마치 복자(伏字)나 삭제가 없는 완전판으로 보인다. 이 『대미만보』를 나는 확인할 수 없었지만 『대미만보』의 연재를 바탕으로 출판된 책 「죽지 않은 병사」(상하이잡지사)를 교토대학 문학부가 소장하고 있었기에 열람해봤다.

설탕을 훔친 중국 청년을 찔러 죽이는 이야기 등 13개의 장면을 뽑아 번역하고 밉살스러운 일본병사 등의 그림을 곁들인 책이었다. 하지만 역시 ××는 존재한다.

『중앙공론』 1938년 3월호 연판(鉛版) 삭제는 여러 종류의 버전이 있어 그 중 하나를 번역한 것에 지나지 않는다고 생각한다.

압류하지 못한 1만 8천부

그 『중앙공론』은 발행일 관련 등에서 경찰의 압류를 벗어난 것이 있고, 그 중 일부분이 해외로 건너갔다. 일본에서는 소설 내용도 제대로 알려지지 않았는데도 4월 23일, 경시청의 「의견서」에 따르면 중국어, 영어, 러시아어로 번역되었다고 한다. 다쓰조를 취조한 후에 경찰은 그것을 알았던 것이다.

앞에서 기술한 것처럼 『중앙공론』 3월호는 배본(配本)이 2월 17일이고, 18일에 발매금지됐다.

1심(一審)의 "공판조사"에 따르면 『중앙공론』 1938년 3월호 발행부수는 약 7만 3천부. 당국에 납본하기 전 약 7만부를 동경당(東京堂) 등에 위탁판매로 보내고 약 2천부를 기증처로 보냈다고 발행인이었던 마키노 다케오가 재판관에게 말했다.

이시카와가(家)에 남은 『중앙공론』도 저자에게 주는 기증본이었을 것이다. 단골 필자 중에는 해외 이주자도 있어서 발매금지 전, 해외로 보내진 것도 있었던 게 아닐까. 아니면 해외에서의 발행분도 있었던 것일까. 담당 편집자였던 사토 간지로(佐藤観次郎)는 〈마침 배 사정으로 예정보다 빨리 외국으로 간 잡지가 미국에서 큰 호응을 얻어 육군이 화가 나 있다는 말도 들었다〉고 후에 진술하고 있다(사토 간지로 「그 시절 살아있는 병사 사건③」 『사회신보』 1960년 3월 27일).

7만 3천부 중, 얼마나 압류당했던 걸까.

1938년 2월분 「신문잡지 압류 집행 상황조사」(『출판경찰보』 제111호)를 보면 『중앙공론』 3월호의 압류 부수는 5만 4천 352부이고, 압류율은 74.5%이다. 전체의 4분의 3에 불과했다. 결국 1만 8천부 남짓이 압류를 피한 것이다.

그리고 이 달만 보면 『중앙공론』의 압류율은 높은 편이었다는 사실을 알 수 있다. 예를 들면 월간지 『테아트로(テアトロ)』는 4분의 1이 압류되었고, 좀 더 마이너한 잡지의 압류율은 1%대인 것도 있다. 그에 비하면 『중앙공론』은 전국 34개 도·부·현(道府県)에 압류 실적이 있고, 경찰도 노력했다는 것을 엿볼 수 있다.

즉, 말하자면 압류에 힘을 쏟아도 이 정도인 것이다. 만전의 포위망을 출판사가 간계로 돌파했다고는 말할 수 없다. 그러나 「살아있는 병사」가 삭제된 상태가 다른 여러 버전과 함께 해외 특히 중국에서 번역된 것은 다쓰조와 중앙공론사의 입장을 결정적으로 어렵게 만들었다.

중국에서 연이은 번역 출판

다쓰조도 모르는 사이에 「살아있는 병사」는 중국에서 연이어 번역 출판되었다.

『일본 근·현대 문학의 중국어 번역 총람(日本近·現代文學の中國語驛總覽)』 등을 조사해보면 1938년 6월에 장스팡(張十方)역 「활착적(活着的) 병사」를 상하이문적사(上海文摘社)가 출판했다. 7월에 샤옌(夏衍)이 번역한 「죽지 않은 병사(未死的兵)」가 광저우남방(広州南方) 출판사에서, 그 후에는 구이린(桂林) 남방출판사에서 출판되고 있다. 앞에서 밝힌 시라키(白木)에 의한 초역 「죽지 않은 병사」는 8월에 상하이의 잡지사에서 간행되어 이듬해에 재판(再版)되고 있다.

시라키는 누구인가. 요코하마시립대학 스즈키 마사오(鈴木政夫) 명예교수는 시라키는 우청즈(吳誠之)일 것이라고 말한다. 저페(哲非)의 이름으로 히노 아시헤이(火野葦平)의 「보리와 병사(麦と兵隊)」(1938년)도 번역한 사람이라고 한다.

장스팡(張十方)은 중국 사이트에 의하면 본명이 장광전(張廣槙)이다. 1914년 출생이므로 이 무렵은 아직 20대이다. 일본에서 유학하고 있었던 1937년 9월에 체포당해, 국외로 퇴거되어 항일운동으로 마음이 돌아

선 듯하다. (http://whgc.sun0769.com/newc.asp?id=1722&page=5)

「활착적 병사」의 「역자서」에《시종일관, 슬픔과 분노의 심정으로 이 소설을 번역했다》라고 쓰여 있다. 일본 잡지『세르판(セルパン)』이나 『오사카마이니치신문』의 기사를 토대로「살아있는 병사」가『중앙공론』에 게재되었지만 발매금지된 일이나, 편집자가 휴직 처분된 일을 설명하고《이번 3월호『중앙공론』을 구입하는 것은 어렵다. 이 소설은 거의 없어졌기 때문이다. 문적사는 고생하여 겨우 찾아냈다》라고 기술하고 있다.

샤엔(夏衍)은 1900년에 태어나 루쉰(魯迅, 중국의 소설가)이나 궈모뤄 (郭沫若), 오자키 호쓰미(尾崎秀實)와 교류가 있는 작가이다.『펜과 전쟁, 샤엔 자전 (ペンと戦争 夏衍自転)』에 의하면「죽지 않은 병사」는 초판을 한 달 동안 전부 팔고, 재판을 10월에 내기 위해 3천부를 찍었지만 광저우의 전국(戰局)이 긴박하여 발행하지 못하고, 1940년에 구이린(桂林)에서 3판을 냈다.

샤엔 역「죽지 않은 병사」의 서문을 가지 와타루(鹿地亘)가 썼다. 가지는 프롤레타리아 작가이며 중국에서 반전활동을 하고 있었다.

가지는 이시카와 다쓰조를 인도주의자라고 부르며, 눈앞의 진실에서 시선을 돌리지 않고 슬픔에 찬 현실을 직시하는 자세를 잃지 않는 것에 경의를 표한다고 썼다. 당국의 비위를 거슬렀던 것은 이미 세계가 알고 있는 침략전쟁의 잔혹함을 폭로하는 것에 불과하다고도 했다.

가지는 이시카와 다쓰조가 이미 감옥에 갔을 것이라고 쓰고 있었지만 그것은 오해이다. 훗날의 일이다. 샤엔은 중국을 방문한 다쓰조와 파티에서 만났다고 한다. 1956년 무렵이었을 것으로 생각된다. 앞서 말한 샤엔 자전에는 이렇게 쓰여 있다.

이 건을 꺼냈을 때, 그는 눈살을 찌푸리며 말했습니다.
"결국 당신들이 이 소설을 번역했기 때문에 나는 독방에 갇히게 된 것인가."

다쓰조는 취조를 받았지만 체포되지는 않았고, 집행유예로 투옥되지 않았다.
독방이 아니라 법정의 피고인석에 앉았다는 말이 아니었을까.

이시카와 다쓰조, 좋았어

아내 요시코는 「회상하는 이시카와 다쓰조(回想の石川達三)」에서 이런 말을 하고 있다.

우리 집은 도로의 모퉁이에 있어 길가로 향한 방을 작업실로 하고 있었습니다. 밤중에 일을 하고 있으면 뚜벅뚜벅 구두 소리를 내며 모퉁이를 돌면서 "이시카와 다쓰조의 「살아있는 병사」는 좋았어"라며, 일부러 들리도록 말하는 분도 있었습니다. 그런가 하면 "비국민! 스파이일 거야"라고 큰소리로 외치며 지나가는 분도 있었습니다.

『중앙공론』이 나오고 바로 발매금지되었기 때문에 사원들이 분담하여 서점에 가서 「살아있는 병사」의 페이지를 찢고 돌아다녔다고 합니다. 그 잘라낸 부분을 철한 것이 은밀히 나돌면서 그것으로 읽었다고 하는 사람이 꽤 있었던 것 같습니다.

잘라낸 것을 회수할 수 있었던 걸까? 나는 그런 이야기를 다른 데서 읽은 적은 없지만 발매금지된 「살아있는 병사」가 복자 투성이라 하더라도 읽을 수 있었던 사람은 나름 있었던 것 같다.

8. 아메미야 편집장의 퇴사

터무니없는 의심을 받다

「살아있는 병사」를 실은 『중앙공론』의 발매금지 처분에 대해 편집장이었던 아메미야 요조는 검열담당 사무관으로부터 "주의 정도에 그칠 것으로 생각했지만 헌병대의 통지도 있고, 일본군의 규율이 국제적으로 문제시되고 있을 때, 소설로서도 재미없기 때문에"라는 말을 들었다고 『시노부구사(偲ぶ草)』에 기록하고 있다. 중일전쟁이 수렁에 빠지고 국가총동원체제에 들어가려던 때에 군부의 의향, 혹은 그것을 짐작한 사람들과 맞닥뜨린 「살아있는 병사」 사건은 거센 바람이 되어 중앙공론사를 뒤흔들었다.

인쇄 도중에 연판깎이(鉛版削り)를 했기 때문에 「살아있는 병사」가 여러 버전이 나온 것이 악재였다. 검열용으로써 많은 버전이 납본된 것에 당국은 '악의'를 발견했다. 실제로는 빨리 인쇄가 끝난 책부터 지방 등에 발송해서 중앙공론사 측에서는 〈엉뚱한 의심을 받는다〉(『시노부구

사』는 느낌이었겠지만, 단속하는 측은 이것을 몰아세웠다. 만약 '검열용은 많이 삭제한 것을 내자'라는 음모가 있었다고 해도 지금 냉정하게 비교해서 읽어보고, 나는 공백이 많은 버전이라면 검열을 통과했으리라고는 전혀 생각되지 않지만…… 감시청의 「의견서」도 아메미야에게 유난히 엄격했다.

아메미야 요조와 같은 편집장의 입장에서 편집 당초부터 발매금지를 예상하고 배포용과 납본용을 구별하여 인쇄하고, 금지를 면하기 위해 발행인으로 하여금 일부러 다량 삭제한 것을 납본하게 하여 단속관청을 기만했다.

(「의견서」 1938년 4월 23일)

읍참마속(泣斬馬謖)

3월 1일로 아메미야와 담당편집자 사토 간지로가 휴직처분되었지만, 여러 버전의 문제등이 나와 수습되지 않았다.

이렇게 되면 책임회피를 부르짓는 자, 방해하는 자가 나온다. 사장이나 편집자가 그만두지 않으면 회사가 없어질 것이라는 정보까지 흘러나왔다. (략) 고바야시 이치조(小林一三) 등은 일부러 그만둘 필요는 없다고 전해왔다.

(『시노부구사』)

고바야시 이치조는 아메미야와 같은 야마나시현 출신의 사업가. 한큐 전철 등의 창시자이다. 아메미야는 시마나카 유사쿠가 사장이 되고나서 처음으로 채용된 직원이었다. 직원이 수십 명인 시절부터 많은 작가, 평론가와 깊은 유대관계를 가지며 『중앙공론』을 견인해 왔다. 그러나 고비를 맞이하게 되었다. 나중에 주간지와의 인터뷰에서 이렇게 말하였다.

사장은 원래 자유주의자여서 우리의 편집태도를 든든하게 후원하고 있었습니다. 그래서 저에게도 그만두게 하려는 의사는 없이 휴직 정도에서 그치려고 했다.

그러나 당시의 상황은 꽤 심각했습니다. 외부에서 "사장이나 아메미야가 그만두지 않으면 회사가 없어진다" 등의 정보가 거세게 흘러나왔습니다. 나는 이런 소란이 커지면 책임을 지는 것이 당연하다는 생각에 퇴사했던 것입니다. 이때 사장은 눈물을 흘리며 〈읍참마속〉이라고 말했습니다.

(『주간현대』1961년 9월 24일호)

3월 30일에 아메미야의 중앙공론사 퇴사가 결정되었다. 4월 8일에 퇴사했다고 아메미야는 법정에서 말했다.

이듬해 시마나카 유사쿠 사장이 설립한 국민학술협회에 아메미야가 입사했기 때문에 〈읍참마속〉은 본심이었던 것이다.

〈읍참마속〉은 제갈공명이 소중히 해 온 부하 마속이 명령을 거역하고 대패를 맛보았을 때, 울면서 마속을 처형했다는 고사로부터 생겨난 비유라고 한다. 도리를 지키기 위해 정을 배제한다는 것이 본래의 의미라면, 편집장의 퇴사는 무엇을 지킨 것일까? 아니, 이때 중앙공론사에 다른 선택지가 있던 것일까?

만약 여기서 버틴다면 결국 재판소에 의해 '발행금지'를 당할지도 모른다. 발행금지는 잡지 발행 자체에 숨통을 끊는 처분이다.

「살아있는 병사」 사건은 결국 육군형법 위반이나 군기보호법 위반이 아니라 신문지법 위반으로 기소되어, 판결에서 아메미야도 집행유예를 받았다.

그러나……. 단속하는 측은 이제 목적을 달성했다고 아메미야는 회고했다.

> 그러나 당국은 이 소동으로 목표는 달성했다. 잎사귀 하나 떨어져 천하에 가을을 알린다. 언론통제는 '발매금지'와 '퇴사'를 경계로 급물살을 타고 이윽고 '요코하마사건(橫浜事件)'이라는 잔인한 조작사건을 낳았다.
>
> (앞의 책 『시노부구사』)

작가들로부터의 편지

편집자의 일은 인간적인 일이라고 내가 지금까지 만난 사람들의 모습에서 상상하고 있다. 어딘가에 본성이 드러난다고나 할까. 글을 쓰는 사람은 누구에게나 같은 공을 던지는 것은 아니며, 작품은 던지는 쪽과 받는 쪽의 캐치볼의 산물이다.

아메미야 편집장이 퇴사하게 되자 그 중에는 냉정한 태도를 취하는 저자도 있었을지 모른다. 그러나 그렇지 않은 저자들의 말이 편지라는 형태로 남아, 그 은밀한 숨결에 지금 우리는 닿을 수 있다.

다니자키 준이치로(谷崎潤一郎)가 아메미야에게 보낸 편지는 아시야 시(芦屋市)에 있는 다니다키 준이치로 기념관 자료집에서 읽을 수 있었다.

배복(삼가답장) 편지를 배견하고 귀하의 입장에 깊이 동정합니다.

귀하 한 사람의 책임은 아니라고 생각합니다만, 이때 청렴결백한 태도를 취하고 권토중래(捲土重來)하시는 것도 나쁘지 않을지 모릅니다. 물론 귀하가 이러한 일로 좌절하지 않을 것을 믿고 있습니다. 인생 여정에는 모두 여러 가지 일이 있습니다. 단지 모처럼 수고해 주신 소생의 『겐지 이야기(源氏物語)』가 점점 완성되려는 시점에, 출판을 기다리지 못하고 퇴사하시는 것만은 아무래도 유감입니다. 책이 나오면 즉시 귀하께도 보내드리겠습니다. (략)

(4월 27일)

아메미야의 출신지인 야마나시현의 현립문학관이 「아메미야 요조(雨宮庸蔵) 앞으로 보내온 서간」을 다수 소장하고 있다. 우리는 허가를 얻어 현물을 열람할 수 있었다.

호소카와 가루쿠(細川嘉六)로부터 온 편지에는 활기가 넘친다. 이후의 요코하마사건에서 치안유지법 위반에 연루되어 있지도 않은 공산당 재건준비위원회 그룹의 두목으로 취급되면서, 마지막까지 추궁을 견디며 부인으로 일관하여, 전후되고 머지않아 면소(免訴)된 사람이다. 아메미야에게 보낸 편지도 의연하다.

> 그 후 □는 격조했던 점 양해 부탁드린다. 요즘 건강하신지요. 어떤 난관에 당면하더라도 기운을 잃으면 안 돼요. 급할수록 돌아가라, 유유히 올 가을을 기다릴 뿐이다. (략) 소생은 옥수수 씨를 뿌리고 난관을 관망하며 봄기운을 즐기고 있습니다. □ 만나서 □ 이야기합시다.
>
> (4월 8일 달 밝은 밤 세타가야에서 노인이)

하야시 후미코로부터는 암갈색의 그림엽서가 도착했다. 글씨가 아주 예쁘다.

> 오랫동안 격조했습니다. 건강하게 잘 지내십니까. 이번 일에 대해서 듣고 깜짝 놀랐습니다. 부디 건강하게 잘 지내시기를 바랍니다. 마음이 내키시면 부디 제가 있는 곳에도 와 주시길 바랍니다. 몸 조심하세요.
>
> (5월 2일)

그 외에도 노가미 야에코(野上弥生子)와 마사무네 하쿠초(正宗白鳥) 등으로부터 온 자필편지가 남아 있다. 편집자인 마쓰시타 히데마로(松下英麿)는 우치다 핫켄(内田百閒) 등으로부터 온 위로의 말을 아메미야에게 전했다.

아메미야의 뒤를 이어 『중앙공론』 편집장이 된 고모리타 가즈키(小森田一記)의 편지에서는 긴장이 전해진다. 중앙공론사의 편지지에 쓰여 있다. 송별회가 열리지 않은 것을 언급하며 〈여러 가지 신경 쓰이는 일도 있어 그냥 있습니다만 기회를 봐서 꼭 거행하도록 하겠습니다〉라고 쓰고, 아메미야를 염려하면서 왠지 간단히 설명할 수 없는 표현이 많다. 사내(社內)에 대해서는 이런 것을 쓰고 있다.

사내도 완전히 변한 듯한 기분이 들어 지금부터 앞으로 어떻게 될 것인지는 마치 일본의 장래와 같이 전망하기 힘듭니다. 가까스로 난국을 극복해 나가고 있으니까 그 점은 안심하셔도 좋습니다.

(4월 23일)

이시카와 다쓰조는 아메미야의 퇴사를 알고 경악한 듯 보인다. 오로지 사죄하는 그때의 편지는 『시노부구사』에 소개되어 있다. 두루마리에 붓으로 쓴 편지라고 한다.

드디어 정식으로 퇴직했다는 말을 마쓰시타군으로부터 듣고 깜짝 놀랐습니다. 사태가 의외의 방면으로 번지며 번역 문제 등을 야기해 소생도 곤혹스러워하고 있습니다. 귀하에게는 폐스럽기 짝이 없어 얼굴을 들 수 없습니다. 찾아뵙고 사죄드리고 싶은 마음도 있지만 뭐라 말씀드리는 것이 좋을지 몰라 망설이고 있다는 점을 용서해 주십시오.
이후에 계획도 여쭙고 싶고, 미력하나마 도움이 됐으면 합니다. 아무튼 염려마시고 말씀해 주시면 책임을 지겠습니다.

(4월 11일)

9. 법정에서 한 말

태평스러운 국민에게 불만이 있었다

경찰청은 다쓰조 등을 육군형법의 유언비어죄 이외에 신문지법(육군성령에 준한 게재 금지)을 위반했다며 도쿄지방검사국에 서류송치했다. 하지만 검사국은 8월 4일, 이것을 단지 신문지법 위반사건(안녕질서 문란)으로 기소했다.

재판은 도쿄구 재판소에서 8월 31일에 열려 1회로 판결이 났다. 구(区)재판소는 형사사건에서 비교적 가벼운 죄에 해당하는 사건을 취급하는 재판소이다.

재판모습을 기록한 「공판조서」에 따르면 판사는 다쓰조와의 대화에 시간을 할애하고 있다.

왜 전장 파견을 희망하느냐는 핫다 우이치로(八田卯一郞) 판사의 물음에 다쓰조는 이렇게 대답하고 있다.

날마다 보도하는 신문조차도 사정이 좋은 사건만 쓰고 진실을 보도하지 않아서 국민이 태평스럽게 살아가고 있는 것에 저는 불만이 있었습니다. 국민은 출정병사를 신처럼 여기고 우리 군이 점령한 토지에는 갑자기 낙원이 건설되어 중국 민중도 이에 협력하고 있는 것처럼 생각하고 있지만 전쟁이란 그런 한가한 것이 아닙니다. 전쟁이라고 하는 진실을 국민에게 알리는 일이 진정 국민으로 하여금 비상시를 인식시키고, 이 시국에 대하여 확고한 태도를 취하게 하는 것이 정말로 필요하다고 믿고 있습니다.

특히, 난징함락 때에는 제등행렬로 축제 분위기를 조성하는 것에 분개하여 참을 수 없었습니다. 나는 전쟁이 어떠한 것인지를 정확히 국민에게 알리지 않으면 안 된다는 생각에, 그 때문에 꼭 한 번 전선을 시찰하고 싶다는 희망을 품었던 것입니다.

국민이 태평스러운 것이 불만이었다?

나는 이것을 처음 읽었을 때 당황했지만, 이윽고 중일전쟁을 취재하러 간 대선배 기자의 이야기가 생각났습니다.

그 사람 단노 노부오씨(団野信夫, 고인)는 노구교사건 직후 베이징 외곽의 펑타이(豊台)에 파견된 『아사히신문』기자. 참호에서 망원경으로 들여다보면 수수밭 사이에 학생복이 보였다. 중국 측은 학생까지 싸우게 하고 있다. 이것은 '사변' 따위가 아닌 본격적인 전쟁이라 느꼈다고 한다.

단노씨는 종군기자 강연회 때문에 바로 오사카 사회부로 소환되었다. 오사카역에 도착하니 출정병사를 실은 트럭이 모여 있었다. '깃발을 들고 진탕 마시며 즐기는 소란스러운 축제'. 이 강연에서 중국과의 의식 차이를 얘기하려했지만 잘 정리할 수 없었다. 입에서 나온 말은 "일본은 축제 분위기로 들 떠 있다." 헌병이 대기실에 와서 "당신의 이야기는 반전적(反戰的)이다"라고 했다고 한다(『아사히신문』 1994년 10월 10일 조간 「50년의 이야기 제10화 전시하의 기자들 1」).

다쓰조는 현장에 다녀온 소감을 묻는 핫다 판사에게 〈전쟁이란 것이 얼마나 규모가 크고 무시무시한지〉, 〈예상을 훨씬 뛰어넘는 것이었습니다〉라고 대답했다. 예상을 뛰어넘는 전쟁의 무시무시함과 태평한 본토와의 격차를 더 강하게 느꼈던 것은 아니었을까.

출정병사를 신처럼 생각하는 것이 잘못

핫다 판사는 이어 〈날고기의 징발〉이나, 쿠냥의 반지나, 비전투원을 살해하는 장면 등을 차례로 들어 어떤 마음으로 썼는지 다쓰조에게 물었다.

다쓰조는 이 또한 〈전쟁의 처참함을 글로 알리고 싶다는 취지로 썼습니다〉라고 대답, 강탈이나 살해도 〈어쩔 수 없이 하고 있다〉고 생각하고 그것을 알 수 있도록 구실을 붙여 썼다고 설명했다.

이러한 것을 쓰면 군기가 엄격한 일본군에 대한 신뢰에 흠집을 내는 결과가 되지 않는가라며 판사가 물었지만 다쓰조는 다음과 같이 대답했다.

그것을 흠집(일본군이 한 행동에 흠을 내는 것) 내려고 생각했습니다. 애당초 국민이 출정병을 신처럼 여기는 것이 잘못이고, 좀 더 참다운 인간의 모습 위에 진정한 신뢰를 쌓아야 한다고 생각했기에 그 잘못된 국민의 생각을 바꾸려고 했습니다.

피고는 반전사상(反戰思想)을 품고 있는 것은 아닌가라고 판사가 되물었다. 다쓰조는 〈그런 일은 절대 없습니다〉라고 강하게 부정했다.

게다가 이 시기에 이러한 창작은 발표할 수 없다고 생각하지 않았는가라고 판사에게 추궁받은 다쓰조는 나중에 잘 생각해보니 그런 생각이 들었다고 대답, 현재의 심경에 대해서는 이렇게 대답했다. 〈이러한 시기에 발표하는 것이 아니었다고 생각했습니다.〉

그리고 작품이 해외에서 번역된 것을 지적받은 데 대해 〈그러한 일은 상상하지 못했습니다. 그 점은 제 생각이 모자랐습니다〉라고 대답했던 것이 다쓰조가 법정에서 진술한 몇 안되는 반성의 말이다.

즉, 글을 썼던 것 자체는 특별히 반성하지 않는 듯, 자신이 어떤 생각으로 썼는지를 열심히 얘기하면 이해해줄 거라고 생각한 듯하다.

이때 중앙공론사 측 변호인은 가타야마 데쓰(片山哲)였다. 전후(戰後)의 수상(首相)이다. 다쓰조의 변호사는 동생인 이시카와 추(石川忠)와 후쿠다 고타로(福田耕太郎)였다. 중앙공론사 측은 관대한 판결을 요구하고, 다쓰조 측은 무죄를 주장하고 있다.

불편한 진실을 알지 못하는 국민이 태평스럽게 있는 것에 화가 나 전쟁의 처절함을 소설로 알리려고 했다라는 주장은 다쓰조 측의 법정전술이었던 것일까.

나는 그렇게 생각되지 않는다.

앞에 적었던 것처럼 다쓰조는 소집되어 중국으로 건너 간 친구의 편지에 의해 전장 상황이 본토에서 보도되는 것과 다르다는 것을 알고 있었다. 일기에도 그 부분이 쓰여 있었다.

1937년 11월 9일, 상하이 전선에 있는 Y(원문은 실명)로부터의 편지 세 통이 함께 왔다고 기록되어 있다.

그는 이미 여러 번 제일선에서 적을 추격하고 있다. (략) 힘든 전쟁을 하고 있는 듯하다. 상하이전(戰)은 굉장히 무리한 싸움을 한 듯하다. 군대도 좀처럼 진군하지 못했다는 이야기도 들었다. 부대장이 총으로 하사를 진군시켰다는 이야기도 들었다. (략) Y의 고생도 이해된다. 전쟁은 상상으로는 알 수 없는 것이다.

10. 미발표 「난징통신」

『중앙공론』의 원고용지에 기록된 것

사실은 『중앙공론』의 원고용지에 적힌 다쓰조의 미발표 문장이 있다.

한 장 200자로 괘선 아래에 「중앙공론 원고지」라고 오른쪽에 가로쓰기로 인쇄되어 있다.

원고는 두 종류로 「난징통신」이란 제목을 붙인 것이 8장. 제목 아래 '묵은 원고(舊稿)'라고 써 넣은 글씨가 있다. 또 한 종류는 첫째 장이 없어서 제목은 알 수 없다. 「살아있는 병사」 사건을 회고한 듯하다. 몇 번인가 고쳐 쓴 듯한 것으로 같은 페이지가 여러 장 있고 합하면 수 십장이 된다. 마지막에는 〈이하 분실〉이라는 글씨가 있다. 임시로 이것을 「회고하며」 원고라 부르기로 한다.

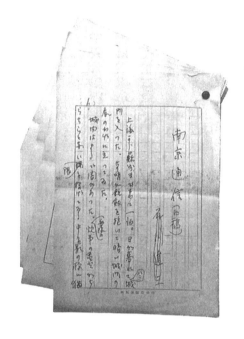

● 미발표의 「난징통신」
(다케우치 게이코씨가 소장)

다쓰조의 장녀 다케우치 게이코씨가 보관하고 있지만 언제, 무엇 때문에 썼는지는 알 수 없다.

나는 둘 다 1938년에 쓰인 것이라 추측한다.

원고는 낡은 상태. 「난징통신」은 내용, 문자 모두 자유롭다. 「회고하며」 원고는 문자가 작고 내용도 어수선하고 고통스러움이 배어 있다.

「난징통신」이란 제목의 에세이식 리포트를 다쓰조가 쓸 기회가 있었다면 그것은 아마도 인생에 단 한 번, 중앙공론사에서 파견되어 상하이와 난징에 갔다 귀국했을 때뿐이다.

즉 이것은 「살아있는 병사」를 집필하기 전에 써 본 '낡은 원고'가 아닐까.

싸우는 나라의 작가는 어떻게 해야 할까

한편 「회고하며」 원고는 필화사건 후에 자신의 생각을 엮은 것이다. 『중앙공론』에 해명을 쓰려 했던 것일까? 아니면 법정에 설 때를 대비하여 생각을 정리했던 것일까? 그 경위는 알 수 없고 1938년에 쓰였다는 증거도 없다. 다만 이 문장은 그 무렵의 다쓰조의 심경을 잘 전달하고 있다고 생각되어 길지만 주요부분을 소개하겠다. 고쳐 쓴 듯한 문장에서 인용한다. 법정에서 다쓰조가 말한 것이 순간의 위기를 모면하기 위한 방편이 아니었던 것이 이 문장에서도 전해진다.

전장(戰場)에 가고 싶었던 이유가 최초로 쓰여 있다. 전장에서야말로 인간 본연의 모습을 볼 수 있다. 그러한 병사의 모습을 있는 그대로 그려 보고 싶다는 것이 가장 큰 욕망이었다고 말하고 있다.

그리고 운 좋게도 난징시 정부의 군대 속에 들어가 8일 정도 함께 기거할 수 있었다.

나는 충만한 창작욕구로 머리를 잔뜩 채워 돌아왔다.

하지만 내 노트에는 발표가 허용되지 않는 기사만이 가득, 꼭 쓰고 싶다는 생각과 쓰면 안 되는 사실이 상극하고 있는 상태였다.

나는 망설이며 붓을 들었다. 발표가 허용되는 범위에서, 게다가 전쟁의 진실을 알리지 않으면 안 되는 욕망까지도 살리면서. 이렇게까지 해서 굳이 위험을 무릅쓴 것에는 □ 하나의 원인도 있었다. 즉, 국내의 사람들에게 전쟁이라는 것의 진짜 모습을 알리고 싶은 욕망이었다. 나는 이 소설은 소설 그 자체로는 실패작이어도 괜찮다고 생각했다. 신문, 잡지의 전쟁기사나 뉴스, 영화에서 보이는 장면은 전쟁의 일부분밖에 보여주지 않는다. 그 결과 국민의 인식은 전쟁을 아주 별 것 아닌 것으로 생각하고 있다. 중국인은 가는 곳곳에서 황군을 환영하고, 우리 병사는 그들과 서로 화합하여, 점령 지구는 모두 봄바람이 온화하게 부는 것 같다……. 그런 전쟁이 있을 리가 없다. 전쟁이라고 하면 살생이다. (략) 병사는 신이 아니다. 일본에서 일하고 있을 때에는 평범한 사람이었던 그들이 출정하고 갑자기 그 정도로 선량해질 리가 없다. 병사는 흥분해 있다. 적을 죽이지 않으면 자신이 죽는다. 이러한 환경에서 신문 보도처럼 항상 용감하고 자비로울 수가 없다.

'난징 따위 쉽게 함락되었겠지'

이런 태평스럽고 경사로운 전쟁 인식을 나는 확실하게 정정하고 싶었다. 전쟁의 무시무시함을 더 강하게 사람들에게 알리고 싶었다. (략) 난징함락이 임박해지자 바로 제등행렬을 강행하고 싶어 하는 느긋한 사고방식을 철저하게 바로잡는 것이 국가로서도 바람직한 일이라는 것을 믿고 있었다.

국민에게 전쟁의 진실을 전하는 일이 좋은가 나쁜가, 어느 정도까지 진실을 전해도 좋은가, 그건 문제가 되는 부분일 것이다. 하지만 지금까지 일반인의 전쟁 인식이 이대로 괜찮다고는 나는 생각하지 않는다.(략)

나는 전장에서 한 병사에게 들은 적이 있다.

"국내 신문에는 마치 전쟁 따위 아무 것도 아닌 것처럼 쓰여 있어, 그것을 보고 모두 화가 나 있어요. 우리는 그런 태평한 전쟁을 하고 있는 게 아니야. 신문기사는 마치 아이들의 전쟁놀이 같다."

정말로 병사의 노고를 알고 감사를 하는 것이 후방의 국민으로서 해야 할 의무일 것이라고 생각한다.

발매금지되고 난 후에 생각한 것도 쓰여 있다.

나는 2월 1일부터 22일까지 밤샘을 해가며 썼다. 시일이 없었기 때문에 충분한 퇴고를 거듭하는 일도 불가능 했다. 19일 아침, 나는 자신의 작품이 처분을 받은 것을 알았다.

나는 그 후 수일간 깊은 반성을 하지 않으면 안 됐다.

작가는 전시에 어떻게 해야 하는가. 싸울 수 있는 나라의 작가는 어떻게 해야 하는가.

나는 비국민적인 사상을 쓴 기억은 없었다. (략) 전시에 있어 작가 활동은 역시 국가 정책에 따라 쓰지 않으면 안 될 것이다. 그 점에 관해서는 잘못이 없었다고 믿는다. 하지만 작가의 입장은 국가 정책이라 하더라도 그것에 몰입해 버려서는 안 된다. 국가 정책에 따르면서 선을 떠난 자유로운 안목을 잃어도 안 된다. 그 정도의 자유조차 잃었다면 작가는 단순한 선동자가 돼 버린다. (략)

그저 내가 가장 슬픈 것은 우리가 안고 있는 애국적 사상이 자주 비애국

적으로 받아들여진다는 사실이다. (략) 조금 비판적이라고 하는 이유로
백안시(白眼視)되는 일은 매우 유감스럽다.   (이하 분실)

「난징통신」

한편 「난징통신」은 상하이(上海)부터 쑤저우(蘇州), 난징에 들어가서
본 광경을 쓰고 있다.
이런 식으로 시작된다.

상하이에서 쑤저우까지 와서 1박. 날이 저물고 나서 성문을 들어갔다. 보
초가 총검을 메고 어두운 성문 그늘에 서 있었다.
성내는 마치 어둠 그 자체였다. (략) 재빠르게 고양이가 달렸다. 시체를
먹고 있던 고양이다.
동행하고 있던 장교들과 같은 숙소에 묵었다. 훌륭한 집이다. 베란다에
서서 성내를 바라본다. 가느다란 눈썹 모양의 달. 집들은 불에 타 무너져
버려 등불조차 새어 나오지 않는다. 양초 불빛에 움츠리고 잔다.

다쓰조는 난징공략전이 한창일 때 종군한 것이 아니다. 그렇다면 그
의 눈에 비친 1월의 난징은 어떤 마을이었을까. 〈패잔도시 난징〉이라고
쓰어 있다.

저녁 즈음, 난징 성 밖의 시모노세키(下関)역에 도착한다. 찬바람이 뼈에

사무친다. 주위 장교들과 트럭을 타고 성내의 부대 숙소로 향한다.

패잔도시 난징 - (략). 상하이 서쪽의 부락촌이라는 마을은 슬프게도 모두 폐허가 된 도시였다.

많은 시체가 철도 연선(沿線)에 굴러다니고 있는 것을 보았다. 전장 청소는 대충 끝났을 것이다. 그런데도 밭에는 말의 갈비뼈가 불그레 바랜 채 하늘로 발톱을 세우고 있었다. 작은 운하에 떠다니고 있는 중국 병사의 등도 보았다. 언덕에 무리지어 시체를 찾아다니는 개도 보았다. 그리고 난징 성내에는 쓸모없이 평탄한 큰 길이 곧바로 뻗어 있어서 전후를 어둡게 한 군용 자동차가 모래먼지를 일으키며 달려갔다.

연대 간부를 방문해 군 통역이 중국 청년을 심부름꾼으로 부리고 있는 것을 알았다. 다쓰조도 중국 청년과 같은 방에서 잔다. 다쓰조는 징발(徵發)해 온 침대에서, 청년은 바닥에서. 군 보도부나 오사카마이니치신문사 지국을 방문하고 훌륭한 건물을 사용하고 있는 것에 감탄한다. 상점이 텅 빈 채 파손되고, 신발과 노트가 흩어져 있고, 시체가 하나 굴러다니고 있는 것을 보았다. 밤이 되면 네다섯 곳에 화재가 발생하지만 아무도 끄려고 하지 않는다. 모두 「살아있는 병사」에 쓰여 있는 광경이다.

조금 전 네다섯 집이 타 버린 큰 화재를 아무렇지도 않게 여기고, 병사(兵舍)에서는 술을 마시고 노래를 부르고 일찌감치 잠자리에 들었다.

원고는 여기서 끝난다.

11. 판결 직후의 재종군

반전(反戰)적 의식이 아니라고 해도

이시카와 다쓰조 등에 대한 첫 판결은 1938년 9월 5일, 도쿄구(区)재판소에서 선고되었다. 다쓰조와 아메미야 요조가 금고 4개월 집행유예 3년(구형 = 금고 4개월), 마키노 다케오가 벌금 100엔(구형 = 벌금 100엔)의 유죄판결이다.

핫다 우이치로 판사는 판결 이유로 「살아있는 병사」의 4개의 기술을 그 예로 들었다.

① 빈사 상태인 어머니를 안고 울고 있는 중국인 딸을 총검으로 살해한 장면.

② 설탕을 훔친 중국 청년을 총검으로 살해한 장면.

③ 전선은 현지 징발을 하고 있다는 이야기와 병사들이 '날고기의 징발'로 외출하는 이야기.

④ 쿠냥이 '권총의 탄환과 교환해 주었다'라며 은반지를 가사하라(笠原) 하사들이 보여 주는 장면.

이러한 '황군병사의 비전투원 살육, 약탈, 군 규율 이완 상황'을 기술하여 안녕질서를 문란하게 한 사항을 아메미야가 편집 게재하고, 마키노가 발행하고, 다쓰조는 집필하여 서명했다—라고 판사는 말하고 있다. 이들의 게재사항이 안녕질서를 문란시키는 것은 〈판시(判示) 게재사항의 행문(行文) 자체〉 및 〈지나사변이 현재 계속되고 있는 공지(公知)의 사실〉을 종합하여 인정된다고 한다.

즉, 사변 진행 중에는 안녕질서를 뒤흔드는 작품을 게재했다는 단순한 이유이다. 판결문은 쓰여 있는 것이 사실인가 공상인가, 다쓰조가 어떤 작정으로 쓴 것인가는 언급하고 있지 않다. 단지 핫다 검사는 법정에서 이렇게 말하며 타일렀다고 한다(『도쿄아사히신문』 1938년 9월 6일 석간).

이시카와는 반군적 의식을 가지고 집필한 것이 아니라고 해도 그 영향은 무시할 수가 없다. 아메미야는 자신의 이익뿐만 아니라 국책의 방침에 따라 그렇게 편집을 할 필요가 있다.

이것을 가지고 다쓰조의 변호인이었던 후쿠다 고타로(福田耕太郎) 변호사는 다쓰조가 검사가 말하는 '비국민'이 아닌 것이 인정되어 변호인으로서도 소기의 목적을 달성할 수 있었다고 나중에 회상하고 있다(『주간도쿄』 1957년 3월 16일).

『도쿄니치니치신문』도 〈「살아있는 병사」에 동정 판결〉이라는 표제어로 당시 보도하고 있다.

그러나 이것이 관대한 판결이었던 것일까.

육군형법위반 등으로 위협했던 지금까지의 경과를 더듬어 보면 변호인이 한시름 놓은 것도 납득이 간다. 그렇다 해도 작가, 편집장, 발행인이 기소되어 유죄판결을 받은 것 자체가 이상하다. 게다가 신문지법에는 징역·금고(禁錮) 형이 집행 중이거나 집행유예 중에 있는 사람은 편집인이나 발행인이 될 수 없다는 조문이 있어, 아메미야는 사퇴하지 않아도 판결이 확정되면 편집장을 계속할 수 없다.

그래도 검사의 입장에서 보면 관대한 판결이었던 것으로 도쿄구 검사국은 다쓰조와 아메미야의 집행유예가 부당하다며 9월 7일 항소했다.

재종군의 지원

한편 색 바랜 종이를 다쓰조의 장남 이시카와 사카에씨가 앨범에서 찾았다.

판결 다음 날인 9월 6일 자로 육군신문반이 발행한 「증명서」. 육군의 원고용지에 〈중앙공론사 이시카와 다쓰조〉라고 표시되어 있다. 〈위 사람은 회사의 명에 따라 중부 중국전선에 있어 황군 활약 상황 보도 목적으로 특파된 자임을 증명한다.〉

자택이 있는 도쿄 스기나미(衫並)의 스기나미 경찰서장이 발행한 「신분증명서」도 찾았다. 여권 같은 것인지 도항목적이 〈중부 중국전선에 있는 황군 활약상황 보도를 위해〉라고 쓰여 있고, 〈중앙공론사의 명에 따라〉라고도 되어 있다. 시기가 9월 12일부터 11월 20일까지라고 기록되어 9월 14일 자로 '승선완료'라는 〈일본(5, 6자 판독 불가) 나가사키 지점)의 붉은 도장이 찍혀 있다. 판결의 다음 주에 다쓰조는 배를 타고 다시 중국으로 종군취재를 떠난 것이다. 8월 31일의 법정에서 판사와 다쓰조는 최후에 이러한 문답을 했다.

　문: 다시 종군 지원해 보는 것은 어떤가?
　답: 본건이 해결되면 고려해 보겠습니다.

　명예 회복을 위해 중앙공론사는 다시 다쓰조를 전장에 파견하려고 했다. 일본군은 중국 측에 거점을 두고 있는 우한(武漢)에 육박하려고 했다. 격전지가 되는 한커우(漢口)공략전이 바로 거기였다.
　그렇다 하더라도 항소 중인데 잘도 외국으로 갔던 것이다. 나는 수상쩍게 생각하고 있었지만 후쿠다 변호사의 회상을 읽고 납득이 갔다. 후쿠다 변호사는 『주간도쿄』에서 다음과 같이 말하고 있다.

　그 사이 『중앙공론』에서는 대본영의 양해를 구해 비국민적이 아닌 기사를 다시 쓰게 하기 위해 이시카와씨의 재종군 – 재특파 운동을 은밀히 시작하였습니다.
　그런데 검사측이 어디서 냄새를 맡았는지 일찍이 이 일을 알고, 이시카와는 도피하는 거다. 이시카와가 그런 정신이라면 온갖 수단을 써서라도 재종군을 막고, 만약 재종군한다면 현지든 어디서든 쫓아갈 것이라고 말했습니다.
　그래서 저와 이시카와 주 변호사는 상의하여 도쿄항소원 검사국에 검사장 요시마스 순지(吉益俊次)를 찾아가 이시카와씨의 재종군을 묵인하여 「살아있는 병사」로 세상에 알려진 '비국민'의 오명을 씻기 위해 교섭하였습니다.

우리의 이야기를 들은 요시마스씨는

"좋아, 내가 맡지. 그래, 한시라도 빨리 비행기를 타고 가는 것이 좋아. 가능하면 오늘 밤이라도"라고 말하고 미소 지으며,

"「살아있는 병사」를 읽었지만, 거기 어디가 나쁜 건지 모르겠어. 좋은 소설 아닌가."

이시카와씨는 그날 밤중에 은밀하게 상하이로 날아갔습니다.

도쿄항소원 검사국은 지금으로 말하자면 도쿄고등검찰청이다. 그 수장과 담판을 지은 것이다.

펜 부대

중앙공론사의 바람은 다쓰조의 명예 회복만은 아니었을 것이다.

『중앙공론사 80년』의 연표에 1938년 8월 24일 이시카와 다쓰조의 한커우(漢口)공략전 종군허가를 육해군 양성에 지원했지만 「살아있는 병사」 사건 해결의 조짐이 보이지 않기 때문에 불허가라는 기록이 있었다.

그 전날의 8월 23일 내각정보부는 군부와 작가들의 간담회를 열어 전장에 작가를 파견한다는 이른바 '펜 부대'의 구상을 결정했다. 그 간담회

에 출석해 작가의 인선을 담당했던 사람은 당시의 문예가 협회회장으로 문예춘추사의 창설자였던 기쿠치 간(菊地寬)이다. 기쿠치 본인을 포함, 니와 후미오(丹羽文雄), 하야시 후미코(林芙美子), 요시카와 에이지(吉川英次), 후카타 큐야(深田久弥), 사토 하루오(佐藤春生), 요시야 노부코(吉屋信子) 등 쟁쟁한 멤버가 9월에 육해군 양 루트를 이용 상하이로 향했다.

또 그해 처음이었던 아쿠타가와상(제6회)은 중국 출정 중인 히노 아시헤이(火野葦平)의 『분뇨담(糞尿譚)』이 선택되어, 문예춘추사는 중국 도항 중인 고바야시 히데오(小林秀雄)에게 의뢰하여 항저우(杭州)에서 군중 수상식을 거행하는 퍼포먼스를 했다. 〈작가가 출정 중이라는 사실은 흥행가치 100퍼센트〉라고 기쿠치는 『문예춘추』 1938년 3월호에 썼다.

『개조』 1938년 8월호에는 히노 아시헤이의 종군일기 「흙과 병사(土と兵隊)」를 게재. 나중에 단행본이 100만부를 넘는 베스트셀러가 된다.

중앙공론사도 뒤지고 있을 수는 없었을 것이다.

눈부신 성과를 기다리다

〈이시카와 다쓰조씨 본지특파원으로 한커우(漢口)공략전에 종군〉이라는 한 줄의 사내공고를 『중앙공론』 1938년 10월호에 싣고 독자에게 작품을 예고했다. 사내공고의 문장으로서는 꽤나 대담하다.

「살아있는 병사」로 불행한 필화를 겪은 지 반년, 황군의 전례가 없는 대회전(大会戰) 한커우공략의 군대가 전진하는 것에 맞춰 본지는 이시카와 씨를 다시 그 전위군(前衞軍)에 보내는 기회를 얻었다. (략) 씨는 조국을 위해 망설임 없이 보도하고 용감히 그 임무를 다할 것이다. 눈부신 성과를 기대한다.

「재종군에 임하여」라고 제목을 붙인 이시카와의 글도 게재되어 있다.

한커우(漢口)를 반드시 함락하려 하고 있다. (략) 그와 비슷한 상황에서 재종군의 기회를 얻은 것에 제 몸은 금세 피가 끓는 것을 느낀다. 마치 남자의 일생에 중요한 때를 맞이한 기분이다. 약 2개월에 걸친 종군에서 나는 한 발의 탄환도 쏘지 않을지도 모른다. 하지만 나는 싸울 것이다. 보도임무에 목숨을 내던질 각오가 결단코 전투하는 병사보다 하찮은 것은 아니다. (략)

많은 사람의 호의가 담긴 지지에 의해 곤란한 입장이었던 자신이 다시 한 번 종군하게 된 것에 대한 감사와 함께 충분히 보답할 수 있을 만큼 좋은 보도 결과를 내고 싶다고 생각한다. 출발할 즈음 매우 바쁜 와중에 일필(一筆)하여 스스로의 채찍으로 삼을 심산이다.

(9월 12일)

●— 우한에서. 사진의 뒷면에는
「우한전 종군 기념(배경은 노산:
盧山) 다테노 노부유키(立野信
之)」 촬영이라고 쓰여 있다(다케
우치 기에코씨 소장).

전장은 출판사나 신문사의 싸움터이기도 했다. 예를 들면 우한(武漢)
작전에 아사히신문사에서만 기자와 항공부원, 전서(伝書)담당자 등 약 4
백 명에 달하는 인원을 동원했다고 사사(社史)에 기록되어 있다.

그리하여 다쓰조가 쓴 「우한작전」은 『중앙공론』 1939년 1월호를 장
식했다. 자동차 수송대 등 후방부대의 움직임을 공들여 쓴 장편이다. 그
러나 솔직히 말해 재미없다.

이번에는 인간의 심연에 다가가려고 하지 않았다. 후에 다쓰조 스스
로 쓰고 있다.

두 번째 종군에는 곤란한 조건이 붙어 있었다. 다시 한 번 전과 같은 (범행)을 되풀이한다면 집행유예는 취소되고 금고형을 받아야만 한다. 나는 당시 검사 항소 중에 있는 피고여서 나의 일은 시작부터 제한되어 있었다.

(앞의 책 『경험적 소설론』)

다쓰조가 우한작전에서 열심히 메모했던 작은 수첩을 사카에씨가 빌려주었다. 끝나는 페이지에 사카에씨도 예상하지 못했던 것이 있었다.

「유서」. 연필로 진하게 쓰여 있다.

앞으로 점점 전선에 가까워진다.

만에 하나의 상황을 대비해 남긴다.

훗일은 가능한 형님들과 의논하여 결정하라. 현금 유산은 전부 요시코에게 주겠다. (략)

내 마음은 요시코가 전부 이해하고 있을 터. 그저 깊이 사죄할 뿐이다

1938년 10월 8일
요시코 귀하

그때 한 살이던 장녀 다케우치 기에코씨는 후에 아버지에게 들었다고 말한다.

"너와 젊은 어머니를 두고 그래도 아무래도 가고 싶었다"라고.

이를 만회하는 것은 간단하지 않았다. 위험한 기술(記述)을 교묘하게 감추고 「우한작전」을 완성하여 작가로서의 명맥을 이어간다고 해도 "특고(特高)가 집에 일 년 내내 찾아와서 너무 답답했다고 합니다."

12. 각자의 전후

오자키 호쓰미(尾崎秀實)의 변호

검사국이 항소하고 재판은 이어졌다. 일벌백계의 효과는 뛰어났다.
친구들은 누구도 변호해 주지 않았다고 다쓰조는 전후(戰後) 계속해
서 이야기 하고 있다.

> 필화를 당했을 때에도 내 친구들은 누구 하나 나를 위해 변호해 주는 사
> 람이 없었다. 그건 변호하는 게 불가능했기 때문이다.
>
> (이시카와 다쓰조 「언론의 자유에 대해」 『인권신문』 1952년 3월 30일)

그런 와중에 1939년 봄에 열린 2심에서 다쓰조 측 증인으로 법정에
서 준 사람이 있었다. 오자키 호쓰미(尾崎秀實)이다. 중국문제 전문가로
『아사히신문』 기자에서 제1차 내각의 촉탁으로 옮겨 중국연구실을 주재
했다. 소련에 비밀정보를 보내고 있던 리하르트 조르게(Richard Sorge)의
협력자로 검거된 것은 1941년의 일로 1944년에 교수형에 처해졌다.

그 오자키가 어째서 다쓰조 일행 측 증인이 되었는가.

나는 그 경위를 가자마 미치타로(風間道太郎)의 「오자키 호쓰미전(尾崎秀實伝)」을 통해 알게 되었다. 가자마는 오자키의 구제(旧制) 제1고(第一高) 시절 친구지만 오자키가 조르게사건으로 고문당하고 있을 무렵 다이쇼익찬회(大正翼贊會) 문화부 부부장이었다. 전후 죄의식을 느끼며 〈목숨을 걸고 반전, 구국의 가시밭길을 헤치고자 했던〉 오자키의 생애를 조사했다.

가자마는 오자키가 증인이 되었던 이유를 다쓰조에게 편지로 확인하고 있었다.

애초 오자키와 이시카와 다쓰조는 서로 잘 알고 지내던 사이는 아니었다. 하지만 딱 한 번 두 사람은 서로 마주보고 술잔을 주고받았던 적이 있었다. 발매금지가 되었던 「살아있는 병사」를 몰래 읽고 그 필력에 감격한 오자키가 전부터 아는 사이였던 중앙공론사 편집부원인 마쓰시타 히데마로를 통해 이시카와를 저녁식사에 초대했다. 그때 오자키가 자주 다니던 가구라자카(神樂坂)에 있는 요정에 마련했던 자리에서 처음으로 대면한 두 사람은 서로 마음을 터놓고 '저녁식사를 같이 하며 환담'을 나누었던 것이다. 1938년(쇼와 13년) 봄, 이시카와가 경시청에 소환되었던 전후의 일이었다.

(가자마 미치타로, 「오자키 호쓰미전」)

그 일을 끝으로 만나지 않았지만, 다음 해 봄에 있던 2심에서 다쓰조는 마쓰시타의 추천도 있어 오자키를 불러 증인으로 서 달라 부탁했다.

당국의 주목을 받을 수 있는 증인 역을 자진해서 맡은 것은 오자키가 〈무미건조한 공산주의자〉이기보단 〈너무나 인간미가 넘치는 인정 많은 사람〉이었기 때문이라고 가자마는 말한다.

증인 신문은 사무적으로 간단한 일이었다. 오자키는 문제의 소설에서 반전적인 인상 등을 받지 않았다고 이야기했다.

2심은 1939년 3월 9일, 도쿄지방재판소에서 열렸다. 판결은 3월 18일. 다쓰조와 아메미야에게 금고 4개월, 집행유예 3년으로 1심과 동일. 실형판결이 내려지지는 않았다.

안심한 다쓰조가 오자키에게 이세탄에서 포도주를 보냈다고 아메미야의 회상록 『시노부구사』에 적혀 있다.

1937~1938년의 전환점

지금 되돌아보면 「살아있는 병사」 사건은 일본의 전환점에서 일어났다. 중일전면전쟁을 기회 삼아 여러 가지 통제가 단숨에 강화되는 와중에 게재지 『중앙공론』 3월호의 발매금지 처분을 전달하는 기사와 국회에서 격론이 되었던 국가총동원법안의 결착을 전하는 기사 등이 같은 날 나온 신문에 실려 있었던 것은 상징적이다.

중일전면전쟁을 계기로, 예를 들면 게재 금지사항이 단숨에 늘어났다. 대학교수들이 일제히 검거되고, 일반인의 눈과 입을 막으려는 움직임이 강화되었다.

발매금지는 신문이나 『중앙공론』 같은 시사적인 잡지의 전매특허가 아니었다.

예를 들면 중일전쟁이 확산되었던 1937년 8월, 후쿠시마현 오타무라 사무소에서 발행한 마을신문과 동양척식주식회사의 사보, 효고현의 구게(久下)심상고등초등학교의 학교통신 등이 발매금지되었다(『출판경찰보』 제108호). 어째서인가. 누가 언제 어느 부대에 소집되었는지를 게재하여 〈군 동원을 추측하게〉 했다고 간주하거나, 중국 동북부에 있는 마을 출신자의 이름과 부대명을 써서 무운장구(武運長久)를 비는 기사를 실어도 '군사기밀을 누설'했다고 간주되거나 했기 때문이다. 이들 통신도 정기간행물이면서 신문지법의 대상이기도 했다. 동료 중 누가 언제 어느 부대로 갔는지. 그것은 공동체 최대의 관심사였다고 여겨지지만 그것을 게재하면 〈군사기밀 누설〉이 되었다.

공직추방

여기서 일단 줄이고, 관련된 사람들의 전후에 대해 이야기하고 싶다.

「살아있는 병사」 사건을 최초로 조사했던 사상 검사 이모토 다이키치(井本台吉)는 미노베 료키치(美濃部亮吉) 일당의 인민전선사건[2]이나 조르게사건[3]도 담당했다. 전후 공직에서 추방되었지만 부활했다. 마쓰카

---

2 인민전선사건(人民戰線事件): 중일전쟁 하의 좌익 탄압사건. 1937년 12월 15일, 코민테른의 반파시즘 통일전선의 호소에 호응하여 일본에서 인민전선의 결성을 기획함으로써 노동파계의 대학교수·학자그룹이 일제히 검거된 사건.

3 조르게사건(ゾルゲ事件): 1941년 제2차 세계대전 중에 일본에서 활약하며 소련에 중대 정보를 제공한 스파이사건.

와 사건이 있던 시기에는 최고 검찰청의 공안부장, 법무성 형사국장 등을 역임, 1967년에는 검사총장이 되었다.

1심을 담당했던 핫다 우이치로 판사는 시즈오카지방가정법원장 등을 역임, 정년 후에는 국세불복심판소장이 되었다. 미일안보투쟁 때의 해거티사건[4]의 판결을 선고했다.

그리고 다쓰조를 유언비어죄로 조사했던 경시청의 시미즈 분지 경감, 이 사람의 전후 소식은 잘 모르지만 동성동명인 사람이 아흔아홉 살 생일을 맞이하여 기념 삼아 만든 노래집을 발견했다. 거기에는 경시청에 취직하고 2·26사건 때 비상소집을 당해 달려간 일 등, 특고 형사로서의 추억도 쓰여 있었다.

「노래 이력서」에 이런 노래가 게재되어 있었다.

백성이 신하의 몸으로 황송스럽게도 천황행사의 행렬에 참가한다
전시 중 제도치안의 일선에서 불석신명으로 싸우는구나
싸워서 탐탁지 못한 사람이 되어 부득이 추방당하거나
개간으로 식량난을 참고 견디어 녹색의 식림(植林) 자연을 즐긴다

조직을 움직이고 제도를 유지하며 법령을 실행하는 것은 결국 한 사람 한 사람의 인간이다.

---

4 해거티사건(ハガチー事件): 1960년 6월 10일에 도쿄 하네다 공항에서 미국 아이젠하워 대통령 방일 일정을 협의 차 방문한 제임스 해거티 대통령 대변인이 공항 주변에 몰려든 시위대에 차가 포위당해 미국 해병대의 헬리콥터로 구조된 사건.

● 라부라타호 배 위의 다쓰조(이시카와 사카에씨 소장)

제2장

×× 가고 싶지 않아

1. 브라질 이민선에서 「창맹(蒼氓)」을 쓰다

이 충격을 써야 한다

조금 시대를 거슬러 올라가 이시카와 다쓰조가 「창맹」이라는 소설로 제1회 아쿠타가와상에 당선되었던 당시 상황을 더듬어 보자.

1930년 3월 8일

고베항에 비가 내렸다. 가늘고 희뿌연 봄비다. 바다는 잿빛 안개에 잠겨 있고, 거리도 아침부터 해 질 녘처럼 어둡다.

「창맹」의 첫머리이다. 「맹(氓)」은 이민을 가리킨다. 고베항의 해외 이민수용소에 코를 훌쩍이는 아이를 데리고, 보따리와 행장을 멘 가족이 들어온다. 어디 현 출신인가 물으니 아버지가 답한다. 〈아키타입니다.〉

도호쿠의 농촌에서 브라질로 건너가려는 이민단의 모습을 그리면서 이야기는 시작된다.

「창맹」은 다쓰조가 1930년 스물다섯 살쯤 실제로 이민선을 타고 브라질로 건너간 경험을 바탕으로 쓴 소설이다. 현실을 반영하여 다큐멘터리 형식의 소설로 완성한 다쓰조의 작풍이 잘 드러나 있다.

하지만 소설을 쓰기 위해 이민선을 탄 것이 아니라 그 반대였다고 한다.

형의 친구가 이민선을 취급하는 회사에 있었던 까닭에 남미 이민선이 떠나는 것을 알고 승선했다. 그 이유는 〈망설이는 기분에서이기도, 젊은 혈기의 소치이기도 했다〉고 나중에 「출세작의 무렵」이라는 에세이에 적고 있다.

아키타현에서 태어난 다쓰조는 오카야마현, 지금의 간제(関西, かんぜい)고교에서 와세다의 고등학원에 진학했다. 이어 1929년 대공황의 해에 와세다대학에 진학하지만 학비가 조달되지 않아 1학년으로 중퇴했다.

학창시절부터 동인지를 내기도 하고 소설을 써서 원고를 잡지사나 신문사에 가져가기도 했다. 하지만 숙부가 일하던 『오사카아사히신문』의 현상소설에 입선, 상금 200엔을 받아서 와세다대학 학비로 충당한 것이 고작이다. 소설로는 별 소득이 없던 시절이었다.

그런 시절에 탄 이민선이었기 때문에 브라질로 건너가면 1년은 커피농장에서 일할 생각이었다. 하지만 그대로 눌러앉아도, 귀국해도 좋다는 안일한 기분이었다고 한다.

그러나 예정된 3월 8일, 비 오는 아침 고베의 이민수용소에 집합하는 시점이 되자 다쓰조는 큰 충격을 받았다.

거기에 모인 전국 농촌에서 온 천 명 이상의 농민가족은 모두 집을 버리고 논밭을 버리고 기사회생의 땅 남미로 떠나려는 필사적인 사람들이었다. 그 가난함, 그 참담함. 일본 정치와 일본 경제의 모든 '실패'가 그들로 하여금 고향을 버리게 만들고, 이국으로 흘러가게 했다. 이민이란 구실이고 사실은 '팽개친 창맹(棄民)'이라고 말한다. (략) 나는 지금까지 이런 거대한 일본의 현실을 본 적이 없다. 그리고 이 충격을 써야 한다고 생각했다. 이것을 쓸 만한 능력은 없다. 그러나 언젠가 어떻게든 써야만 한다고 생각했다. 나는 이때 비로소 '작가'가 됐는지도 모른다.

(이시카와 다쓰조 「출세작 무렵」 『마음에 남는 사람들』)

하지만 「창맹」은 힘든 작업이었다.

귀국해서 바로 쓴 것이 아니다. 이것저것 진행이 더디어 이십대가 끝나갈 쯤 '그래, 그것을 써보자'며 원고에 적어 봤다. 지인에게 보여 줬더니 좋지 않은 평을 들어서 짧게 다시 써서 『개조(改造)』의 현상소설에 응모했다. 하지만 『개조』 1934년 7월호의 발표를 보면 「창맹」은 선외가작이었다.

다쓰조는 이 원고에 집착해서 반환불가의 원고를 돌려 달라고 편집부에 가서 요구했다. 그때 편집장 같은 사람이 원고를 돌려주면서 "더욱 노력해서 좋은 거 쓰세요"라며 따뜻한 격려를 보냈다고 한다.

그 후 다른 잡지 편집자로부터 「창맹」을 게재하고 싶다는 편지를 받고 원고를 보냈는데, 그 잡지사가 도산하면서 원고는 부메랑처럼 되돌아왔다. 이젠 보고 싶지도 않다고 내던졌을 쯤, 예전부터 알던 동인지 동료가 그 원고를 들고 가서 새로 시작하는 동인지『성좌(星座)』의 창간호 (1935년 4월 발간)에 싣고 말았다.

그것이 아쿠타가와상 선고위원의 눈에 띈 것이다.

전년도에 게재되었다면 아쿠타가와상의 선고 대상기간을 벗어났을 테니, 사람의 운명은 알 수 없는 일이다.

아무도 모른다

제1회 아쿠타가와상(1935년 상반기)에 오른 후보는 다쓰조 외에 도노무라 시게루(外村繁), 다카미 준(高見順), 기누마키 세이조(衣卷省三), 다자이 오사무(太宰治)이다. 「창맹」이 후보에 올랐다는 소문을 들었지만, 다쓰조는 아쿠타가와상이 도무지 짐작이 가지 않았다. 여름 어느 날 놀러간 곳에서 친구로부터 '곧 돌아오게'라는 연락을 받는다. 하숙에 돌아오자 기자가 방문한 후였다…….

그것이 수상의 전말이라고 한다. 기쁘기보다 얼떨떨한 기분이었다고 다쓰조는 회고하고 있다.

그것은 수상 소감에도 나타나 있다. 제1회 아쿠타가와상 게재호에 다쓰조는 이렇게 쓰고 있다.

명예로운 아쿠타가와상 수상을 맞이하여 나는 뭐라고 말할 수 없는 일종의 머뭇거림을 느낀다. 그것은 내 작품에 자신이 없기 때문일 것이다.

(이시카와 다쓰조 「소감」『문예춘추』 1935년 9월호)

'뭐야 이 녀석은'이라고 선고위원은 생각하지 않을까.

작품에 대해서는 선고위원 구메 마사오(久米正雄)가 〈「창맹」은 심리 추이묘사 부족과 조금 거친 필치 등 결점이 뚜렷하지만, 완성된 하나의 작품으로 구성도 탄탄하다. 단순히 체험의 흥미로움이나 소재의 진기함으로 읽히기보다 작가로서의 결기가 느껴진다〉고 정확한 평가를 내리고 있다.

새롭게 시작하는 신진문학상에 걸맞은 새로운 타입의 무명작가를 선택했다. 문예춘추의 사사키 모사쿠(佐佐木茂索) 전무는 〈위원 누구도 이시카와 다쓰조씨에게 일면식도 없었던 점이 뭔가 청아한 느낌마저 들었다〉고 말한다. 또한 상의 제창자인 기쿠치 간(菊池寬)은 『문예춘추』의 「이야기 휴지통(話の屑籠)」란에서 이렇게 평하고 있다.

아쿠타가와상의 이시카와 군은 우선 무난하다고 생각한다. 요즘 신진작가의 소재가 결국 자기 자신의 생활에서 얻은 천편일률적인 것에 반해, 한 무리의 무지한 이주민을 묘사하고 게다가 거기에 시대의 영향력을 보여주고 수법도 건실해서 상당한 역작이라고 생각한다.

하지만 당시 아카타가와상은 지금과 같이 매스미디어의 떠들썩한 축제가 아니었다.

『요미우리신문』 1935년 8월 11일 조간신문의 기사는 2단이다.

'최초의 "아쿠타가와상" / 무명작가에게로 / 「창맹」의 이시카와씨'

다쓰조의 출생지인 아키타현의 아키타사키가케신보(秋田魁新報) 8월 12일은 3단이다.

'요코테초(橫手町) 출신 / 한 무명작가의 영예 / 아쿠타가와 문예상 획득' 무명인 점이 가장 화제였기 때문에 신문사에서도 표제어에 고심했을 것이다.

그래도 가족은 설렜다. 당시 오카야마시(岡山市)에 사는 아버지 이시카와 유스케(石川祐介)에게서 온 편지를 다쓰조는 계속 간직하고 있었다(이시카와 사카에〈石川旺〉씨 소장).

〈기다리던 문예춘추 광고가 오늘 아침『오사카아사히신문』에 실렸네. 아쿠타가와상 수상작 창맹 이시카와 다쓰조라고 큰 글자로 나온 것을 본 기쁨!!!〉이라고 감탄부호가 세 개나 붙어 있다.

『문예춘추』9월호 광고가『오사카아사히신문』에 실린 것은 8월 20일이다.

아쿠타가와상이 다쓰조를 넓은 무대로 끌어낸 것은 틀림없다.

흥행면에서도 성공했다. 기쿠치 간은『문예춘추』10월에 이렇게 쓰고 있다.

아쿠타가와상의 이시카와군이 과분한 호평을 받아 우리로서도 만족한다. 때문에 9월호도 판매가 증가했다고 생각한다. 상금과 그 외에 비용도 충분히 보전되어 회사에서도 결국 득이었을 것이다.

(기쿠치 간「이야기 휴지통」『문예춘추』1935년 10월호)

2. 제1회 아쿠타가와상의 복자(伏字)

1935년이라는 해

제1회 아쿠타가와상 발표기사가 실린 『문예춘추』 1935년 9월호를 국회도서관에서 읽고 나는 묘한 점을 발견했다.

영예로운 최초의 아쿠타가와상 수상작에도 역시 ××가 있었다.

이때는 아직 본격적인 중일전쟁이 돌입하기 전이다. 그렇다고 1935년이 평온한 시대였다고도 할 수 없다.

1931년의 만주사변 이후, 내셔널리즘이 세력을 넓히고 군부의 발언권이 강화되었다. 이미 프롤레타리아 작가와 공산당원들은 철저하게 탄압받고, 이번에는 대학 교원들이 표적이 되고 있었다. 결국, 대학의 자치와 학문연구의 자유가 탄압의 대상이 되었다. 1933년, 교토제국대학 법학부의 다키가와 유키토키(滝川幸辰) 교수를 문부성에서 그만두게 하려고 하자, 다수의 교원이 사표를 내며 항의한 다키가와사건이 일어났다. 1935년 2월에는 헌법학자 미노베 다쓰키치(美濃部達吉)가 오랫동안 주창해온 "천황기관설"이 정치 쟁점화되었다.

천황기관설 문제

천황기관설은 메이지헌법에서 천황의 지위에 대해, 천황은 국가기관으로서 나라를 위해 통치권을 행사하는 것으로 보는 견해이다. 헌법과 의회를 존중하는 사고방식으로 연결된다.

1935년 2월, 귀족원 본회의에서 육군출신 기쿠치 다케오(菊池武夫) 의원이 이것을 "황국의 국체를 파괴하려는 저작이다"라고 매도한다. 대처를 요구받은 문부대신과 내무대신이 "천황은 국가주체인가 국가기관인가는 이전부터 학설상 논의가 돼온 것으로, 학자의 논의로 위임해 둔 측면이 상당하지 않았냐?" "저작도 이미 쇄를 거듭하고, 바로 행정상의 처분과 같은 생각은 하지 않고 있다"라고 답변했다. 그리고 사법대신은 저작물 단속에 대한 일반론을 설명했지만, 수습되지는 않았다. 기쿠치 다케오는 정부 대응을 "미온적이다"라고 비판하고, 천황기관설을 '억지 이론', 미노베를 외국이론을 모방한 '악덕 학자(学匪)'로 비난한다.

미노베는 이미 동경제국대학을 정년퇴임하고 귀족원 의원이 되어 있었다. 의회에서 굴욕을 당했기 때문에 의회에서 일신상의 해명을 했다. "기쿠치 남작은 나의 저서를 통독하고 계시는가?, 이해하고 계시는가?" 라고 자기의 의견을 알기 쉽게 설명하고 천황의 통치대권을 부정하지 않는다고 말했다. 30년이나 지난 주장이 지금 와서 의회에서 비난받을 거라고는 생각지도 못했다며 "내가 간절히 희망하는 것은 만약 나의 학설에 대해 비난하신다면 군데군데 주워 모은 단편적인 짧은 말을 가지고 공연히 중상모략을 하지 말고, 저작 전체를 읽고 진정한 의미를 이해해서 그 이후에 비평했으면 합니다"라고 말했다. 그러자 의회에서 박수가 터져 나온 것 같다. 의회 속기록에 (박수)라고 기록되어 있다.

하지만 이 해명으로 오히려 천황기관설 문제는 널리 알려지고 비판이 거세졌다.

그래도 발매금지로

『출판경찰보(出版警察報)』 제79호에도 천황기관설 문제에 대해 언급하고 있다. 종래 〈우익계의 일부 논자 사이에서 상당히 통렬하게 배격하는 논평이 이루어졌지만 사회적 내지 정치적 문제로까지는 아직 거론되지 않았다〉. 그것이 의회에서 거듭 비판을 받으면서 정치문제, 사회문제로 일반인의 이목을 끌고 〈2월25일 미노베 박사가 귀족원에서 '일신상의 변명'을 한 것이 오히려 우익계 논객들을 자극하고, 그 칼끝이 별안간 날카로워졌다〉. 배격운동은 천황기관설이 불온사상이라고 강조하고 당국에 처벌을 촉구하는 한편, 미노베에게 근신을 강력하게 요구했다—결국 협박해서 무리하게 요구했다고 한다.

귀족원에서는 기구치가 해군대신, 육군대신의 비판을 끌어내고, '천황기관설'의 폐기를 도모하는 의원들이 정부에 '국체의 본의를 명징(明徵)하게' 하도록 하는 건의를 제안하면서 의결하기에 이른다.

또한 다른 중의원 의원이 미노베를 불경죄로 고소해서 미노베는 당시에 존재했던 검사국 조사를 받게 된다. 그리고 조사 직후인 1935년 4월 9일, 10년이나 전에 출판된 『헌법촬요(憲法撮要)』 등, 저서 세 권이 안녕질서를 방해했다는 이유로 출판법에 의거하여 발매금지가 됐다.

저서는 변함이 없는데 '안녕질서'라는 잣대가 변한 것이다.

미노베의 아들인 료키치(亮吉, 1967~79년 도쿄도지사)는 나중에 이렇게 쓰고 있다.

> 아버지는 민주주의의 편이었지만 천황을 숭상하는 신념에서는 결코 남에게 뒤지지 않았다. (략) 천황은 국가기관이고 칙서는 비판해도 상관없다지만, 그것은 아버지의 헌법이론의 결과로서 그러한 것이고, 황실의 존엄을 범하려는 불경한 생각이 아님은 자명하다. 따라서 불경죄의 명목으로 아버지를 유죄로 모는 것은 너무 지나치다. 검사국도 불경죄를 적용하려는 속내는 없었던 것 같다.
>
> 그러나 출판법에 의한 처벌은 충분히 가능하다. 출판법에서는 황실의 존엄을 모독하거나 안녕질서를 어지럽히려는 의지의 유무를 따지지 않고, 쓰인 것이 현실의 안녕질서를 어지럽히고 황실의 존엄을 모독한다고 인정만 되면 법률위반이라고 판결할 수 있다.
>
> (미노베 료키치 『고민하는 데모크라시』)

출판법은 신문지법과 나란히 메이지 이후의 언론통제법이다. 신문지법이 신문·잡지 등의 정기간행물을 대상으로 하는 데 대해, 출판법은 그 이외의 문서도화(文書図画)와 오로지 학술, 기예, 통계, 광고를 실은 잡지를 대상으로 했다. 발행 시에 내무성에 납본하는 것을 의무로 하고, 안녕질서 방해와 풍기괴란이라고 인정하면 내무대신이 발매·반포를 금지할 수 있다. 또한 헌법을 문란케 하는 출판물의 경우는 범죄로 저자, 발행자 등에게 형사죄를 적용하는 규정이 있었다. 공소시효는 1년이다.

검사국은 최신 저작으로 기소할 움직임이었을까. 기껏 할 수 있는 것은 내무성이 저서의 발매를 금지하는 것으로, 뒤집어 말하면 이미 사람들에게 널리 회자된 책을 '안녕질서'를 구실로 판매금지하는 정도였다.

'안녕질서'는 그 정도로 어디에나 저촉될 수 있는 성질의 것이었다. 그 이외의 법률로 처벌하기 어려운 때에도 출판법과 신문지법이라면 처벌이 가능했다. 이는 그것을 보여 준 사건이기도 했다.

야구방송에 열광하고

가을이 되고 미노베는 공직에서 물러나게 되는데, 이러한 일이 제1회 아쿠타가와상이 제정되려던 시점에 일본사회에서 일어났다.

기쿠치 간도 제1회 아쿠타가와상을 발표한 『문예춘추』 9월호의 「이야기 휴지통」에서 넌지시 이 사건을 언급하고 있다. 〈제국대학 강당에서 30년이나 버젓이 강의된 학설이 돌연 국가적으로 탄압받은 점에서 마치 잠결에 꿈꾸는 느낌이 든다.〉

그저 학자도 출판인도 아닌 사람들이 이번 사건을 곧 자신에게 닥칠 일로 얼마나 느꼈는지는 알 수 없다.

이시카와 다쓰조의 아버지가 「창맹」을 널리 알린 『문예춘추』 출판 광고를 보고 기뻐서 다쓰조에게 편지를 쓴 것은 전에 서술했다. 그런데 이 편지의 모두에 쓴 것은 지금 말하는 고시엔(甲子園), 당시의 전국 중학교 우승야구대회 방송을 손에 땀을 쥐면서 듣고 있다는 근황 보고였다. 이날 8월 20일은 준결승이 있었다. 내일은 드디어 효고(兵庫)현 대표 육영상업(育英商業)－에이메(愛媛)현 대표 마쓰야마상업(松山商業)의 결승전이었다. 〈과연 누가 이길까, 나는 마쓰야마라고 생각한다.〉

여름의 끝 무렵 사람들은 라디오 야구방송에 열중했을 것이고, 어린 아이들이 있는 집에서는 땀띠와 설사에 애태우고 있었을지 모른다. 어쩌면 나팔꽃이 태양에 축 늘어져 있었을지도 모른다. 천황기관설 사건이 있다고 해서 세상이 캄캄해진 것은 아니다. 그렇지만 그 회색이 뒤섞이는 모양새는 변화되어 갔다.

그것은 「창맹」에 가한 복자에서도 어렴풋이 알 수 있다.

세 개의 「창맹」

「창맹」은 다쓰조도 모르는 사이에 『성좌(星座)』라는 동인지의 창간호를 장식하게 되었다. 『성좌』 발행은 1935년 4월 1일. 이것이 선고위원의 눈에 띄어 아쿠타가와상에 선정되고 『문예춘추』 9월호(9월 1일)에 게재되었다. 그리고 개조사(改造社)에서 10월 12일, 다쓰조의 단편집 「창맹」이 출판되어 이 책에 수록되었다.

덧붙여서 말하면, 아쿠타가와상을 수상했던 「창맹」은 전후의 신조(新潮)문고 등에서 읽을 수 있는 「창맹」 삼부작의 '제1부 창맹'에 해당하는 부분으로, 고베의 이민수용소에서의 생활과 출항하기까지를 그린 것이다.

나는 신조문고의 「창맹」을 읽고 스토리는 알고 있었기 때문에 제1회 아쿠타가와상 수상작으로 『문예춘추』에 게재되었던 「창맹」을 봤을 때는 적잖이 당황했다. 복자가 꽤 있었기 때문이다. 중일전쟁을 취재하고 쓴 소설이 복자된 것은 그런대로 상상할 수 있다. 그렇지만 동북지방에서 브라질로 건너가려는 이민자들을 그린 소설에 어떤 사정이 있었던 것일까.

『문예춘추』판의 복자

「창맹」이 『성좌』에 실릴 때 복자는 극히 일부였다. 그러나 『문예춘추』판에는 많이 있다.

『문예춘추』판의 복자는 세 종류로 대별된다.

첫 번째는 오나쓰(お夏)라는 딸이 자고 있는 동안에 강간당한 장면의 복자이다. 원래는 담담한 문장으로 오나쓰가 세상물정에 어두운 좀 맹한 딸로 특별한 저항도 하지 않아서, 남자는 여자란 그런 거라고 깔보는 장면이 쓰여 있다.

〈그녀는·················여자였다〉라는 배려지만, 이것을 『성좌』와 대조하면 〈그녀는 자신의 몸을 보호할 줄 모르는 여자였다〉라는 한 문장이 복자가 되었음을 알 수 있다.

특히 음란한 표현이라고 할 수 없는 것이 복자가 되거나, 불필요하게 복자가 양산된 듯이 보인다. 풍기문란으로 간주될 우려 때문에 이러한 장면을 복자로 처리한 것은 검열 대책상 유효했겠지만, 편집자는 복자로 처리함으로써 독자의 호기심을 자극하는 효과도 계산했을 것이다.

두 번째로 천황에 대한 표현의 복자이다. 예를 들면, 이민수용소 식당의 장면이다. 음식이 맛없었기 때문에 등장인물의 한 사람이 "맛없어"라고 푸념하자 다른 한 사람이 나무란다. 〈불평하지마. ××××의 음식이지 않는가!〉

××××는 천황폐하. 여기도 『성좌』에서는 복자가 없다.

그리고 세 번째로 「창맹」의 근본에 관련된 것으로 복자는 여기저기 산재해 있다.

예를 들면, 청년들이 말씨름하는 다음과 같은 장면이 그렇다.

"사토씨 ×× 끝났습니까?"

"아직. 나는 올해. ……하마터면 ××××갈 뻔했어요. 분명 ××일 거야. 무서워서 도망 온 듯해서 꺼림칙해요."

"도망 왔어"라고 느닷없이 요시조(義三)가 말했다. 그 말투는 이상하게 밉살스러웠다.

"바보야!" 마고이치(孫市)는 말이 끝나자마자 강하게 말했다. "××를 무서워할 내가 아니야"

(략)

"난 기억하고 있어. 너 뭐라고 했지? 4월까지 브라질 가지 않으면 끌려가니까 빨리 간다고 하지 않았어?"

(략)

"말했지만 그게 뭐. ×× 가려면 2년 기다려야 해. 그래서 빨리 가야 한

단 말이야."

"그러니까 ×× 가고 싶지 않지. 그렇게 충성심 갖지 마!"

××를 채우려는 국어 테스트였다면 답할 수 있을까.

이민 가는 동북지방 청년이 가고 싶지 않다고 생각해도 말로 할 수 없는 것이다. 가고 싶지 않아도 끌려가는 것이다. 끌려가기 전에 일본을 떠나지 않으면이라고 생각하는 것…….

당시의 사람이라면 바로 알 수 있을 것이다. 여기는 징병을 둘러싼 대화이다. 최초의 ××는 (징병)검사이다. 최후의 ××는 군대이다. "군대 가고 싶지 않아"는 서민의 본심이었다.

개조사의 단행본을 국회도서관의 디지털화된 자료에서 보면 흥미롭게도 복자인 곳에 복수의 글자가 쓰여 있다. 2행째는 "분명 합격일 거야"라고 쓴 사람과 "분명 으뜸인 갑종(甲種)일 거야"라고 쓴 사람이 있었다. 『성좌(星座)』에서는 '분명 합격일 거야'였지만, '갑종'도 징병검사의 으뜸 합격이다.

군대에 가기 전에 ……라는 것은 작품 「창맹」에서 이민의 중요한 동기 중의 하나다. 하지만 거의 전편에 걸쳐서 징병검사와 징병기피로 보이는 표현은 복자가 되어 있다.

『성좌』에서는 거의 복자는 없었다. 마지막 장면에서 배가 항구를 떠나고 좀 전의 마고이치(孫市)가 후유하고 한숨을 쉬는 장면 정도이다. 〈이제 결코 잡힐 일은 없다. 그는 지금 비로소 자신이 ××를 도망 나온 것을 알았다.〉××는 검사일까, 군대일까.

전후의 신조문고판에서는 3부작이 되면서 상당 부분 다시 쓴 것이지만, 여기는 알기 쉽게 그려져 있다. 〈이제 이것으로 잡힐 일은 없다. 군대에 가지 않아도 된다.〉

개조사의 단행본은 『문예춘추』판을 기본으로 한층 더 복자를 추가하고 있다. 예를 들면, 제1장 오나쓰의 장면은 11행 삭제로 표기되어 대폭 없앴다. 제3장 징병에 얽힌 기술은 더욱더 꼼꼼하게 복자로 되어 있다.

단행본이라 시간을 들여 세심하게 원고를 점검했기 때문일까. 그렇지 않으면 군부를 더욱 신경 써야 하는 상황이 벌어진 것일까.

『성좌』와 『문예춘추』의 큰 차이는 왜일까.

『성좌』가 문제된 흔적은 없다. 하지만 사람의 마음을 능숙하게 사로잡는 메이저잡지 『문예춘추』가 동인지처럼 할 수는 없었을 테고, 하물며 제1회 아쿠타가와상으로 화려하게 내세운 작품이 만일의 경우 트집을 잡혀서는 안 된다는 의식이 작용했을 것이다. 천황기관설 문제를 둘러싼 군부의 압박 강도 등, 분위기의 변화도 당연히 편집자는 알고 있었을 것이다.

간단히 말하면 자기규제인 셈이다. 그러나 검열이란 자기규제를 강화하는 장치다. 여기에서 말하는 자기규제는 자율과는 다르다.

『문예춘추』가 발매금지를 당하지 않도록 하는 취지였다.

『중앙공론(中央公論)』이 이시카와 다쓰조의 「살아있는 병사」로 발매금지가 됐을 때, 기쿠치 간은 『문예춘추』의 「이야기 휴지통」에서 이렇게 쓰고 있다. 〈본사는 사상문제로 주의를 받는다든가 삭제를 당한 일은 지금까지 단연코 없었다고 말해도 좋을 정도다. 금후에도 그 점은 최선을 다해 주의하려고 한다〉(『문예춘추』 1938년 5월호).

기쿠치는 원래 자유로운 사람이지만, 1929년 『문예춘추』가 발매금지 됐을 때, 경제적 타격을 받은 것에 화가 나 부주의한 편집부원을 그만두게 했다고 한다. 발매금지 다음 호에서 한 페이지를 할애해 해명하고 문제 부분을 잘라낸 잡지를 정가로 판매한 것은 죄송하지만, 문예춘추의 재산의 적어도 4분의 1, 많으면 반 정도에 해당할 정도로 손해를 받은 터라, 이런 때는 불평하지 마시고 사주셨으면 한다고 독자들에게 간청하고 있다.

전호는 뜻밖에 발매금지가 되었다. 자신은 7월호 편집후기에서 분명히 발매금지의 우려를 불식시키는 성명을 냈고 편집부원에게도 발매금지를 경계할 것을 충분히 말해 두었다. 하지만 실무 편집자의 안이함으로 이런 어처구니없는 재앙을 자초한 것은 유감이다. (략)
내무성 경보국(警保局)의 발매금지 기준에 이의가 있어도 한 번 삭제를 당하고 두 번이나 주의를 받는 이상, 그 기준은 충분히 알고 있을 것이다. (략) 이러한 음란적인 기사로 발매금지가 되어서는 창피해서 경보국에 불평도 할 수 없다.

(기쿠치 간 「전호의 발매금지에 대해서」 『문예춘추』 1929년 11월호)

경영의 재능과 격량의 시대를 현실적으로 능숙하게 헤쳐나간 기쿠치 간, 그리고 자칭 '고지식'하고 일직선으로 나가는 이시카와 다쓰조. 타입이 전혀 다른 두 사람은 각각의 방법으로 표현의 자유를 사랑하고 그리고 패전 후에 같은 감격을 말하고 있다.

언론에 대한 표현의 자유는 오랜 시간 억압받아 왔다는 사실이다.

3. 청일·러일의 전후(戰後)

전쟁의 기억

내(우리)가 '전전'과 한데 묶어 버리기 쉬운 1930년대라는 시대는, 그 시대를 살았던 사람들에게는 청일·러일전쟁의 '전후'였던 것은 아닐까 싶다. 아니면 관동대지진으로부터 복흥의 시대이기도 했다. 그 후 1940년―"일본 기원 2600년"에 해당하는 해―에 열릴 예정이었던 도쿄올림픽이 있었다.

〈청일전쟁과 러일전쟁에서 대승한 것처럼, 이번 중국사변에서의 대승은 누가 뭐래도 축하할 일이다〉라고, 기쿠치 간은 들뜬 기분을 적고 있다(「이야기 휴지통」, 『문예춘추』 1937년 12월호).

기쿠치는 청일전쟁기에 아이였다. 기쿠치와 동세대인 사람에게 청일·러일전쟁은 먼 곳에서 일어난 전쟁이긴 하지만 기억에 남았을 것이다. 러일전쟁이 끝나는 해에 태어났던 이시카와 다쓰조와 조금 후의 세대에게도 청일·러일전쟁의 이야기는 멀게 느껴지지 않았을 것이다. 다쓰조의 큰아버지는 청일전쟁에서 살해된 '열사(烈士)'의 한 사람이었다.

1925년에 태어나 나이가 그대로 쇼와(昭和)로 중복되는 저널리스트 하라 도시오(原寿雄)씨의 유소년기 이야기를 듣고 그렇게 생각하게 되었다. 하라씨의 아버지는 러일전쟁에 참전한 듯한데, 구체적인 이야기는 들은 적이 없다고 한다. 하라씨는 가나가와(神奈川)현의 농가 집안 출신이다. 그가 어린 시절, 근처에 있었던 해군 화약고에서 주말에는 뉴스, 영화상영회가 열리고, 러일전쟁의 동해 해전승리를 기념한 5월의 "해군 기념일"에는 운동회가 열렸다. 사찰(寺)의 일요학교에서 노기장군이 전사자를 그리워하며 읊은 한시를 배웠다.

하라씨가 심상소학교(尋常小学校)에 진학한 1931년에 만주사변이 일어났다. 하지만 소학교 때는 아직 '뭣 모르는 전쟁 기분'이었고, '전쟁 중이다'라는 인식을 한 것은 '1937년 노구교사건 후 출정병사를 보내는 것이 일상이 되고부터였던 것 같다'고 이야기했다.

나중에 안 것

패전 후, 기쿠치 간은 〈과거 십 수 년에 걸쳐 테러와 탄압으로 서서히 언론의 힘을 잃어 점점 무력하게 될 수밖에 없었다〉라고 술회하고 있다 (기쿠치 간「그 마음의 기록(其心記)」『문예춘추』1945년 10월호).

다쓰조는 조금 더 길고 넓게 잡아 〈2, 30년 걸려서 그렇게 되었다〉라고 말하고 있다. 다음은 「전화(戦火)의 저편」이라는 로셀리니 감독의 영화를 둘러싸고, 1949년에 평론가인 나카지마 겐조(中島健蔵)와 '살아있는 병사' 사건의 변호인으로 사회당의 당수가 된 가타야마 데쓰(片山哲)가 행한 3인의 좌담에서 나온 이야기이다.

나카지마: 지금은 아무도 말하지 않지만 전쟁 당시 전쟁 목적을 도무지 알 수가 없었어요. 심한 탄압만 없으면 전쟁 목적이 무엇이냐는 질문을 할 수 있겠지만 불명확하다는 것조차 공공연하게 말할 수 없었지요.

이시카와: 전쟁 목적에 대해 종합잡지에서 누군가가 논하면 바로 삭제되거나 구류되는 형국이었지요.

나카무라: 역시 그러한 언론의 자유에 대해 우리는 매우 민감해서 조금이라도 이에 대한 압박이 가해지면 곧 그것을 떠올리는 꼴이죠.

이시카와: 내 생각으로는 2, 30년 지나면서 그런 경향을 띠게 되었다는 느낌이에요.

나카무라: 결국 그러한 의사가 있었는지 없었는지는 알 수 없지만 계획적으로 국민 전체를 이런저런 방법으로 오랫동안 전장으로 내몰았지요.

이시카와: 그래서 윤리적으로나 도의적으로 혹은 국가적으로, 아무리 생각해도 이 상태에서는 어쩔 도리 없이 전쟁할 수밖에 없다는 논리로 몰고 갔어요. 그걸 비판하는 자는 같은 지식계급 안에서도 상당히 자유주의적이면서 분명한 자기 소신을 고수하는 사람들이에요. 대부분은 세상의 조류에 따라 흘러가고, 흘러가지 않기 위해서는 대단한 노력이 필요했지요.

（「좌담 전화의 저편」『일본평론』 1949년 11월호）

다른 강연에서는 〈정권을 잡은 사람은 자신의 야심을 펼치기 전에 우선 먼저 언론을 억압합니다. (략) 자신이 이루고자 하는 일을 국민이 비판하지 못하도록 우선 언론을 탄압하고 그런 후에 행동으로 옮기지요〉라고 다쓰조는 역설하고 있다(앞의 책「언론의 자유에 대하여」).

검열은 중일전쟁이 전면전으로 전개되고 나서 급히 시작된 것이 아니다. 신문지법도 메이지시대부터 있었다. 전신인 메이지시대 초기 신문지조례(1875년 공포)에서 토대가 만들어지고, 청일·러일전쟁 때에는 이에 따라 전시 검열 및 통제가 이루어졌다. 그러한 노하우가 축적되어 중일전쟁 시기에 강화되었다. 그보다 불리한 것을 게재하지 않는 것은 전쟁에 한정되지 않는다. 쌀소동도 시베리아 출병도 아주 사소한 사건이지만 치안유지법 위반사건에 대한 재판의 게재도 제한되었다. 그 긴 과정을 보지 않으면, 내(우리)가 같은 전철을 밟지 않기 위한 교훈은 얻을 수 없다.

신문지법에 대해 내 나름대로 더듬어 보고 안 것은 두 가지이다.

첫째, 검열에는 긴 과정이 있고 전쟁이 난 뒤 서두르면 늦다는 점이다. 비판의 자유를 잃어버리면 '자유를 잃었다'는 말도 할 수 없게 된다.

둘째, 신문지법은 실로 편리하게 사용돼 왔다는 점이다.

신문지법 위반사건을 찾아보면, 저명한 사건의 전 단계로서 또는 재발방지로서 신문지법 위반사건이 등장한다. 신문지법의 폭은 넓다. 발매금지가 되면 기쿠치 간이 격노한 것처럼 발행자는 경제적으로 큰 손해를 입는다. 더 나아가 범죄 혐의를 받으면 형무소행은 아니더라도 아메미야 요조(雨宮庸藏)가 퇴사할 수밖에 없었던 것처럼 편집자와 발행자, 저자는 엄청난 타격을 받는다. 법정형이 가볍다고 만만하게 봐서는 안 된다.

삭제를 명령받은 '전쟁과 언론통제'

그런데 신문지법의 역사를 더듬어 보기 전에 조금 우회하고자 한다.

노구교사건 직후 쓰인 「전쟁과 언론통제」라는 논문이 있다. 지금 읽어도 흥미롭고 시사하는 바가 많다. 그 후 상황을 간파한 명석한 문장이다. 하지만 반전사상을 조성한다는 이유로 1937년 8월 19일에 7페이지 중 6페이지가 삭제처분을 당한다(『출판경찰보』 제108호). 남은 것은 첫머리의 6행뿐이다.

이것을 권두논문으로 실은 것은 『자유』라는 월간지 9월호였다. 메이지헌법 초안에 참여한 이토 미요지(伊東巳代治)의 손자인 이토 하루마사(伊東治正) 백작이 필명으로 1년 정도 발행한 월간지이다.

「전쟁과 언론통제」를 쓴 사람은 영화를 좋아하는 재야의 경제학자 오모리 요시타로(大森義太郎)이다. 제1장에 나온 영화평이 갈기갈기 찢긴 그 사람이다.

오모리는 『자유』와 동시에 『개조』의 9월호에 독일을 예로 군사비 팽창이 국민생활을 압박한다고 설파한 「굶주린 일본」을 썼고, 이것도 삭제처분을 당했다.

아직은 중일전쟁 발발 초기로 용감한 전황보도와 미담으로 들끓었던 시기에 이러한 글을 쓰고 실으려고 했다는 것에 감동을 받았다. 오모리는 다쓰조가 좌담회에서 말한 지식층 중에서도 각오가 된 사람이었다. 그런 사람이 없지는 않았다.

언론봉쇄와 같은 행태를 겪으면서, 오모리는 수입의 감소를 예감하고 그해 9월 친족회의를 열고 생활비의 절약을 선언했다고 한다. 오모리의 장남이자 『요미우리신문』기자 오모리 아키라(大森映)는 아버지가 가정부도 내보내고 4, 5종 구독하고 있던 신문도 하나로 줄이고, 식비도 절감할 것을 결정했다고 밝히고 있다.

(오모로 아키라 『노농파의 쇼와사 오모리 요시타로의 생애』)

치안유지법의 대상 확대

1937년 11월 교토에서 잡지 『세계문화』의 발행에 가담한 도시샤(同志社)대학 교수 신무라 다케시(新村猛, 후에 『고지엔』편집장), 구노 오사무(久野収, 철학자)들의 그룹이 치안유지법 위반 혐의로 검거된다. 이후 다음 해에 마찬가지로 합법잡지를 무대로 활동하던 작가들이 '공산주의 혁명을 목적으로 활동해왔다'는 이유로 일망타진되어 연행되었다.

1937년 12월, 야마카와 히토시(山川均), 오모리 요시타로(大森義太郎) 등 잡지 『노농(労農)』(이미 폐간)에 관여한 학자들이 일제히 검거되었다(제1차 인민전선사건). 더 나아가 그들을 지원하는 '노농파 교수 그룹'이라며, 1938년 2월 동경제국대학 교수 오우치 효에(大内兵衛), 미노베 다쓰키치(美濃部達吉)의 아들인 호세(法政)대학 교수였던 미노베 료키치(美濃部亮吉) 등, 자주적인 연구회를 하고 있던 멤버가 일제히 검거되었다(제2차 인민전선사건).

치안유지법으로 기소하기 위해서는 국체변혁(国体変革)이나 사유재산을 부정할 목적으로 '결사'를 조직하던가, '의리'로 가입하던가, 결사의 목적을 이루기 위한 행위인가를 입증해야 한다. 잡지 동인이나 연구회의 동료를 '결사'로 인정하는 것은 터무니없는 생트집이다.

실제 '노동파교수 그룹'의 오우치, 미노베 등 5인은 도쿄공소원(東京控訴院)의 2심 판결에서 무죄를 선고받았다(1심 유죄였던 한 사람은 공소를 취하하고 확정, 1심 무죄의 한 사람은 사망).

하지만 그것은 1944년 9월 이후의 일이다. 그동안 이들은 자리에서 쫓겨나고 집필 장소를 빼앗겼다.

제재금지의 통고

1937년 12월 일제히 검거된 시점에서, 내무성 경보국은 치안유지법 피의사건으로 검거되었던 사람들의 원고는 내용 여하를 막론하고 게재를 금지한다고 결정해 출판업자에게 통고했다. 그 '본보기로', 오모리 요시타로가 『중앙공론』과 『개조』의 신년호에 쓴 영화평론에 대한 삭제를 명했다고 한다(『도쿄아사히신문』 1937년 12월 23일 석간). 다수의 저자가 검거되어 종합잡지는 혼란에 빠졌다.

1937년 12월 이른 아침, 경찰에 연행된 오모리는 원래 병환 중이었다. 다음 해 가을까지 구류(拘留)되고, 그 후에도 민가에 연금상태로 요양하면서 취조를 받았다. 그 후 보석으로 나와 채 1년도 지나지 않은 1940년 여름, 암으로 사망했다. 41세였다.

공백의 두 문자

그런데 앞에서 언급한 「전쟁과 언론통제」는 지금 읽어봐도 '반전사상을 조성하고 있다'고 생각되지 않는다. 단지 불편한 진실이었던 것이다.

삭제 전의 『자유』를 국회도서관에서 열람할 수 있다. 하지만 편집자가 검열에 대비해 삭제를 한 듯, 「전쟁과 언론통제」는 공백이 많다.

전시의 조직적인 언론통제가 문제시된 것은 세계대전부터일 것이다―라고 하면서, 독일 등을 예로 들어 선전전(宣伝戦)에 대해 말하고 있다.

검열 당국이 문제시한 것은 다음 부분에서이다.

물론, 뉴스의 통제 등은 세계대전의 시작부터 행해지고 세계대전 이전에도 널리 존재했다.

아군은 항상 승리하고 적은 항상 패배한다. 국민들에게 그렇게 인식시키도록 뉴스를 취사선택하는 것이다.

세계대전 중의 이러한 뉴스 통제에 대해서는 전후 면밀하게 그 상황을 폭로한 책들도 있지만, 우리가 읽으면 그것은 정말 터무니없다. 직접 뉴스 통제 하에 놓인 교전국 국민들은 후에 이것을 읽고, 전시 중 자신들이 얼마나 심하게 속았는지를 알면 괘씸하게 생각하기보다는 오히려 쓴웃음을 지을 것이다.

그러나 흥미로운 점은, 이러한 뉴스통제도 전쟁이 어느 정도 진행되면 전혀 효과가 없었다는 사실이다. 세계대전 말기 독일은 끊임없이 국민들에게 전황이 유리한 듯 보도했다. 그러나 전선에서 돌아온 사람들에 의해 어느 틈엔가 실제 상황이 국민들 사이에 널리 알려지게 되었다. 국민들은 이제 더 이상 뉴스를 신뢰하지 않게 되었다. 동시에 유언비어와 억측이 난무해, 이번에는 국민들이 실제보다도 더 자국군이 불리하다고 생각하게 되었다. 뉴스통제는 이미 효과를 잃었을 뿐 아니라 반대로 손해를 초래하기에 이르렀다.

오모리는 원래 전쟁이 민족해방전쟁이나 파쇼국에 대한 민주주의 국가의 전쟁, 특히 방어적 전쟁은 반대의 목소리가 별로 나오지 않지만, 대부분의 근대 전쟁은 그렇지 않은 까닭에 언론통제가 요구된다고 지적한다.

마지막에 이렇게 말한다.

전시의 언론통제가 정부 당국에서만 이루어진다고 생각하는 것은 커다란 착각이다.

언론기관인 신문·잡지가 전쟁을 구가하며 반대 의견이나 비판을 전혀 받아들이지 않는다. 거기에 정부 당국의 통제 수단이 크게 작용하고 있음은 물론이다. 하지만 이러한 태도의 일부는 신문이나 잡지의 자발적인 측면도 간과할 수 없다.

여기에는 신문이나 잡지의 의도도 있지만, 오늘날 상업화된 신문·잡지가 독자인 일반 민중의 심리를 반영하고 더 나아가 영합하고 있다고 보는 것이 맞을 것이다.

이처럼 민중이 반대 의견이나 비판을 억압하며 언론을 통제하는 것이다.

전쟁이 나면 현명한 사람들도 이상한 흥분상태에 빠진다. 열광하고 그 열광이 식는 것을 배격한다. 하지만 그것은 지극히 위험한 상태이다. 이러한 상태라도 아주 작은 언론의 자유를 확보하도록 노력하고, 민중의 공분을 사더라도 그들이 냉정함을 찾을 수 있게 해야 한다. —그렇게 오모리는 설명한다. 최후의 문장에는 두 자가 공백이다.

그런 까닭으로 이러한 언론통제에 어떠한 형태로 ○○해 갈 것인가가 진정한 민중의 이익을 생각하는 사람의 의무가 된다.

공백의 두 자는 '반대'일까, '저항'일까.

이 논문을 읽고 나는 『아사히신문』이 패전 후 가을에 내걸었던 선언 '국민과 함께 일어서자'를 상기했다(『아사히신문』 1945년 11월 7일). 전쟁 중에는 정부의 통제 하에 있었다고는 하나 진실을 국민에게 전하지 않았다는 통절한 반성 위에 선 격조 높은 선언이다. 하지만 오모리가 쓴 것처럼 국민—이라는 것도 과장된 까닭에 독자로 바꾸고 싶지만—과 함께 서는 것만으로는 같은 전철을 밟지 않기 위한 만능약이 되지 못한다. 진주만 공격의 성과나 난징함락에 함께 들끓고, 맞장구를 친 측면도 있지 않은가.

더 나아가 오모리가 쓴 것처럼 냉정함, 아첨하지 않는 용기를 가져야 하는 것이 아닐까.

하지만 그것은 정기적으로 발행, 판매함으로써 성립하는 신문·잡지 또는 서적으로서는 어려운 문제이기도 하다.

4. 검열의 긴 과정

마의 나날 시작

신문지법은 러일전쟁 후인 1909년(메이지 42년) 5월 6일에 공포되었다.

메이지시대 초기에 만들어진 신문지조례를 개정, 격상시킨 것이다. 메이지·다이쇼·쇼와와 인쇄기술의 향상, 교육의 보급과 함께 부수를 확대해 간 신문·잡지의 역사는 이 신문지조례, 신문지법을 빼고는 말할 수 없다.

전신인 신문지조례가 공포된 해가 1875년(메이지 8년)이다. 『마이니치신문』의 뿌리인 『도쿄니치니치신문』의 창간이 1872년이다. 『요미우리신문』 창간이 1874년, 『아사히신문』이 1879년이다.

『마이니치신문』의 연혁에 이렇게 적혀 있다.

1875년(메이지 8년) 6월 28일은 당시의 언론인, 신문기자들에게 마의 나날

의 시작이었다. 참방률(讒謗律)과 신문지조례라는 두 개의 언론규제법이
공포된 날이다.　　　　　　　　　　　　　　　　(『「마이니치」의 3세기』)

참방률(讒謗律)이란 사람을 비방하는 저작물을 발매한 사람들을 처
벌하는 것으로 5년 후 형법(소위 구형법)이 생기면서 흡수되어 폐지되
었다.

신문지조례는 그때까지의 신문지 발행 조항을 개정한 것이다. 하지
만 발행 조항이 제호(題号)의 규정과 금지사항을 쓴 정도인 것에 반해, 조
례는 신문·잡지를 대상으로 〈정부를 변괴(変壊)하고 국가를 전복〉하는
논을 싣고 소란을 일으키려는 자에게 최고로 금옥(禁獄) 3년의 벌을 과
하는 등, 법령으로서의 골격을 갖춘다. 공포의 다음 달에는 신문·잡지를
최초 인쇄(刷出)할 때마다 내무성과 법무성(司法省) 등에 납본하는 것을
추가로 정했다.

메이지정부는 신체제를 마련할 즈음, 성행했던 자유민권운동이나 불
평사족(不平士族)에게 반정부 언론활동을 억압하고 싶었다―그것이 두
개의 언론통제법의 목적이었다고 한다.

그전에 정부는 메이지 원년(1868년)에 관허를 받지 못한 신문발행을
금하고 각 신문의 판목과 남은 신문을 몰수한다. 다음 해 1869년 신문지
간행조례를 만들고 신문발행을 허가했다. 지식 계몽의 수단으로 신문을
파악하고 관리하면서 발간을 지원하는 자세를 취했다. 그러나 1873년의
신문지 발행 조항에서는 금지 규정이 많아졌다.

신문지조례의 변천

1875년에 신문지조례가 공포되자, 바로 투옥되는 사람들과 폐간되는 잡지가 나왔다.

전술한 마이니치신문사사(每日新聞社史)나 『아사히신문사사 메이지 편』에 따르면, 저항과 항의가 있었다. 신문인들이 모여서 질문서를 정부에 보내기도 했지만 대부분 무시되었다. 신문지조례를 사설에서 공격한 『도쿄아케보노신문(東京曙新聞)』의 편집장이 2개월 금옥, 2천 엔의 벌금에 처해진 것을 시작으로, 처벌이 계속되어 도쿄·아사쿠사절(浅草寺)에서 항의집회가 열렸다고 한다. 편집장이 투옥되면 발행에 지장을 가져오기 때문에 명목상의 편집장으로 다른 사람을 세운다는 대책도 생각해 냈다.

다음 해 1876년에는 그 후 오랫동안 편집자나 발행자를 괴롭히는 발행금지·발행정지 조항이 마련되었다. '나라의 안위(国安)'를 방해한다고 인정되는 신문·잡지류는 내무성이 발행 또는 정지한다는 조항이 추가되었다.

이번에는 발행금지되면 바로 다른 제호의 신문을 내는 식의 대항책이 고안되었다. 하지만 악순환의 반복이었다. 신문지조례 측도 '풍속괴란'이라는 이유만으로도 발행을 금지·정지할 수 있게 하는 등, 범위를 확대해 갔다.

1883년 대폭 개정된 신문지조례에서는 발행 신고 때에 보증금을 당국에 내는 제도가 도입되고 도쿄에서는 보증금 천 엔을 내야 했다. 아사히신문사사에 따르면 보증금을 내지 못해, 조례 공포로부터 1개월 이내에 폐간된 신문사, 잡지사가 47개사였다고 한다.

또한 육군경(陸軍卿), 해군경(海軍卿), 외무경(外務卿)은 군사, 외교에 관한 게재 금지명령을 내릴 수 있게 되었다. 더 나아가 발행금지가 된 경우에 동일인이나 동일회사가 다른 제호의 신문들을 내는 것을 금지했다. 처벌 대상자도 확대됐다.

이에 대응하여, 예를 들면 아사히신문사는 '서명인 처우법(署名人取扱方)'이라는 사내 규정을 만들고 복역 중에는 특별한 수당을 지급하고 벌금은 모두 본사가 대납하는 등을 명문화했다.

오쓰사건(大津事件)의 여파

이와 같이 신문지조례는 점차로 정비되고 '법률의 범위 내'에서 언론 저작 간행 집회 및 결사의 자유를 인정한 대일본제국헌법의 발포를 거쳐, 청일·러일전쟁을 맞이했다.

신문·잡지의 통제는 다음 단계에 들어갔다. 메이지헌법에 기초한 편법(裏技)과 전쟁이 뒤얽혀 신문·잡지의 검열체제가 만들어졌다.

메이지헌법에 기초한 편법이란 긴급칙령(緊急勅命)을 말한다. 의회 폐회 중에 천황이 의회에 상정하지 않고 법률과 동등한 효력을 갖는 칙령을 긴급하게 공포할 수 있다는 제도이다.

최초의 계기는 오쓰사건이었다.

1891년 러시아 황태자(후에 니콜라이 2세)가 일본을 방문했다. 5월 11일 비와호 유람을 위해 체재했던 오쓰에서 경비담당 순사(巡査)에게 칼부림을 당해 황태자는 부상을 입었다. 큰 문제였다. 그렇지 않아도 대국 러시아가 일본을 침략하기 위해 조사하러 왔다는 등, 터무니없는 소문이 난무하던 시기였다. 이에 동요했던 정부는 황실에 대한 범죄 조항을 적용해 순사를 사형해야 한다고 주장했지만, 대심원은 이를 물리치고 통상적인 살인미수죄를 적용했다. 법의 수호자가 도리를 지킨 사건으로 알려졌지만 세상은 이 뉴스에 흥분하고 신문은 호외를 발행하여 매상을 높였다. 정보는 뒤엉겨 러시아의 보복이 있다 없다 등, 억측기사를 실은 데도 있는 듯하다.

사건으로부터 닷새 후인 5월 16일, 천황의 재가(裁可)에 의한 칙령 제46호가 공포되었다.

〈내무대신은 특히 명령을 내리고 신문지 잡지 또는 문서, 그림(文書図画)에 외교상의 사건을 기재하는 자로 하여금 미리 그 초안을 제출하게 하고 그것을 검열해서 그 기재를 금할 수 있다.〉

위반한 경우, 발행인과 저작자에게 형량이 가벼운 금고 또는 벌금을 가할 것도 정해져 있었다.

긴급칙령은 어디까지나 긴급 조치이다. 이 칙령은 일주일 만에 폐지되었지만 이것이 전례가 되었다.

청일전쟁에서 시작된 일

청일전쟁에서는 개전 전인 1894년 6월 7일에 신문지조례에 기초한 군기군략 등의 게재를 금지하는 육군성령(陸軍省令), 해군성령이 발령되었다(미리 대신의 허가를 받은 것은 이에 해당되지 않는다라는 한 문장이 6월 11일에 추가되었다).

조선 동학의 난을 계기로 청국이 조선에 파병하고, 일본도 출병하려고 결정된 날이 6월 2일이다. 5일에 대본영(大本營)이 설치되었다. 뒤에 공허한 발표의 대명사가 되었지만 대본영이 만들어진 때는 청일전쟁부터이다.

제1장에서 중일전쟁 때의 육군성령, 해군성령에 대해 썼지만, 그 효시도 청일전쟁이라 할 수 있다.

7월 말이 되어 해군대신, 육군대신, 내무대신, 외무대신이 연명하여 오쓰사건 때와 마찬가지로 신문·잡지 검열의 긴급칙령을 내려 달라고 이토 히로부미(伊藤博文) 수상에게 요청하고, 칙령안을 내각 회의에 제출했다. 이른바 육군성령과 해군성령으로 가능한 것은 기재를 금지하는 것뿐이다. 검열이 의무는 아니어서 검열을 받지 않고 계속해서 쓴 '부정의 무리(不正の輩)'가 이득을 얻고, 만약 군기군략이 유포돼 버리면 발행 금지를 해봤자 되돌릴 수가 없다…….

〈오쓰사건에서와 마찬가지로 별지 긴급칙령이 발령되어 신문지, 잡지 및 그 외 인쇄물의 초안을 검열하고, 군대, 군함의 진퇴 또는 군기군략에 관한 사항은 물론 외교상에 관한 국가의 불이익, 부조리로 귀결되는 사항도 기재를 금지하길 바란다〉고 제안 이유를 밝히고 있다.

그리고 천황의 자문기관 추밀원(枢密院)에서 원안을 수정한 후, 천황이 이것을 재가하고 8월 1일에 칙령 제134호가 공포되었다.

외교 또는 군사에 관한 사건을 신문·잡지 그 외의 출판물에 게재할 때에는 그 초안을 행정청(내무성이나 도·부·현청)에 내고 허가를 받아야 한다고 정한 것으로, 오쓰사건 때와 같이 벌칙규정이 첨부되어 있다.

긴급칙령이 공포되었던 탓에 육군성령, 해군성령은 8월 3일에 일단 폐지되고, 9월에 칙령이 폐지되자 또한 성령(省令)이 발령되어 11월 29일까지 이어졌다.

이러한 식으로 결국 임시지만 강력한 칙령과 신문지조례에 의한 육해군성령의 양쪽을 사용하면서 통제는 계속되었다.

더 나아가 기자클럽제도도 청일전쟁에서 시작되었다지만, 이에 대해 나는 명확한 근거를 갖고 있지 않다.

그러나 늦어도 러일전쟁 때에는 복수의 기자클럽이 존재하고 있었다.

러일전쟁 당시 해군의 신문검열에 대해서 기록한 자료(방위성 방위연구소 소장 「극비 메이지 1904, 1905년 해전사 제5부 권1」 제1편 제10장 신문검열)를 보면, 해군성 담당 신문·잡지·통신의 기자들은 '조말회(潮沫会)'라는 단체를 조직했으며, 두 명의 간사를 두어 대영본의 검열담당관(檢閱係官)과의 교섭을 도모했다고 한다. '조말회'는 뒤에 해군성 기자클럽 '흑조회(黒潮会)'인 것이다. 해군은 해군성의 두 명에 추가하여 대본영 해군참모장교인 두 사람을 신문·잡지의 검열·단속계에 임명했다. 매일 2회 내지 4회의 정시 브리핑(발표하고 질문을 받는다) 외, 전황에 따라 기자도 해군성에서 철야하고, 정시 이외라도 요청받으면 되도록 기자를 만나도록 했다고 한다. 더욱이 적을 속이기 위해『시사신보(時事新報)』나『도쿄아사히신문』등의 유력지를 이용하고 때로는 허위보도를 전했다고 한다.

있을 법한 일이지만 섬뜩하다.

오가사와라(小笠原) 소령(少佐)〔신문·잡지의 검열과 단속 담당인 대본영 해군참모장교 해군소령〕은 2월 29일 이토(伊東) 군령(軍令)부장의 취지를 받들어 재경(在京) 각 통신원을 소집하고 세심한 주의를 촉구한다는 담화를 만들었다. 그리하여 이들 통신원(각 신문사 통신자 등의 해군담당 통신기자)은 조말회라는 단체를 조직하고 간사 두 명을 두었다. 조말회는 대본영 검열담당관과 교섭을 꾀하고, 크게 이쪽저쪽의 편의를 얻었다. 대본영 검열담당관은 당해 회원(該会員)에게 전황을 청취하지만, 대개는 원고를 만들어 주어 실수가 없도록 했다. 때때로 전쟁의 상황에 따라 적을 속이기 위하여 당시 유력한 신문사로 인정된『시사신보』또는『도쿄아사히신문』등을 이용해서 일부러 허위보도를 전하고 유럽에 전달하게 하는 일도 했다.

『러일전쟁상보(日露戦争詳報)』『소년러일전기(少年日露戦記)』등 러일전쟁 잡지 창간을 시작으로 1904년 2월말까지 도쿄, 오사카에서 21종의 잡지가 창간되고, 검열도 이루어졌다고 한다.

발행금지는 재판소의 권한으로 바뀌다

청일전쟁의 전후처리를 둘러싼 1895년 삼국간섭의 때도 반정부 여론을 억누르기 위한 발행정지 처분이 빈번하였다. 그 후 통렬한 정부 비판을 했던 잡지 『26세기(二十六世紀)』가 발행금지를 당한 일도 있어서, 신문사와 잡지사는 발행금지·발행정지 조항 철폐를 강력하게 요구하는 움직임도 있었다.

사사키 다카시(佐々木隆)의 『미디어와 권력(メディアと権力)』에 의하면, 그때의 번벌(藩閥)정부는 발행금지·발행정지에 그다지 무게를 두지 않았다. 1896년에 성립한 제2차 마쓰카타 마사요시(松方正義) 내각은 진보당의 오쿠마 시게노부(大隈重信)를 외무대신으로 맞이하고 언론·출판·집회 자유의 존중을 내걸었다고 한다.

내각 내의 가부는 나뉘었지만 1897년 회의에서 내무대신에 의한 발행금지·정지조항은 결국 삭제되었다. 발행금지는 재판소 권한으로 넘어가고, 내무대신들은 고발된 경우에 한해 그 호의 발매·반포를 금지할 수 있을 뿐이었다.

신문·잡지 측에서 보면 되돌린 격이다. 그렇지만 그 기간은 길지 않았다.

러일전쟁 기사에 ○○

검열의 부활은 러일전쟁과 함께 다가왔다.

러일 개전을 앞둔 1904년 1월 5일. 다시 육군성령과 해군성령이 발령되었다.

구체적으로 어떤 내용의 게재를 금지할지를 육해군 양성(兩省)이 신문잡지 게재 금지사항의 표준을 정하고, 내무성과 정보를 공유했다. 예를 들면, 해군은 '군함수뢰정(軍艦水雷艇) 및 군용선의 정박지' '병사의 보충에 관한 것' 등의 게재를 금지한다. 육군은 '동원명령의 시기' '군대의 움직임, 병사 수, 병종(兵種), 군부대 번호(隊号) 및 지휘관의 성명에 관한 것' 등을 금지한다.

이것을 기초로 이번에는 바로 전시검열이 시작됐다.

〈다음 날인 6일 지면에는 일찍이 ○ ○투성이의 기사가 나타났다〉고 아사히신문사사(史)에 있다. 분명 『오사카아사히신문』을 보면 ○ ○ 기사가 있다.

병사의 소집 등을 보고한 지방지가 잇달아 고발되어 벌금 납부를 명령받았다.

이 양성령(兩省令)은 거의 2년간 계속되었다.

동해(日本海) 해전에서 승리를 거두고 마침내 강화조약을 체결하려는 1905년 9월, 다시 긴급칙령이 공포되었다. 계기는 히비야방화사건(日比谷焼き打ち事件)이다. 방대한 전비(戰費)에 일본도 피폐했지만 강화조약에 대한 사람들의 불만은 높아지고 신문의 중심 내각 비판이 격렬함을 더하면서, 9월 5일 강화반대 국민집회에 민중과 경찰대가 충돌하는 히비야방화사건이 일어났다. 그 다음 날 6일, 계엄령과 함께 긴급칙령이 공포되었다.

칙령 제206호는 신문지조례 개정에 버금가는 강력한 것이었다.

황실의 존엄을 모독하고, 정체(政体)를 변괴하고, 혹은 헌법(朝憲)을 문란하게 하는 사항 또는 폭동을 교사하고, 범죄를 선동할 우려가 있는 사항을 기재한 경우, 내무대신은 그 발매·반포를 금지하고 이것을 압류 또는 이후 발행을 정지할 수 있다.

칙령 직후 발행정지가 속출한다. 신문사와 통신사가 긴급칙령 철폐를 요청했지만 칙령은 11월 29일까지 약 2개월간 계속되었다.

이시카와 다쓰조가 태어난 것은 그해였다.

조례에서 신문지법으로

신문이나 잡지의 제작자에게서 신문지조례에 대한 불만이 고조되고 있었다. 하지만 통제하는 측에게는 이 조례도 부족했다. 러일전쟁 이후, 인플레이션으로 노동쟁의가 증가하고 사회주의 사상이 널리 퍼지고 있었다.

어느 여성 살인사건의 보도가 신문지조례에서 정한 예심 중의 사건은 게재를 금지한다는 조항에 위반되어 도쿄의 신문사가 모두 기소되어 벌금을 부과받았다. 이 재판이 한창 진행 중에 일어난 다른 사건에 대해서도 각 신문사는 '예심 중 게재 금지' 조항을 무시하고 보도를 계속하여 규제에 도전하는 기운이 팽배했다.

신문사 출신 무라마쓰 고이치로(村松常一郎)·중의원 의원들이 예심 조항을 폐지하고, 벌칙 경감을 골자로 재판소에 의한 발행금지를 없애는 새로운 신문지법안을 의회에 제안했다.

그러나 정부 측은 "신문지조례는 세월이 지나 수정이 필요하지만 이번 안에는 도저히 동의하기 어렵다"라고 강하게 반대했다. 역으로 이것을 호기로 파악해 환골탈태하고 보다 단속을 강화한 신문지법안을 통과시켰다.

1909년 5월 6일에 공포된 신문지법은 예심 중의 사건에 관한 사항의 게재 금지 규정을 남겼을 뿐 아니라, 검사에게 기사 중지의 권한을 부여하였다. 또한 재판소에 의한 발행금지 규정은 남겨둔 채, 내무대신은 고발이 없어도 〈안녕질서 또는 풍속을 해친다〉고 인정되면 발매·반포를 금지하고, 필요한 경우에는 정지도 할 수 있도록 했다.

여기에 발매·반포금지(발행금지) 처분은 부활하고 신문지법의 핵심이 된다.

의외로 신문계의 반대는 저조했다고 한다. 일부의 벌금형 완화 등은 업계에서 보면 작은 이점도 있다.

1909년 3월 11일, 중의원의 신문지법안위원회에서 내무성 경보국의 아리마쓰 히데요시(有松英義) 국장은 발매·반포금지나 발행금지에 대해서 다음과 같이 설명하고 있다.

종래와 같은 고발을 기다리는 방식이라면 이미 발매·반포는 끝났고, 법문상의 미비는 유감이다. 더 나아가 재판소의 발행금지 규정까지 삭제하면 점점 단속이 곤란하게 된다. 원래 재판소의 발행금지 명령은 엄중하고, 1년에 1건 많아야 몇 건으로 지극히 적다. 이러한 악질을 목적으로 하는 신문지는 현재 매우 드물지만 그렇다고 해서 이 규정이 없으면 난처하다.

아리마쓰 국장이 말하는 악질을 목적으로 하는 지극히 소수의 신문이란 어떠한 것인가.

즉 〈그 신문지가 본래 풍속괴란의 기사를 게재하는 것을 목적으로 하거나 극단적인 사회주의를 고취하는 것을 목적으로 하려고〉 하는 경우로, 한두 번의 벌로는 개전의 정이 없을 때 재판소가 재차 발행금지를 내리는 것이라고 국장은 설명하고 있다.

결국 대상은 극단적인 사회주의 신문·잡지나 풍속괴란을 목적으로 한 신문·잡지로, 대부분의 신문·잡지와는 관계없다는 의미였던 것은 아닐까.

하지만 지금까지 발행금지를 명한 신문·잡지도 악질을 목적으로 한 극단적인 신문·잡지라고 할 수 없다.

러일전쟁을 반대한 『평민신문』은 신문지조례에 의해 종종 탄압을 받아왔다.

『평민신문』은 사카이 도시히코(堺利彦)와 고토쿠 슈스이(幸德秋水)가 설립한 평민사가 1903년에 창간한 신문으로, 최초에는 주간신문이었다. 구로이와 히사코(黒岩比佐子)의 『빵과 펜 사회주의자·사카이 도시히코와 '매문사(売文社)'의 투쟁』에 의하면, 러일전쟁이 시작되고 세상이 들끓고 있을 때도 『평민신문』은 비전(非戰) 주장으로 일관했다. 전시하 증세를 강행하는 정부의 자세를 엄중히 비판한 1904년 3월 제20호의 사설 「아아, 증세!」로 발행금지를 도쿄지방재판소에서 선고받았다. 하지만 공소해서 발행금지는 피했지만, 발행 겸 편집인 사카이는 금고 2개월의 실형판결을 받고 스가모(巢鴨) 감옥에 투옥되었다. 11월에 다른 호가 발매정지처분을 받고, 다음 해 1905년에는 마침내 발행금지가 재판에서 결정되고 인쇄기도 몰수되었다. 1907년 일간『평민신문』을 발행하지만 머지않아 폐간되었다.

신문지법에서 유죄로 된 사건

1909년에 공포되었던 신문지법은 폭넓게 적용되었다.

예를 들면, 대역사건의 전 단계에서도 신문지법은 한몫하고 있다.

신문지법이 공포된 1909년 5월, 바로 평민사의 간노 스가(菅野スガ)가 발행 겸 편집인이 되어 낸 신문『자유사상』제1호가 발매·반포금지 처분을 받고, 간노는 신문지법 위반 혐의로 기소되었다. 6월의 제2호도 발매금지되고 간노는 다시 기소된다.

7월 제1호 판결에서 벌금 100엔과『자유사상』의 발행금지가 선고되었다. 그 판결 5일 후에 경찰(당시의 신문기사에 따르면 경시청의 고발을 받은 판사와 검사)이 간노와 고토쿠 슈스이가 지내던 평민사에 대한 가택수색에 들어갔다. 구매자 명부, 장부류나 서간을 압수하고, 폐렴으로 누워 있던 간노를 연행해 갔다. 이번에는 발매금지가 된『자유사상』을 동료에게 배포했다는 신문지법 위반 혐의에 대한 수색이었다. 동시에 다른 사회주의자의 집합 장소도 수색한 듯하다.

이 건으로 간노는 9월에 400엔이라는 거액의 벌금 판결을 선고받았다. 판결까지 쇠약한 몸으로 구류된 채였다. 제2호 사건의 제1심 판결에서도 간노에게 140엔, 필자인 슈스이에게 70엔의 벌금 판결이 내려지고 벌금 납부에 두 사람은 시달렸다.

1910년 천황암살을 기도했다는 대역사건으로, 두 사람을 포함한 이십수 명이 체포되고 비공개 재판이 열렸다. 간노는 차치하고 슈스이는 폭탄 계획에 적극적으로 관련된 것이 아닌, 사회주의자 일망타진을 목적으로 날조한 측면이 있다는 것이 현재에는 밝혀졌지만 슈스이, 간노는 다음 해 사형이 집행되었다.

최근 영화가 만들어지고 다시금 조명된 변호사 후세 다쓰지(布施辰治)도 변호사 자격을 박탈당하는 과정에서 신문지법 위반으로, 금고 3개월의 실형판결을 받고 있다. 쌀소동으로 검거되었던 사람들의 변호나 관동대지진 때의 조선인 학대 조사를 직접 해 온 변호사다.

후세는 공산당원의 대탄압 사건으로 알려진 3·15사건(1928년)의 변호를 맡고 법정의 방청금지 등, 재판장의 소송 지휘에 항의했다. 재판소를 모욕했다는 이유로 징계재판소에 고소되어 변호사 자격을 박탈당할 위기에 처하자 개인지 『법률전선(法律戦線)』에서 「공산당사건의 법정투쟁과 징계재판」 특집을 마련해 반론했다. 이시카와 다쓰조가 브라질로 건너간 1903년의 일이다. 후세가 『법률전선』에서 쓴 논문이 안녕질서를 무너뜨리는 외에 징계재판개시결정서 등을 실은 것이 신문지법 제21조의 '관공서나 의회가 공개할 수 없는 문서나 비공개의 회의를 허락 없이 게재해서는 안 된다'라는 규정에 위반한다는 이유로 기소된다.

결국 후세는 1932년 대심원의 판결에 따라 변호사 자격을 박탈당하고,

신문지법 위반사건으로 다음 해 1933년에 대심원에서 금고 2개월의 실형 판결이 확정되어, 도쿄의 도요타마(豊多摩)형무소에 수감되었다. 출옥 후 황태자 생일 특사에 의해 변호사 자격은 부활되었다고 한다.

『후세 다쓰지 연구(布施辰治研究)』에 따르면, 후세의 개인지『법률전선』은 총16회의 발매금지를 당했다. 〈잡지를 발행하는 자금을 고갈시켜 폐간으로 몰아붙이는 전략이지만, 이에 대항할 수단이 없어 예외 없이 폐간이 된다〉는 것이다.

풍속이나 사건보도의 통제에도 신문지법은 힘을 발휘했다.

1913년에 외무성 국장이 자택 앞에서 살해당한 사건이 일어난다. 용의자 두 사람은 중국에 대한 일본정부의 대응이 미약하다는 불만을 가지고 있었다. 검사국은 신문지법 제19조에 기초해 이 사건에 대한 기사 게재 금지 처분을 내렸지만, 중대 사건이라고 판단한 신문사나 통신사는 무시하고 보도를 계속했다. 때문에 약 20개 회사가 신문지법 위반 혐의로 유죄를 받았다. 벌금 납부의 약식명령이 내려지자, 재판에 넘겨 항소도 했지만 유죄를 뒤집지는 못했다.

그리고 신문지법이 맹위를 떨치던 사건으로 백홍(白虹)사건을 들 수 있다.

다이쇼시대 쌀소동이나 시베리아 출병을 둘러싸고 데라우치 마사타케(寺内正毅) 내각을 격렬하게 비판했던『오사카아사히신문』이 '필화' 문제로 신문발행을 금지당할 뻔한 사건이다.

데라우치 내각의 잇따른 발매금지 등의 언론 압박에 신문사나 통신사는 반발하고, 양측의 대립이 심화되는 형국이었다. 1918년 8월 쌀소동에 관한 모든 기사의 게재 금지 명령이 내려진 것에 신문사와 통신사가 맹렬하게 항의하는 한편, 언론의 자유를 요구하는 기자대회도 열렸다. 쌀소동에 대한 보도금지는 내무성이 양보했지만, 그러한 상황에서 『오사카아사히신문』이 게재했던 간사이신문통신사대회 기사(8월 26일 석간)가 문제가 되어 오사카부경찰서(大阪府警)에 고발당했다.

표제어부터 〈데라우치 내각의 폭정을 묻고 / 맹렬하게 탄핵을 결의했던 / 통절한 공격연설〉이라고 쓰고 있다. 초점은 기사 안의 〈'흰 무지개(白虹)가 태양을 가린다'라는 옛사람이 중얼거리던 불길한 징조가 (략) 사람들의 뇌리에 번개처럼 번뜩인다〉라는 대목이다. '백홍(白虹), 태양을 가린다'는 『사기(史記)』에도 나오는 고사로, 백홍은 병사, 태양은 천자(天子)을 의미한다고 한다(『사마천 사기8 「사기」 소사전』). 이를 내란의 전조로 여기고 안녕질서를 해친다는 이유로, 당일 신문이 발매금지됐을 뿐 아니라 기자와 편집발행인이 신문지법 위반으로 기소되었다.

재판은 방청금지. 1918년 12월 1심 판결에서 기자는 금고 2개월, 편집발행인이 금고 1개월의 실형판결을 받았는데, 첫 공판에서 검사가 발행금지를 요구할 것을 선언하고 있었다. 사장이 폭한에게 습격받는 사건도 일어났다. 『오사카아사히신문』은 판결에서 발행금지 선고를 피하기 위해서 사장 퇴진, 편집간부의 퇴사 등의 수단을 강구했다. '불편부당'을 내건 편집 강령이 처음으로 만들어지고 공표된 것은 이 판결 전이다. '불편부당'이란 공평, 중립의 자세를 견지하는 것일 뿐, 공정함과 모든 것에서 독립해 있음을 선언한 것은 아니다.

●— 1942년 3월 말레이시아에서. 「뎅기열 발병 전일」이라는 메모가 있다. 다쓰조(우)는 징용되고 해군보도반원이 되었다. (이시카와 사카에씨 소장)

제3장

전쟁말기의 보국

1. 『결혼의 생태』가 영화화되다

보쌈하면 돼요

이 장에서는 「살아있는 병사」로 필화를 당한 다쓰조가 패전까지 어떻게 지냈는지를 더듬어 보자.

1938년 가을, 「살아있는 병사」의 1심 판결에서 집행유예라는 유죄판결을 선고받고 곧 다쓰조는 중앙공론사의 특파원으로 재종군하고 우한공략전(武漢攻略戰)을 취재했다. 중국으로의 도항 즈음에 발행되었던 스기나미(杉並) 경찰서장 이름의 '신분증명서'에 기록된 도항기간은 9월 20일부터 11월 20일까지이다.

『중앙공론』 1939년 1월호에 이번에는 주의를 기울여 「우한작전(武漢作戰)」을 집필함으로써 작가로서의 명맥을 유지한다.

한편, 우한작전에서 귀국하고 머지않아 낸 책이 뜻밖에 베스트셀러가 되었다.

바로 『결혼의 생태』이다.

「살아있는 병사」 사건 수사가 진행되자, 신문사도 잡지사도 가까이 하지 않았다고 한다. 그 '근신(謹愼)' 기간 중에 다쓰조는 자신의 신혼생활을 소재로 원고를 쓰고 있었다. 그것이 『결혼의 생태』였다.

두 사람이 친해진 계기부터 연애결혼으로 남편이 되고, 아내를 교육하고자 시도하는 내용의 전쟁소설로, '필화'를 입고 명예회복을 위해 재종군할 때까지를 그린 소설이다. 아니 '소설'이라고 쓰여 있지 않다. 저자 서문에서는 '기록'이라고 했지만, 아마 현실에 다소의 픽션을 가미한 것이다.

미야모토 유리코(宮本百合子) 등 다른 작가로부터 혹평도 있었지만, 어쨌든 인기가 있었다.

출판한 곳은 신조사이다. 판권장에 따르면 1938년 11월 30일 발행이다.

나의 손에 있는 책은 반년 후인 1939년 5월 21일 자로 80쇄! 6월 신문 광고에는 86쇄라고 돼 있다. 터무니없이 많이 팔렸다.

상자에 든 아름다운 책이다. 빨간 상자에는 꽃과 곤충이 그려지고 책 표지에는 물속을 헤엄치는 빨간 물고기와 검은 물고기. 타이틀인 '생태'에 관련된 탓인지 멋스런 꾸밈새이다.

「살아있는 병사」 사건 첫 공판날 밤은 이런 식으로 적혀 있다.

그날 밤, 나는 어두운 기분에 내팽개쳐진 채 말했다.

"당신도 당당히 전과 1범인 남자의 아내가 되는 거야"

"어쩔 수 없잖아"라고 그녀는 의외로 가볍게 대답했다. "시기가 안 좋은 거야. 초조해할 것 없어. 몇 년쯤 지나면 다시 회복될 거야."

나는 증거품으로 압수되었던 원고가 필요했다. 가령 현재의 사회정세에서는 처벌을 면하기 어려운 소설일지라도 10년, 20년 지나면……아무리 길어도 50년 후에는 발표가 허락될 때가 올지도 모른다. 그때까지 기다리자. 내가 살고 있는 동안은 근신하고 발표는 삼가지만, 아내 손에 맡기고 아니면 아이 손에 맡겨서 다음 시대의 뜻있는 사람이 읽어 주었으면 하는 바람이다. 작가에게 생명은 작품뿐이다. 그 원고만 돌려받는다면 나는 근신하며 어떠한 형벌에도 복종하련다. 그것이 현재 사회정세에 순응하는 방법이다. 나는 좀 더 순순히 순종했어야 했다.

어쩌면 언론탄압 재판에 관심이 없는 사람들조차도 이 책을 읽고 다쓰조 가족에게 공감할지도 모른다.

재종군을 결정한 때, 아내는 이런 말을 했다.

"위험한 곳에 가면 안 돼요. 만약 죽거나 하면 죽여 버릴 거예요."

작가인 '나'는 구애받지 않는 그녀의 말에 끌려 좋아하게 됐지만, 이야기 속에서 그녀의 말은 빛났다.

'결혼 안 할래?'라고 내가 방에서 프로포즈하는 장면에서 그녀는 "좋은 방법을 알려드릴까요?"라고 장난스럽게 말하며 문 뒤에 숨어 이렇게 말하고 도망간다.

"네, 네, 보쌈하면 돼요."

이 대사가 또한 대유행했다고 한다. 결혼에 제약이 많던 시대였기에 '보쌈하면 돼요'는 많은 여성의 마음을 사로잡은 것이다. 이것저것 쓰인 아내 쪽에서는 어이없는 일이다. 장을 보러 가지도 못하는 사태가 발생한 것으로, 1940년 스기나미구(杉並区)에서 세타가야구(世田谷区)로 이사했다. 하지만 어쨌든 이 책이 증쇄를 거듭하면서 생긴 수입이 전쟁 중, 작품을 발표할 장소가 없어진 와중에 이시카와 집안의 생계를 지탱하는 자산이 되었다.

'"그렇게 싫은 책도 없지만, 그렇게 도와준 책도 없다"라고 어머니가 말했습니다'라고 장녀 다케우치 기에코씨는 말한다.

하라 세쓰코(原節子)가 주연하다

『결혼의 생태』는 1941년 여름, 하라 세쓰코 주연으로 영화화되었다. 이시카와 다쓰조 역은 나쓰카와 다이지로(夏川大二郎). 감독은 이마이 다다시(今井正)이다.

단지 주인공은 작가가 아니라 신문기자로 바뀌었다.

가와모토 사부로(川本三郎)의 『은막의 긴자(銀幕の銀座)』에 따르면, 이 영화는 유라쿠쵸(有楽町)에 있던, 예전 아사히신문사옥이 무대가 된 듯하다. 나쓰카와 다이지로는 회사기(社旗)를 단 차 안에서 원고를 쓰고, 일이 끝나면 긴자의 바에 간다. 어느 날 동료에게 이끌려 화랑에 간 나쓰카와는 거기서 하라 세쓰코를 만난다. 두 사람은 긴자에서 자주 데이트를 하고, 아카사카(赤坂)의 스케이트장에서 스케이트를 타기도 한다…….

나쓰카와가 연기하는, 아내에게 굉장히 자상한 남편은 특히 남성들로부터 호된 악평이 쏟아지기도 했다. 하지만 꽤 멋지게 완성된 영화다. 긴자의 사랑이야기랄까, 마치『로마의 휴일』같다.

전쟁시대에 이러한 영화가 인기가 있었나? 하는 의구심이 든다. 이런 시대도 암흑도 아니고 빛도 아닌, 맑은 날과 흐린 날이 교차하는 가운데 전쟁은 계속되고 있었다는 것이다.

영화는 두 사람이 결혼해서 아기가 생길 때까지를 그리고 있다.

> 이시카와 다쓰조의 원작에는 중일전쟁 중, 내가 쓴 소설이 군부에서 문제가 되어 피고가 된 일이 적혀 있는데, 군국주의가 짙어진 쇼와 16년 영화에서는 분명히 이 부분이 생략되어 있다.
>
> (가와모토 사부로『은막의 긴자』)

『일본영화』1941년 6월호에 「결혼의 생태」 시나리오가 실린 것을 발견했다. 각본을 쓴 야마가타 유사쿠(山形雄策)의 설명에 따르면, 다쓰조의 양해를 좀처럼 얻지 못해서 각색은 난항을 겪었다.

시나리오를 읽으면 거의 골자가 빠져 있었다. 시국도 그 나름대로 담겨 있고, "비상시의 결혼생활을 통 모르는 처녀라도 괜찮은가?"라고 동료가 나쓰카와에게 말한다든지, 나쓰카와가 특종을 쓰는 데 사회부장이 "당국의 발표 내용을 위반하지는 않지?"라고 확인하자 "물론입니다"라고 답하기도 한다. 필화 이야기는 전혀 없다. 나쓰카와가 중국특파원을

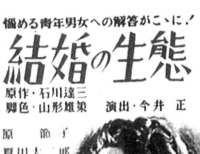

● 『결혼의 생태』 포스터

희망하고 아내와 갓 태어난 아이를 남겨 두고 비행기를 타고 가는 장면
이 마지막 씬이다.

2. '공습기담(空襲奇談)'에서 무인폭격기를 쓰다

해군에 징용되다

『결혼의 생태』 영화가 개봉된 1941년 말, 태평양전쟁이 일어났다.

만년필로 '징용일기1'이라고 적힌 다쓰조의 일기장(이시카와 사카에씨 소장) 속표지에는 "짐은 여기에 미국 및 영국에 대해 전쟁을 선포한다"라는 12월 8일의 '개전 칙서' 신문기사가 붙어 있다.

다쓰조는 해군에 징용된 보도반원으로 동남아시아에 가게 되었다. 1941년 12월 24일 해군성에 출두하는 장면에서 일기는 시작된다. 새로운 국면이 도래했다는 흥분이 느껴진다. 또박또박 쓴 글자로 소설의 한 장면 같다. 발췌해 본다.

12월 24일 (수)

오전 9시 해군성에 출두. 복도 의자에서 잠시 기다리게 되었다. 20분 정도 지나고 도노키(唐ノ木) 소령이 추운 듯 손을 비비면서 나왔다.

"이시카와씨가 사이공에 좀 갔으면 합니다만."

"그렇습니까? 갑시다"라고 나는 대답했다. (략)

소령은 홀가분하게 웃으며

"피한(避寒)입니다"라고 말했다.

군무 4과의 도미나가(富永) 소령이 나와서 다시금 내가 담당할 임무, 대내보도, 대외문화공작 등에 대해 설명했다. 대우는 주임관으로 무관실 무관의 대우를 받는다고 한다.

"이번은 군소속이 아니라 해군의 한 사람이니까, 그럴 생각으로 계획을 세워서 자유롭게 행동하면 됩니다. (략) 2, 3년 뒤에 작품을 발표해 주면 그것으로 족합니다. 옹색하게 생각하지 말고 능력을 발휘해 주세요."

이야기 도중에 도노키 소령이 히다카(日高) 중령을 불러 왔다. 중령은 한 눈에 봐도 훌륭한 군인처럼 보였다.

(략)

"그쪽으로 전달해야 할 일이 있어 부탁을 드려야겠습니다. 다음 만나뵐 때 이야기할테니 구두로 전해 주십시오. 전보로는 좀 곤란해서요. 기밀에 관한 일이에요"라고 말했다.

나는 군사기밀을 가슴에 간직하고 멀리 사이공까지 날아간다고 생각하니 긴장되었다. 오늘까지 한 개인으로만 생활해 온 나에게 공무는 잘 알지 못하는 일이다. 때문에 모든 일들이 새로운 긴장감과 놀라움을 선사했다.

임지가 결정되고 출발이 예정되자 나는 안심했다. 나는 아직 이른 아침 히비야 공원을 빠져 나와 긴자에 가서, 남방 지리와 역사를 알기 위한 책

대여섯 권과 파스텔을 샀다. 걸으면서 남방의 바다와 육지에서 전개될 전쟁의 규모를 떠올리고 자신의 임무를 생각하니, 피가 끓어오르는 느낌을 금할 수 없었다. 이번에는 공무다. 전의 종군과는 성질이 다르다. "오늘부터는 뒤돌아보는 일 없이⋯⋯"라는 와카(和歌)가 보여주는 통렬한 정신이 몸에 사무쳤다. 나는 남방에서 취재한 소설을 쓸 생각을 버리자고 마음먹었다. 그것은 사적인 나의 일이다. 지금은 공무를 행할 때다. 문학은 아무래도 좋다. 오늘 애국자가 되지 않으면 앞으로 애국자가 될 기회는 없다. 나는 전쟁선포(宣戰) 칙서를 라디오로 들으면서 그렇게 생각했다.

파스텔을 샀다는 것은 다쓰조다운 행동이다. 다쓰조는 그림 그리기를 좋아했다. 소설처럼 망설임 없이 거침없이 그린 듯 보이지만, 문장 이상으로 본래 이 사람이 가진 풍부한 감정이 스며들어 있다고 나는 생각된다.

피가 끓어오르는 느낌이라는 곳에서 복받치는 "오늘부터는 뒤돌아보는 일 없이"는 아마 만요슈(万葉集)의 다음 노래일 것이다.

오늘부터는 뒤돌아보는 일 없이, 천황의 수호자(大君の醜の御楯)로서 출발하는 나는.

대군(大君)은 천황을 높이는 말로, 추(醜)⋯⋯는 자신을 비하하는 말이다. 오늘부터는 내 몸을 돌보지 않고 나 같은 자도 천황폐하의 방패가 되어 출발한다⋯⋯그런 노래일까. 요즘 이 노래는 국정교과서에도 실려 있다.

일기예보가 사라지다

다쓰조와 동갑인 작가 이토 세이(伊藤整)의 일기에도 징용 이야기가
나온다.

12월 8일 이토도 진주만 공격 뉴스에 흥분한다. 하지만 다음 날 신문
과 라디오에서 일기예보가 없어진 것을 깨닫는다. 기상정보도 적국에게
알려지면 안 되는 비밀인 것이다.

> 오늘 아침부터 일기예보 없음. 신문이 멍청이라고 생각했지만 그렇지 않
> 고 내가 멍청이다.
> 앞으로 몇 년 동안 일기예보는 없을 것이다.
>
> (이토 세이 『태평양전쟁일기(1)』)

징용되었던 작가 동료의 이야기를 듣는다.

> 12월 16일 맑음
> 오늘부터 자택에서 군에 다니게 된 다케린(武麟)〔다케다 린타로(武田麟
> 太郎)인가?〕을 방문한다. (략)
> 다케다씨는 약간 흥분해서 자주 이야기한다. 20일간 병졸들과 완전히 똑
> 같은 훈련을 받은 일, 거수경례에 1시간이나 걸리고 그리고 오늘은 눈이
> 그친 아오야마(青山)묘지에서 포복전진을 하며 힘들었던 일, 그러나 정
> 신은 또렷해서 오히려 좋았던 일 등이다. 까까머리다. 대우는 그와 아베

(阿部)가 260엔이라고 말한다. 다른 사람은 점차 내려가서 100엔 정도인 사람도 많다.

저쪽에 가면 그것에 85%의 할증이 붙기 때문에 생활 걱정은 없다는 점, 해군에서 500엔이나 내기 때문에 대우가 좋은 점 등등.

작가에게 금전적인 면에서도 나쁘지 않다는 것을 엿볼 수 있다.

이 시기 많은 작가가 군의 보도반원이 되어 전장의 모습을 그림이나 문장으로 표현했다.

군부의 권유를 거절했던 작가는 우노 지요(宇野千代) 정도일 것이다. 태평양전쟁이 시작되자 남편이 징용되어 남방으로 갔다. 우노 자신은 분라쿠 인형 머리에 매료되어 시코쿠(四国)의 장인(職人) 집을 자주 찾고 있었다. 드디어 남편이 돌아오니 이번에는 우노의 징용 이야기가 나왔다.

하야시 후미코(林芙美子) 이후 여성들도 점차 전장으로 갔지만 〈나는 여류작가가 전장에 가는 일이 무언가에 도움이 된다고는 도저히 생각되지 않았다, 아니 아이들처럼 '뒷걸음질'쳤을 뿐〉이라고 우노는 『살아가는 나』에서 회상하고 있다.

거절당한 육군 보도부는 격노했다고 한다. 잡지사를 모은 정례회에서 육군 보도부가 우노를 비판하는 대목이 하타나카 시게오(畑中繁雄)의 『각서 쇼와출판탄압소사(意書 昭和出版弾圧小史)』에 나온다.

싱가포르 여정

해군 보도반원이 된 다쓰조는 배를 타고 1942년 1월 베트남으로 건너
갔다. 점령한 지 얼마 안 된 싱가포르 등을 돌아 6월에 귀국한다.

대본영 해군보도부 감수(監修)의 『진격 해군보도반 작가 전선기록 제
1집(進擊 海軍報道班作家前線記録第一輯)』에 「싱가포르 여정」, 「소남
항(昭南港)에 군함을 타고 들어간 기록」이라는 제목으로 단편을 발표하
고 있다. 분명 다쓰조의 문장이지만 읽어도 인상에 남지 않는다. 쓸 수 없
는 부분이 많았기 때문일 것이다.

일기에 의하면, 다쓰조는 공격을 받은 일본 배에 타고 있던 사람들로
부터 생생한 이야기를 듣고 있다. 죽은 기자의 가족을 염려하고 추도식
에도 참석했다. 또한 베트남에서 보고 들은 일부 육군 군인의 행동에 대
해서도 〈매우 불쾌〉라고 적고 있다. 술집에서 취해 사람을 권총으로 위
협한다거나, 프랑스인이 모이는 카페 테라스에서 바지를 벗는다거나, 현
지에서 통용되지 않는 일본통화를 인력거꾼에게 주고 불평을 하는 인력
거꾼을 때려눕힌다거나 등이다. 〈이 마을에서 군인의 포학무도는 섬뜩
할 정도다. 이래서는 일본의 위신도 뭐도 없다〉며 분노를 일기에 적고 있
다. 그러나 이런 이야기는 작품에 나오지 않는다.

시국에 관해 유언비어를 퍼뜨리는 자

종이가 부족한데다가 언론통제의 그물이 이중삼중으로 쳐 있어 작가의 활동범위는 해마다 좁아지고 있다.

1941년 1월에는 신문지 등 게재 제한령이 내려졌다.

이것은 국가총동원법에 있었던 전시에 국가총동원상 필요할 때는 신문지나 출판물 게재를 제한하거나 금지하거나 할 수 있다는 규정을 근거로 내려졌다. 국가총동원법은 1938년 봄 「살아있는 병사」 금지 즈음 격론 끝에 성립한 법률이다. 당시의 격론을 무시하는 이번 신문지 등 게재 제한령은, 이제까지의 신문지법을 초월해, 총리대신에게 신문·잡지 그 외에 출판물에 대한 게재 제한·금지, 발매·반포금지, 압류라는 절대적인 권한을 부여했다. 총리대신이 게재를 제한·금지할 수 있는 것은 〈외국에 대해 극비로 처리할 필요가 있는 사항〉 등 외에, 〈국책 수행에 중대한 지장을 줄 우려가 있는 사항〉으로, 국책에 방해가 될 만한 것은 뭐든지 게재 제한이 가능하게 되었다.

3월에는 치안유지법과 군사기밀보호법이 강화되었다.

태평양전쟁이 시작되자 12월 19일에는 언론·출판·집회·결사 등 임시단속법이 공포되었다. 신문·잡지 발행이 신고제에서 허가제로 바뀌고, 발행정지의 권한이 행정관청에 주어졌다. 그뿐만 아니라 이 임시단속법에는 〈시국에 관해 유언비어를 퍼뜨리는 자〉와 〈시국에 관해 인심(人心)을 혹란(惑乱)하게 할 사항을 유포시키는 자〉에게 각각 최고 징역형을 부과하는 규정이 만들어졌다.

다쓰조가 일찍이 추궁당한 육군형법의 유언비어죄는 군사에 관한 거짓이 대상이지만, 이번에는 시국에 관한 모든 것이 대상이다. 유언비어가 아니라도 민심을 어지럽게 한다고 간주되면 처벌을 받는다. 사람들이 말하거나 쓰거나 하는 자유를 현저하게 제약하는 것이었다.

작가는 직언해야 한다

일본의 전과(戰果)가 눈부셨던 것은 처음 반년 정도였다. 1942년 6월 미드웨이 해전에서 미군에게 결정적인 패배를 당했는데, 오로지 참패의 사실을 숨기기에 급급했다.

다쓰조는 1941년 동남아시아 견문록 등을 몇 개의 잡지에 발표했지만, 1943년에는 작품 수가 현저하게 줄었다.

먹을 것이 부족하고 방공연습은 빈번하게 이루어져, 전쟁이 생활을 위협해왔다. 육군성이 '쳐서 쓰러뜨리리라'라는 거대한 포스터를 긴자(銀座)에 게시했다.

그뿐이 아니다. 5월에는 다니자키 준이치로가 『중앙공론』 신년호에 격월 연재를 시작한 지 얼마 안 된 소설 「세설(細雪)」이 군부의 압력에 의해 게재 중지로 몰리게 되었다. 『중앙공론』 6월호 광고에는 "결전 단계인 현재의 모든 상황에서 판단할 때 바람직하지 않은 영향을 줄 수 있음을 유감스럽게 생각하고, 여기에 자숙하는 입장에서 이후 게재를 중지했습니다"는 글을 싣고 있다.

알류산 열도의 애투섬을 점령하고 있던 일본군이 미군의 반격으로 전멸. 9월에는 이탈리아가 항복한다. 10월에는 문과계 대학생 등의 징병 유예가 정지되어 학도병 출정이 시작된다.

전쟁이 점점 불리하게 된 상황에서, 다쓰조는 필력을 되찾은 듯하다.

집필 무대는 주요 월간지가 아닌, 『문학보국(文学報国)』이라는 순간지(旬刊誌)였다. 소설, 시, 단가, 하이쿠, 번역, 평론…… 대부분의 작가가 가입된 '일본문학보국회'의 기관지이다. 일본문학보국회는 정보국 주도로 전국의 크고 작은 문학 관계 단체를 모두 포함시키거나 해체시켜, 1942년 결성된 사단법인(『문학보국 복각판』 「해설」 다카하시 신타로(高橋新太郎))이다. 다쓰조는 그 단체의 소설부회(小說部会) 간사를 맡고 있었다.

1944년 8월 1일 『문학보국』은 다쓰조가 쓴 논설 「작가는 진언해야 한다」를 앞부분에 실었다.

> 작가는 이미 자신의 모두를 잃었다. 단지 남은 것은 작가의 인격뿐이다.
>
> (략)
>
> 우리는 활동 무대가 거의 사라진 문학 활동의 하찮은 범위에 집착할 때가 아니다. 이미 작가는 자신의 인격 이외의 모두를 잃었다. 명성도 없다. 발표기관도 없다. 생활의 형식도 없다.
>
> 잃어버릴 것 모두를 잃고, 지금 우리는 벌거벗었다. 나는 이 알몸의 모습에 기대한다. 지금이야말로 작가가 진실로 작가다워야 할 때다. 우리가 10년, 20년 쌓아 왔을 인간수업(修業)이 지금 여기에서 도움이 안 된다면, 우리는 스스로 작가라 칭해서는 안 된다고 생각한다.

우리는 지위도 없고 훈장도 없다. 모두를 잃은 후에 우리가 가진 것은 도리어 최대한의 자유 활동 범위이다. 우리가 어디에서 어떠한 활동을 하든 자유이다. 대신(大臣), 대장(大将)을 향하여 비토를 가하는 것도 할 수 있으며, 일개 공원(工員)이 되어 기름투성이가 될 수도 있다. 우리의 지위는 엘리베이터처럼 모든 계급을 향해 문을 개방하고 있는 것이다. (략)

지금 국내의 최대 난관은 민중의 도의심 저하이다. 그 원인은 배급의 불충분이고, 언론의 부자유이다. 또한 정치 당국의 능력부족이고 혹은 국내 선전의 열등이다. 여기에 나는 작가가 활동해야 할 커다란 분야를 본다. 모두를 잃은 작가는 □와 같은 난관을 향해 앞장서서 갈 수 있을 터이다. 당국자를 향해 직언할 수 있는 입장을 갖는 것이다. 이미 모두를 잃고 더욱이 잃어버릴 무언가도 갖지 못한 우리는 아무 두려움 없이 이러한 행동으로 나아갈 수 있다. 이른바 □를 지키는 수비병이 모두를 잃고 최후의 돌격을 감행하는 것과도 닮은 결의와 행동이 있으면 된다고 생각한다.

경제생활을 어떻게 할 것인가?라고 물을지도 모른다. 경제적 책임에 속박되고 처자에 속박되어서는 참으로 자유로운 활동이 불가능하다. 하루아침에 패배한다면 당연히 잃게 될 경제이고 가정이라면, 오늘 스스로 이 속박을 끊고 훗날의 기쁨을 도모해야 하지 않은가.

이 졸문을 과격하다고 말하는 사람이 있다면, 그는 오늘의 위기를 진정으로 알지 못하는 자라고 나는 답할 뿐이다.

이 격문에 응답해서 9월 1일 자 『문학보국』에는 쓰보이 사카에(壺井 栄)가 「정직의 상실—붓을 버리지 말라」를 쓴다. 명랑한 후방소설(銃後

小説)만이 요구되지만, 그러한 작품에는 정직함이 결여되어 있지 않는가를 물어야 하고, 그러한 상황에서도 붓을 버려서는 안 된다고 설득한다. 〈오늘날의 상황에서 작가는 정직하게 말할 것, 즉 글로 쓸 때에는 충분한 자중을 요한다. 그러나 작가가 정직한 눈과 진실한 마음이라면 그 말의 이면이나 문장의 행간에 흘러넘칠 것이다. 우리는 어느 세상에든 적용할 수 있는 문학을 생산하지 않으면 안 된다.〉

글을 쓰는 자 저마다가 각오를 다짐받고 있었다.

그러한 상황에서 다쓰조는 『문학보국』에 기묘한 단편을 쓴다.

무인폭격기가 겨냥한 것은

1944년 10월 20일 자 『문학보국』은 마침 「하늘의 결전」 특집이다.

논설은 「모든 문학자에게 격문을 띄운다 하늘의 결전을 앞두고」라는 제목의 오자키 시로(尾崎士朗)의 용감한 문장이다. 특집에는 「항공기지와 문학」이라는 평론이며, 「하늘에서 싸워라」「적은 짐승」이라는 제목의 단가, 「가을 구름 위」의 하이쿠 등등, 방향은 제각각이지만 하늘과 관련된 문장이 이어진다.

예를 들면, 야마나시현(山梨県)에 사는 하이쿠 작가 이이다 다코쓰(飯田蛇笏)는 〈10월 3일, 우리나라의 하늘 높이 군비행기에 따라 나타나는 비행기구름을 처음 본다〉라며 이런 하이쿠를 보낸다.

하늘 높이 펼쳐진 비행기구름 일직선이구나.

실제로 이 해에 미군 B29가 날아오고, 폭격이 본격화됐다.

그러한 상황에서 다쓰조가 쓴 창작은 이채롭다.

타이틀은 「공습기담(空襲奇談)」. 원고용지 6, 7매 정도의 단편이다.

모(某)국의 기술자가 최신예의 폭격기를 개발했다는 우화이다. 그 폭격기는 공기와 물을 연료로 한 무인기로 수증기와 같은 아름다운 비행기구름을 그리며 날고, 잽싸게 목표를 폭격하고 되돌아온다. 모국의 대통령은 크게 기뻐하며 대량생산을 명한다. 3개월 후, 대량의 무인폭격기가 만들어진다. 모국의 사람들은 승리를 확신하고 기뻐 어쩔 줄 모르고 마음은 느슨해진다. 어느 날 적의 군함을 향해 뛰어든 무인기 299기가 되돌아오지 않는다. 그 대무리가 폭격했던 것은 다름 아닌 무인폭격기의 생산 공장……

모국은 '반추축국(反枢軸国)의 모국'이라고 쓰였기 때문에 반일(反日)은 아니다. 군사기밀도 언급하지 않았다. 사람들을 격려하기 위함이라고 읽을 수도 있다. 그러나 그러한 제약에서 전쟁이 터무니없음을 우스꽝스럽게 포장하여 보여주고, 과학기술만능신앙에 의문을 나타내고 있다.

이것은 자기가 쓴 논설에 대한 작가 나름의 답일 것이다.

지금의 21세기는 무인폭격기에 의한 살육이 현실로 이루어졌다. 마치 그것을 예언한 듯한 작품이다.

1944년 9월 논설 그리고 10월 창작……. 왜 이 시기였을까.

문학연구자로 다쓰조와도 친분이 있는 구보타 마사후미(久保田正文)는 이 시기에 다쓰조가 언론 창달을 도모하는 문장을 『마이니치신문』 7

월 14일 자와 『문예춘추』 9월호에 발표한 것과 병행하여 〈명확하게 그 것이라고는 명시하지 않았지만 중앙공론사·개조사의 탄압에 대한 항의 가 모티브가 되었다고 봐도 무방할 것이다. 그 모티브는 1949년 「바람에 흔들리는 갈대」 제작에까지 진행된다〉(『문학』 1961년 12월호)고 알려준다.

1944년 7월 10일, 중앙공론사와 개조사는 정보국 제2부장으로부터 스스로 폐업하도록 통고받았다. 『중앙공론사 80년』에 의하면, 폐업을 요 구받은 이유는 〈영업방침에 전시 하 국민의 사상선도상 허가하기 어려 운 측면이 있다〉는 것이다. 『중앙공론』은 그해 7월호로 폐간되었다. 중 앙공론사의 명의, 권리양도는 인정하지 않는다는 엄격한 조치의 예외로, 격월 간행의 과학잡지가 아사히신문사로 이관되었다.

중앙공론사의 마지막 회식은 7월 31일, 대동아회관(현 도쿄회관)에서 열렸다. 사원 79명 중, 입대와 검거로 빠진 사람도 많아 출석은 47명이었 다. 해초스프에 돌고래 커틀릿이라는 조촐한 메뉴로, 입원 중인 시마나 카 유사쿠(嶋中雄作) 사장으로부터 '고별사'가 전해졌다—라고, 『중앙공 론사 80년』에 기록되어 있다.

3. 다시 가택수색을 받다

슬퍼해야 할 고백

1945년 봄, 다쓰조는 아내와 3명의 아이들을 나가노현(長野県)의 젠코지(善光寺) 온천으로 피란 보낸다. 당시 살고 있던 도쿄 세타가야(世田谷)의 구혼부쓰(九品仏) 근처는 공습피해가 미치지 않았지만, 도쿄에서는 이미 다수의 사람이 하늘로부터의 무차별 공격으로 죽음을 당했다. 4월 1일, 오키나와 본토에는 미군이 상륙했다.

우국(憂国) 투사였던 다쓰조도 일본의 승리를 믿기 어려워진 듯하다.

지금 나는 내가 지금껏 지켜온 필승의 신념을 유지하기가 어려워졌다. 눈으로 보고 듣는 모든 것이 나의 신념을 갉아 먹는다. 반드시 승리하고자 하는 마음은 이제 이길 수 있을까라는 걱정으로 변한다.

(략) 오키나와 결전은 낙관할 수 없는 단계에 돌입하고 있다. 이른바 본토결전이 눈앞에 다가온 것을 모두 알고 있는지, 모를 리는 없다. 알면서도

어찌 그렇게 평온해 있는가, 왜 가슴을 치고 황실수호, 황국수호를 외치지 않는가, 당신들의 전의는 저하돼 있지 않는가. 아아! 제국의 운명을 어찌하랴.

(이시카와 다쓰조 「무명의 말 슬퍼해야 할 고백」 『주간마이니치』 1945년 5월 27일)

5월 『주간마이니치』(후에 『선데이마이니치』)에 4회 게재했던 「무명의 말」에서 다쓰조가 호소한 것은, 역시 언론의 창달이었다. 지금 생각하는 '언론자유'의 주장이 아니다. 공습피해자의 수를 알고 싶은 것도 아니고, 침몰한 군함의 이름을 알고 싶은 것도 아니다. 전력은 어떻게 되는지, 아직 비행기는 만들 수 있는지, 오키나와전을 계속 해낼 수 있는지, 정확하게 전해 주길 바라는 것이고 희망을 갖고 싶은 것이라고 호소한다. 이것은 꽤 어려운 요구라고 말하지 않을 수 없다. 그리고 다쓰조는 국민의 입이 봉해졌기 때문에 민심이 결속될 수가 없고, 미래의 전망에 대해서도 뜬소문이 퍼지는 이유라고 말하고 있다.

게재되지 않았던 '유서'

전쟁 말기 다쓰조의 상황은 하마노 겐자부로(浜野健三郎)가 쓴 『평전 이시카와 다쓰조의 세계(評伝 石川達三の世界)』에 자세하다.

5월 24일, 25일 공습으로 구혼부쓰역 옆 지유가오카 주변까지 허허벌판이 되었다. 6월에는 전쟁 피해를 당한 둘째 형 부부와 동거한다. 그러한 상황에서 다쓰조는 『마이니치신문』으로부터 연재소설 원고 의뢰를 받았다고 한다.

〈지면이 전쟁기사만으로 딱딱하기 때문에 뭔가 오락적이고 밝은 것을, 이라는 주문이 있었지만 그는 그 주문과는 반대로 「유서」라는 제목의 작품을 구상하고, 6월 25일부터 쓰기 시작했다〉(하마노 앞의 책, 방점은 원문 그대로).

6월 25일은 6월 23일 오키나와전의 패배가 공표된 날이다. 이날 다쓰조는 일본의 패배를 각오했다고 생각된다. 게재되지 않았던 「유서」 5회분(교정쇄 3회분과 원고 2회분)을 하마노는 다쓰조의 허락을 득해서 저서에 싣고 있다.

1회째 표제부터 굉장하다.

(제1회) 살아 있어라

6월 25일

아마 나는 앞으로 그다지 길게는 살지 못할 것 같다. 그때가 올 것을 예상하고 자네들을 위하여 유서를 쓴다. 병사로 또는 의용대원으로 싸울 수 있는 남자는 모두 전선에 설 때가 왔다. (략)

오늘 밤, 대본영 발표 방송은 오키나와 수비가 절망적이라는 보도이다. 일본은 최후 일선에 서 있다. 전국을 선회할 만한 힘은 국민의 마음을 결속하는 것뿐이다. 더구나 국내 일반적인 정세는 나를 안심시켜 주지 못한다. 이래서 되겠는가. 이래서 이길 수 있겠는가. 이래서 황국수호의 대임무를 완수할 수 있겠는가. 밤낮으로 나는 전전긍긍하며 고뇌했다.

지금은 나도 또한 죽을 때이다.

전선은 머지않아 본토까지 밀려올지 모른다. 당신들이 죽어서는 안 된다. 설령 어떠한 상황에 빠지더라도 어린 사람들은 어미와 함께 이 국토에서 살지 않으면 안 된다.

사람과 작품 이름을 바꿔서 쓰고 있지만, 분명히 자신의 생각을 적어 처자식에게 남긴 유서이다.

하마노는 이것을 『마이니치신문』에 게재하는 따위는 '광기의 사건'이기에 '검열을 통과할 리가 없었다'고 쓰고 있다. 패전을 확신하고 가족에게 살아남으라고 전하지만, 이는 옥쇄사상에도 반한다.

제2회는 문필가의 인생을 되돌아본다.

불과 10년도 채 안 된 나의 문필가로서의 삶에 만약 의의가 있다면, 그것은 사회 부정에 대한 나의 싸움이었다. 그러나 나의 싸움은 항상 거의 어떤 도움도 되지 않는, 나홀로 연극으로 끝났다. 〈이하 초고에서는〉 정치는 그리고 사회는 거짓으로 칠해진 데에 아름다운 색 페인트로 장식한 것이 아닌가. 지금 이런 모든 허위가 폭로하고 있는 공사(工事) 부정이 그 결함을 드러내고, 커다란 마룻대가 기울어진 것이다. 전쟁은 사회의 결함을 폭로한다. 오늘날 일본의 고통은 과거 50년에 걸친 날림공사의 결과가 아닌가. 적은 미국이 아니고 일본 사회 안에 숨어 있는 것이 아닌가.

제3회는 검열비판이라고도 읽을 수 있다.

문사의 입을 봉하는 데에는 원고 위에 빨간 줄 하나 긋는 것만으로도 충분하다. 작가는 지극히 약한 입장에 서 있고, 어떤 실력도 갖고 있지 않다. 삭정이는 불타서 희미한 불빛으로 허무하게 꺼져버렸다. 그러나 나는 오히려 당신들에게 말한다. 작가 한 사람의 입을 봉하는 일은 사회가 그 양심을 방기하는 짓이다.

매우 강한 의욕이 보이는 문장이기는 하다.

제4회에 마침내 「살아있는 병사」 사건이 일어난다. 글 안에서는 「목숨 있는 병사」라는 타이틀로 바꾸고 있다.

나는 일찍이 필화사건을 겪고 법정에 서서 죄의 심판을 받았다. (략) 아버지가 왜 법을 어기고 왜 죄의 심판을 받아야만 했는가. 이 사건이야말로 아버지의 혼이 있었다. 미미하다고 해서 한사람의 작가로, 글로서 입신출세하고 나라에 보답하고자 하는 아버지의 혼이 깃들어 있다.

전쟁이란 무엇인가. 전쟁이란 어떠한 것인가. 나는 그것이 알고 싶었다. 그리고 그 현실의 모습을 국민에게 알려야 한다고 생각했다. 전쟁은 무기가 발달하면 할수록 참담해진다. 오체가 사방으로 찢기고 폐, 간이 나뒹굴고, 다치고, 부패하고, 물고기와 새의 먹이가 된다. 그것이 전장에서 인간의 모습일 터이다. 이러한 현실을 깨닫고 그럼에도 불구하고 싸워야 하는 의의를 믿는 것이야말로 후방의 국민은 싸울 힘을 얻는 것이다. 그러나 일본 전국의 신문, 잡지, 그리고 방송은 거짓말로, 현란한 문장으로 전장을 화원처럼 아름답게 보도하고 있다. (략) 이래서 되겠는가. 오키나와 육군이 적의 대군에게 포위되어 상당한 고전을 겪고 있던 6월 중순, 신문과 라디오는 이렇게 말한다.

거짓말! 나의 분노는 9년 동안 계속되고 있다.

제5회에 이 소설(「살아있는 병사」)을 실은 잡지는 발매금지 처분을 당하고, 다쓰조는 죄인 취급되었다. 하지만 선배 작가나 모르는 사람으로부터 격려도 받고, 생생한 전쟁의 모습이 처음으로 일본에 보도되었다고 일부러 전하러 온 귀환병도 있었다고 적고 있다.

법은 절대적이다. 형법상의 피고가 세상의 칭찬을 받아서는 안 된다. 나는 겉으로는 피고로서 근신하고 있었지만, 은밀히는 세상의 뜻있는 사람들로부터 지지를 받고 있었다. 이 모순 안에 문제가 있다. 이 모순이 정정되지 않는 한, 진실로 나라를 사랑하고 나라를 걱정하는 자가 오히려 처벌을 받게 되는 일이 벌어진다.

마치 승리선언 같다. 공허한 승리선언이었지만.

일본의 잘못은 언론을 억압하고, 진상을 사람들에게 전하지 않으며 거짓으로 관철하려는 점에 있다. 그 때문에 사람들의 신뢰가 무너지고, 마음은 부패하고, 거짓이 난무하며 내부에서 붕괴했던 것이다—라고 다쓰조는 보고 있었음을 알 수 있다. 그 근저에 「살아있는 병사」 사건이 있었다.

「나루세 난페이의 행동(成瀬南平の行状)」

하마노에 의하면 이 유서를 싣지 못하게 되고 다쓰조가 다시 집필한 연재소설이 「나루세 난페이의 행동」이었다.

그러나 『마이니치신문』 1945년 7월 14일부터 시작된 연재는 28일까지 15회가 게재되고 중단되었다. 다음 날부터 〈소설 「나루세 난페이의 행동」 금일휴□〉이라는 한 줄의 알림이 실렸을 뿐이다. 결국 패전 직후 8월 17일 지면에 중단이 고지되었다.

「나루세 난페이의 행동」은 어느 현의 보도 선전을 둘러싼 이야기이다. 새로 온 현지사(県知事)가 전시 하의 시정(施政) 성공여부는 상의하달이 철저히 이루어지는가 아닌가로 보고, 일찍이 악동 친구인 나루세 난페이를 특별보도반에 임명했다. 그런데 나루세의 거침없는 개혁으로 지사의 방침이 무너지고 만다는 이야기이다. 이야기는 피란민과 이재민으로 꽉 채운, 악취가 진동하는 2등 열차에 새 지사가 부임해 오는 장면으로 시작한다. 특별보도반 사령장을 받은 나루세는 사람들의 배급을 줄이고 있는 상황에서 현청(県庁)의 고등관이 특별한 식당에서 우대받는 것이 있을 법한 일인가라며, 도시락 지참을 당부하는 연설을 고등관 식당에서 행한다. 그리고 지사에게 도시락을 들게 하여 사진을 찍고, 막무

가내로 신문에 실어 버린다. 지사는 당황했지만, 이번 지사가 말이 통하는 사람이라는 여성들의 호평에 만족해 한다. 그러자 나루세는 지사가 오늘 밤 방송에서 읽을 원고를 건넨다.

여기에서 연재는 중단되었다.

관료 비판이나 허울 좋은 정책에 대한 조소, 서민에게는 고난을 강요하면서도 자신들은 특별대우로 참고 견디고 있는 사람들에 대한 경멸이 배어 있지만, 「유서」처럼 노골적이지는 않다. 반전(反戰)도 반군(反軍)도 아닐 뿐더러, 군사기밀도 언급하고 있지 않다. 그럼 무엇이 문제였던가.

『마이니치신문 70년』에 따르면, 1945년 7월 27일 정리부(整理部) 일기에 "이시카와 다쓰조씨의 연재소설 〈나루세 난페이의 행동〉은 당국에서 중지 요청이 있고, 당일 분은 일부 삭제된다〉라는 기술이 있다고 한다.

이 「나루세 난페이의 행동」은 7월 14일부터 무카이 준키치(向井潤吉)의 삽화로 연재 중이었다. 군인과 함께 관료가 전횡을 부리고 언론탄압 하에 말로 다할 수 없는 국민의 불평불만이 극에 달했을 그때, 이 소설의 주인공 지방장관은 민주적인 인간성에 넘치는 언동으로 금세 독자의 열광적인 인기를 독차지했다. 그만큼 그 소설은 당시의 관료 및 관료 사회에 대한 통렬한 비판을 가했다. 정보국에서는 관료에 대한 모욕이라며 2, 3, 4회째부터 이미 주의가 있었고 5, 6회째부터 엄중한 경고를 내렸다. 제2부 검열과장으로부터 필자의 집필 의도 변경을 요구했지만 이시카와씨는 물론 본사도 무시하고 있었다.

그러나 소설의 사전검열을 비롯하여 삽화의 사전검열까지 강요당하고, 7월 28일 삽화는 게재 금지가 되었다. 그 사이 정보국에서는 필자 및 본사를 반전주의자로, 이시카와씨 및 도쿄본사편집국 차장 쓰카다 잇뽀(塚田一甫)씨의 출두를 요구하고, 또한 이시카와씨 댁을 이틀간에 걸쳐 수색하기도 했다.

그리고 내무성에서는 국장회의 결과, 경보국장 및 정보국 제2부장의 명의로 28일까지 게재 금지를 통지해 왔다. 독자에게 대단한 호평을 얻고 있었지만, 본사는 그 조치에 대해 아무런 이유를 명시할 자유도 없이「나루세 난페이의 행동」을 15회에서 중지해야 했다.

(『마이니치신문 70년』)

비판은 일절 허락하지 않았다.

「나루세 난페이의 행동」은 앞으로 9회분의 원고가 준비되어 있었다.

지사의 방송 원고를 경찰부장이 써오지만, 나루세는 내용이 없다고 비판한다. "이런 거짓은 이제 그만두는 것이 좋습니다"라는 나루세의 대사가 있다. "당신은 관리를 모욕하는 겁니다"라며 성난 경찰부장에게 나루세는 이렇게 되받는다. "아니오, 나는 관리가 국민을 모욕하고 있지 않은가 생각합니다"……

「살아있는 병사」 사건 때는 나도 모르는 사이에 금기를 범하고 말았다. 그러나 이러한 전쟁 말기의 작품은 죽음을 각오하며 쓰고 있다라고밖에 생각되지 않는다.

다쓰조는 다시 경시청에 연행되었다. 패전을 눈앞에 둔 8월 12일경의 일인 듯하다. 〈고등경찰과는 나도 몇 번인가 인연이 있었다〉라고 다쓰조는 후에 쓰고 있다.

두 번째인 이번 조사는 종전 직전인 8월 12일경으로, 이틀간 경시청과 그 옆에 있는 정보국 양쪽을 왔다갔다하면서 받았다. 경시청의 마당에서는 머지않은 미군점령에 대비하여 서류를 태우고 있었다.

그때 형사도 역시 아침 일찍 두 사람을 데리고 우리 집에 왔다. 그리고 연행 전에 서재를 보여 달라며 들어왔다. 결국 편지와 서적 등 배낭 하나 가득, 그리고 큰 보자기에 한 보따리 싸서 짊어지고 갔지만, 그 형사가 제일 먼저 나의 책장에서 꺼낸 책은 스탕달의 『적과 흑』이었다.

(략) 무시무시한, 그리고 코미디 같은 시대였다.

(이시카와 다쓰조 『마음에 남는 사람들』)

●── 『인간의 벽』 출판기념회에서(1959년 7월 7일, 도쿄, 다이마루(大丸)식당, 이시카와 사카에씨 소장)

제4장

패전과 자유

1. 「살아있는 병사」가 세상에 나오다

태어나서 처음인 자유

패전 후 이시카와 다쓰조의 일기는 1945년 10월부터 시작한다(이시카와 사카에씨 소장).

언론표현을 둘러싼 상황은 커다란 변화를 예고하고 있었다.

9월 27일에 행해진 천황·맥아더 사령관 회담 관련 신문기사들을 일본의 정보국이 발매금지 처분했다. 이를 안 연합국총사령부(GHQ/SCAP)는 발매금지 처분의 취소를 명령한다. '신문 및 언론 자유에 관한 추가조치'라는 각서를 9월 27일로 소급해서 내리고, 신문지법, 국가총동원법 등의 제한법령 폐지를 일본정부에 명했다.

이에 따라, 신문지법은 그 효력을 잃게 된다.

다쓰조와 동시대의 작가 다카미 준(高見順)은 일기에 그 흥분을 적고 있다.

9월 30일

어제 신문이 발매금지가 되었지만 맥아더 사령관이 그 발매금지에 대해 해제 명령을 내렸다. 그리하여 신문 및 언론의 자유에 대한 새로운 조치가 취해졌다.

이로써 이제 뭐든지 자유롭게 쓸 수 있다! 뭐든지 자유롭게 출판할 수 있다!

태어나서 처음인 자유!

자국 정부에 의해 당연히 국민에게 주어져야 할 자유가 주어지지 않고, 자국을 점령했던 타국의 군대에 의해 비로소 자유가 주어진다는 것은— 돌이켜보니 수치를 느끼지 않을 수 없다.

(다카미 준 『패전일기(敗戰日記)』)

숨긴 첫 교정쇄

다쓰조의 전후 일기도 그쯤부터 시작한다.

10월 2일

출판업자가 끊임없이 움직이기 시작했다. 잡지류도 제법 나온 듯하다. 출판과 원고의 희망이 갑자기 커졌다. 그러나 신문지에 대해서는 앞으로의 전망이 밝지 않다. (략) 의뢰를 받은 소설이 하나둘 있기 때문에 쓰려고 하지만 좀처럼 쓸 수 없다. 대동아전쟁 이후, 너무나도 문학으로부터 동

떨어진 곳을 알면서 걸어왔다. 정치적이거나 선전적인 측면으로 깊숙이 들어가서 무엇을 생각해도 문제는 국가에 사로잡히고 사회를 생각하게 된다. 머리가 그쪽으로 기울어 문학적인 뇌 활동이 바로 이루어지지는 않는다.

10월 28일
『살아있는 병사』를 하출서방(河出書房)에서 간행하기로 하고, 오늘 교정을 본다.

발매금지가 되고, 필자가 그 죄로 말미암아 유죄판결까지 받은 전쟁소설이 복자 없이 책으로 나오는 시대가 왔다.

당시 소학생이었던 장녀 다케우치 기에코씨는 아버지로부터 "봤지? 라며 답답한 가슴이 뚫렸다. 굉장히 기쁘다"라고 들었던 기억이 있다고 한다.

'전쟁 중 발매금지의 명저―발매 중'이라는 명목을 내건 출판광고가 11월 29일『요미우리신문』조간에 실려 있어, 11월 하순에는 서점에 깔렸을지도 모른다. 판권장에 의하면 12월 20일 발행, 5만부. 내가 갖고 있는「살아있는 병사」하출서방(河出書房)판은 종이 질이 좋지 않고 팔랑거리며 가볍다.

신문지(誌)
이 소설이 원문대로 간행될 날이 있으리라고는 나는 생각하지 못했다. 필화를 겪은 이후 원고는 증거서류로 재판소에 압수당하고, 올 봄 전쟁 재해로 틀림없이 재판소와 함께 소실돼 버렸을 것이다. 도처에 삭제의 빨간 잉크로 그어진 종이 쓰레기 같은 첫 교정쇄를 중앙공론사로부터 받고, 그 후 7년 반 동안 상자 속에 깊숙이 넣어 두었다. 누구에게도 보여줄 수 없는 작품이지만 작가로서는 잊을 수 없는 생애의 기념비적인 작품이기도 하다. (략) 이 작품 때문에 형벌을 받으리라고는 예상도 못했다. 젊은 혈기의 소치였을지도 모른다. 단지 나로서는 있는 그대로의 전쟁 모습을 알리는 것으로 승리에 우쭐거리는 후방의 사람들에게 깊은 반성을 촉구하려는 생각이었지만, 이러한 나의 의도는 묵살되었다. 그리고 언론의 자유를 잃은 후방은 관민 모두가 문란해질대로 문란해져서, 결국 국가의 비운을 눈앞에서 보게 되었다. 새삼스런 말 같지만 억울한 생각도 든다.

당시 사회 정세로는 이러한 작품 발표가 불허되는 것도 당연한 일이다. 그러나 나는 나의 의도를 믿고 나의 일을 확신하고 있었다. (략)

지금 국가의 대전환기를 만나, 우연히 여기에 본서를 간행할 기회가 주어진 것에 깊은 감격을 느낀다. 유죄를 이유로 판결문에 기재되어 있는 '황군 병사의 비전투원 살육, 약탈, 군기 해이의 상황을 기술해서 안녕질서를 문란하게 하는 사항'은 거론할 필요가 없음이 명백해지고, '현실로 중국사변이 계속 중인 공지의 사실을 종합해서……'라는 이유도 소멸되었다. 새삼 안녕질서를 문란하게 할 이유도 없고, 황군의 작전에 불이익을 안겨 줄 우려도 없다.

새삼스럽게 이 작품을 간행하는 이유가 있는지 어떤지, 우선 생각해 보았다. 오랜 세월 지나 다시 읽어 보니 마음에 차지 않은 부분도 적지 않다.

그러나 나는 오히려 하출서방의 요청에 응해서 간행하려고 생각했다. 종전에 어쩐지 납득되지 않던, 씻기지 않았던 나의 기분은 이 원고를 다시 읽어보고 왠지 분명해졌다. 9년에 걸친 싸움을 최후에 조망하고 일종의 이해를 얻은 느낌이 들었다. (략)

(1945년 중추(中秋) 이시카와 다쓰조)

제1장에서 언급했듯이 「살아있는 병사」의 원고가 간행에 임박해서 도착했기 때문에 『중앙공론』 편집자는 그대로 인쇄에 넘겼다. 첫 교정쇄는 복자나 삭제가 없는 원고 그대로였다는 것이 된다. 이것을 다쓰조는 7여 년을 남몰래 보관하고 있었다고 한다.

만약 자택에 보관하고 있었다고 한다면, 다쓰조의 자택 바로 근처까지 공습에 소실되는 상황에서 전쟁 재해를 면한 것도 다행스런 일이다. 정말 운이 좋은 사람이다.

이렇게 의미가 통하지 않을 만큼 복자되고 그럼에도 발매금지가 되고, 더욱이 필자와 편집자가 재판에까지 회부된 「살아있는 병사」가 전쟁이 끝나고 나서 처음으로 일반인에게 공개되었다.

『중앙공론』 1938년 3월호와 전후 하출서방판은 어디가 다른가.

『중앙공론』의 「살아있는 병사」는 검열규정에 따라 대대도 소대도 연대도 모두 '군부'로 표기되어 있다. 이것이 하출서방판에서는 거의 다시 써 '연대장' 등의 표기로 되돌아갔다.

또한 『중앙공론』은 굉장히 서둘러 만들어 오식(誤植)이 남아 있다.

예를 들면 노파로부터 소를 빼앗는 장면에서 '소(牛)'가 '손(手)'이 되어 있거나, 〈일본병의 지시에 따라 (략) 사체를 처리하고 있었다〉로 될 문장이 '병(兵)'이 빠져서 〈일본의 지시에 따라 (략) 사체를 처리하고 있었다〉가 되기도 한다. 이러한 오식은 하출서방판에서는 대부분 고쳐졌다.

그리고 복자는 채워졌다. 소설의 최후 〈……〉가 2행으로 되어 있었던 곳은 두 장 분량으로 복원되었다.

'복원'인가 '가필'인가. 최후에 출판할 때에 복자 부분을 쓴 것이 아닌가 하고 말하는 사람도 있다. 하지만 이 책의 제작 기간이 짧고 문장의 리듬, 이 시기의 다쓰조가 중일전쟁 당시처럼 활동적으로 쓸 마음이 아니었던 점에서, 나 자신은 다쓰조가 말했듯이 첫 교정쇄를 기본으로 약간 수정한 것이라고 생각한다.

패전의 감격 「희망이 없는 것은 아니다」

신문지법의 효력이 사라지고 자신이 심혈을 기울여 쓴 작품은 되살아났다. 작품은 시대와 일국의 정책을 넘어설 수 있다는 실체험이 다쓰조에게 커다란 힘을 주었다. 재판 불신과 함께 그 확신은 삶에 일관되어 나타났다.

하지만 골치 아픈 일들이 사라졌다고 해서 곧 마음껏 필을 휘두를 수는 없었다. 패전 때에 마흔이던 다쓰조는 가치관이 흔들리는 가운데 우왕좌왕 갈피를 못 잡고 방황하며 자신에게 되묻고 있다.

우선 일본의 패전을 어떻게 평가할 것인가.

만년의 앙케이트에서 1945년 8월 15일은 〈자택에 있었다. 패해서 다행이라고 생각했다〉라고 답하고 있다(「앙케이트 특집 나와 태평양전쟁」 『문예춘추』 1981년 12월호). 그리고 이 전쟁은 당신에게 무엇이었다고 생각합니까라는 질문에 이렇게 답했다.

〈나라라는 것, 정부라는 것이 참으로 어리석다고 생각했다. 그 소감은 현재까지 변함없다.〉

패전을 거치고 다쓰조는 『마이니치신문』 연재 「나루세 난페이의 행동」의 재연재를 준비한다. 제3장에서 언급했듯이, 현의 특별보도반 나루세 난페이의 통쾌한 행동을 쓴 이 연재는 7월 29일부터 연재되고, 8월 17일 지면에 중단이 고지되었다.

다쓰조와 친분이 있는 하마노 겐자부로의 저서 『평전 이시카와 다쓰조의 세계』에 따르면, 이 연재에는 미게재 원고가 있고 패전을 포함하여 다쓰조가 이 안에 3회분을 다시 쓰고 「희망이 없는 것은 아니다」라는 제목을 붙여 마이니치신문사에 게재를 타진했다. 하지만 결국 중단이 결정되었다고 한다.

그것이 사실이라면 「희망이 없는 것은 아니다」 3회분을 다쓰조는 중단 결정 전인 8월 15일, 16일 안에 쓴 것이 된다. 「희망이 없는 것은 아니다」는 다쓰조가 후에 『요미우리신문』에 연재한 소설의 제목으로 유용됐지만, 이 「희망이 없는 것은 아니다」라는 말의 분위기가 그대로 패전 직후 다쓰조의 심정이었던 것은 아닐까 싶다.

「나루세 난페이의 행동」의 「희망이 없는 것은 아니다」편은 이러한 첫머리였다.

일본에 최악의 사태가 발생했다.

예상치 않은 일은 아니지만 이렇게 빨리 현실이 되리라고는 생각하지 않았다. 원자폭탄을 발명했던 과학자는 인도의 적이고 악마이지만, 그 폭력성의 처참함은 오히려 인류의 구원이 될지 모른다. 앞으로 세계에 전쟁은 일어날 수 없을 것이다. 일본은 세계 최후의 전쟁을 분명히 치러냈다. 그리고 일본인이 가진 최고의 정신력과 최고의 도의는 유감없이 발휘되었다. 세계 역사는 일본의 장렬한 싸움을 영원히 기록에 남길 것이다.

(「나루세 난페이의 행동」『불신과 불안의 계절에』)

이것은 다쓰조의 고양감이었을 것이다. 더욱이 원폭에 대해서는 다카미 준의『패전일기』에 따르면, 8월 7일 다카미는 원자폭탄으로 히로시마가 큰일났다는 이야기를 친척으로부터 듣는다. 다음 날 다쓰조도 멤버였던 문학보국회의 사람들과 정보를 공유하고 있다.

이 「희망이 없는 것은 아니다」편에서 나루세 난페이는 〈죄는 나에게도 있었다〉고 자책한다. 〈나루세 난페이는 신하로서의 절개를 다했는가. 해야 할 모든 의무를 실행했는가. 유감스럽게도 다하지는 않았다. (략) 강한 권력에 저촉되지 않을 정도로 불평을 하고 있었을 뿐이다.〉

그리고 과거보다 미래를 생각해야 한다고 생각을 고쳐먹고, 일본은 복수를 하는 것이 아니라 세계의 무력투쟁에서 손을 떼고 농업국으로 되돌아와 새로 시작해야 한다고 나루세 난페이는 논한다.

무력을 버린 곳에서 우리는 싸움을 시작해야 한다. 신성한 국토를 만들고 신성한 문화를 만드는 거다. 세계 인류가 일본을 잃어서는 안 된다. 일본을 범해서는 안 된다고 생각할 만큼의 고귀한 국가를 건설하는 거다. 거기에 무력이 없고 중공업이 없게 해야 세계 최고봉에 선 일본이 있을 수 있다.

희망이 없는 것은 아니다, 몸뚱이 하나로 비운에 맞서는 이러한 재생의 길이 있지 않은가라고 나루세는 동료에게 이야기하고 잠자리에 든다.
「희망이 없는 것은 아니다」편의 원고는 여기까지다.
앞으로 앞으로 나가는 다쓰조답다. 신국 일본과 팔굉일우를 설파하는 등, 당시의 정신문화에 아직 잠겨 있지만 거기에서 비무장국가로의 재건을 구상하고 있었다.

일기에서

그렇다고 해서 국가론은 제쳐두고 현실의 자신이 어떻게 살 것인가, 무엇을 쓸 것인가, 다쓰조는 잠시 방황했다.
9월 피란처에서 가족이 돌아왔다. 확실한 것은 가족뿐이었을지 모른다.

10월부터 시작하는 일기에는 자주 가족에 대한 사랑이 묻어 있다. 어엿한 처녀가 된 장녀, 재기발랄한 차녀의 성장을 기뻐한다. 정월에 병으로 입원했던 어린 장남의 회복에 〈어린 생명의 왕성한 힘에 놀랐다〉라고 쓴다.

〈공습이 빈번했을 때 사카에를 안고 이 아이들을 죽게 하고 싶지 않다고 빌었던 그 추억은 지금도 새롭다. 다행히 무사하게 올 수 있었다고 생각한다.〉(11월 3일)

장녀를 향한 마음을 바탕으로 쓴 『밤의 학(夜の鶴)』에는 차가운 방공호 속에서 가만히 기다리는 동안, 자녀들에게 자작의 옛이야기를 들려주는 장면이 나온다. 장녀인 다케우치 기에코씨에 따르면, 실제로 있었던 일이라고 한다. 다쓰조는 좋은 아버지이기도 했다.

급속하게 고조된 노동운동과 손바닥을 뒤집는 듯한 책임추궁의 움직임에는 혐오감을 숨기지 않는다. 문화인의 자유간담회 첫 회합에 나왔지만 자신은 모든 관계를 끊겠다고 쓰고 있다.

10월 1일

그들은 당국의 구악(旧悪)을 매도하는 것에 절실함이 있었지만, 그 매도는 오히려 나치적이고 파시즘적이기도 했다. 8월 15일 이전에 그들은 역시 국민의 한 사람이고, 오늘의 그들과의 사이에 어떠한 일치가 있고 모순이 있는가. 나 또한 필승의 신념을 견지하고 황국의 수호를 생각했다.

그때의 나와 오늘의 나 사이에는 모순이 있고 불이치가 존재한다. 문화인의 문화 활동은 역시 그러한 반성에서 출발해서 겸허하게 슬픔을 안고 장래를 말하지 않으면 안 된다.

점령군의 방침으로 일본군의 전선에서의, 또는 포로에 대한 잔학행위가 소상하게 밝혀졌다. 다쓰조는 난징에서 일본군의 행동을 익히 들어 알고 있어 놀라지는 않았다. 하지만 일본인이 잔학한 민족이었던 것인지, 측은한 마음이나 다도 등에서 나타나는 풍부한 감정과 어떻게 일치하고 모순하는 것인지 생각에 빠진다.

이번 제2차 세계대전에서의 잔학행위는 세계에서 일본의 신의를 잃는 결과가 되었다. 일본에 대한 세계의 불신과 악감정은 그 원인의 일부라 할 수 있다. 동양의 군자국으로 불리던 시대는 어느 시대의 국민이었을까.

(10월 4일)

연말이 다가오자 서민생활은 극도로 곤란해지고, 치안은 더욱 불안해졌다.

〈이 부근에서도 빈번하게 물건을 훔치는 강도 피해가 출몰하기 시작했다.〉

〈아사는 개죽음이다. 나와 가족은 절대로 죽지 않는다〉라고 맹세한다(12월 4일).

문학으로 되돌아가고 싶다고 생각하면서도 정치적인 발언력을 높이고 싶다는 생각에도 사로잡혀, 다음 해 1946년 4월에 실시되는 총선거에 입후보하기로 한다.

그리고 4월에 낙선하고 이윽고 조용한 시간을 보낼 수 있었다.

4월 20일

선거를 끝내고 지금 서재에서 지내는 날들을 즐기고 있다. (략)

오늘 문득 손에 넣은 잡지에 앙드레 지드의 「가공의 인터뷰」라는 글이 있었다. 그 중에서 그는 이렇게 말하고 있다.

(괴테는 의무감이 강한 사람이었다. 혹은 자기에 대한 의무감이 강한 사람이었다.)

나는 이제 향후 정치에 관여하지 않을 것이다. 국가에 대한 의무, 사회에 대한 의무도 좋다. 더욱 중대한 것은 자기에 대한 의무이다. 이것은 나의 자부심, 근거 없는 자부심일지 모른다. (략)

자신의 일로 돌아가자. 그러면 바른 생각이 바르게 자랄 수 있다. 자신에 대한 의무를 중시하고 독자를 신용하자.

5월 17일

신문, 잡지 등의 모든 일을 거절하고, 독자와 심사숙고의 날들을 보내고 있다. 마음의 공허함이 점차로 깊어져 나조차 불안하다. 이 공허함을 떨쳐 버리고 저편의 기슭까지 힘껏 부딪쳐 보고 싶다.

5월 29일

예술상을 향한 노력은 높은 곳에 오르는 것이 아니라 깊은 곳으로 가라앉는 것이다. 자신의 작품이 높고 뛰어나다고 생각될 때, 모든 생명은 끝난다. 자신의 작품을 혐오하고 혐오하고 혐오해서, 추락해 가는 나락의 고통에서 홀연히 천상의 꽃이 핀다.

(략) 지금 정치관계에서 소원해지고 싶은 마음뿐이다. 신문의 정치란도 그다지 읽고 싶지 않다. 마을자치회의 각종 임원도 사임하고 싶다.

6월 2일

소세키를 읽고 싶어 고양이(猫), 도련님(坊っちゃん), 팔베개(草枕)를 읽어 본다.

6월 9일

소세키를 계속 읽는다. 환상의 방패〔소세키의 작품명〕에서 생각지도 못한 작가의 풍부한 환상성을 본다. 「열흘 밤의 꿈(夢十夜)」에서도 그렇다.

6월 25일

요 며칠 자주 소설을 쓰고 싶다. 인간의 한없는, 아름답고 고운 마음을 쓰고 싶다. 정치와 전쟁, 경제에 시달리면서도 꿋꿋하게 미소 지으며 다시 새롭게 살아가는, 높은 이상과 조심스런 행동을 가진 인간상을 그리고 싶다. (략)

지금 나의 마음은 아프다. 나는 사건을 그려왔다. 처음에는 인간을 그릴 목적으로 사건을 골랐지만, 결국은 인간보다도 사건에 쫓겨 왔다. 그래서 소설의 정도를 벗어나고 벗어나는 것을 당연하게 여기고 있었다.

지금 내가 창작 의욕을 잃은 것은 사건을 묘사하는 데 한계를 느꼈기 때문일 것이다. (략) 사건에 예술성은 없다. 예술은 인간에 즉해서, 인간 안에만 있는 것이다. 그 단순한 것을 잊은 듯하다.

몇 년 만에 아내와 긴자에 나가 한 잔에 15엔 하는 커피를 즐긴다. 달밤의 길을 함께 돌아온다. 그런 온화한 날들의 일기 속에 성난 노여움이 깃들어 있었다.

4월 28일

법률로 예술을 왜곡해서는 안 된다. 설령 점령군이라 할지라도 그 힘을 예술에 사용해서는 안 된다. 점령은 제한된 짧은 기간이고, 제한된 일을 위해 예술의 영원한 생명을 훼손시키는 일은 모독이다.

「살아있는 병사」는 법률에 따라 처벌되어 7년 동안 간행을 할 수 없었다. 당연히 지금 그 법률은 모두 무력화되고, 작품은 새롭게 간행되었다. 이 정도의 작품조차도 법률보다 한층 더 긴 생명을 갖고 있다. (략)

예술작품은 그것이 어느 나라의 것이든 간에 국제적인 것, 전 인류적인 것이다.

그러면 일국의 법률로 재단해야 할 이유가 없다. 나치는 토마스 만을 추방했다. 그러나 그는 세계로부터 지지받고, 미국의 환영을 받았다. 예술은 그 본질에서 세계인이어야 하고, 코스모폴리탄이어야 한다. 지금 점령군은 일본 예술에 강력한 간섭을 하고 있다. 이것은 미국의 잘못 아니면 맥아더의 무분별이다.

그날에 무슨 일이 있었는지는 알 수 없다. 그러나 점령군이 완전한 언론표현의 자유를 준 것이 아니라, 연합군과 점령정책에 부적합한 것은 쓰지 못하도록 하는 것을 다쓰조가 절감하는 무언가가 있었을 것이다.

2. 봉인된 원폭 에세이

언론의 자유?

1945년 9월 30일 『아사히신문』 조간 1면 톱에는 〈신문, 언론의 자유로 / 제한법령을 철폐〉. 연합국 최고사령관이 일본정부에 언론자유를 제한하는 일체의 법률을 철폐하도록 요구했다는 뉴스이다. 작가 다카미 준은 이 뉴스에 흥분하여 '태어나서 처음으로 자유!'라고 일기에 적었다.

연합국 최고사령관은 29일 일본정부에 대해 신문, 영화, 우편, 전신·전화·통신의 자유를 제한하는 일체의 법령을 철폐하도록 요구했다. 그 전문은 다음과 같다.

◇

일본정부는 맥아더 원수의 지령에 따라 신문 및 통신의 자유에 대한 모든 제한을 즉시 철폐하도록 명령받았다. 위의 명령에 기초한 일본정부는 신문, 영화, 우편, 전신·전화 그 외 서면과 구두를 막론하고 모든 의사표현

방식의 자유에 대해 제한을 가하는 모든 법령을 철폐해야 한다. 관계 법령의 다수는 1909년(메이지 42년)으로 거슬러 올라가지만, 법령의 철폐가 실현되기까지 일본정부는 관계 법령의 시행을 정지해야 한다. 이번 지령은 9월 27일 자로 작성되어, 29일 오전 일본정부에 전달되었다. 이번 조치에 따라 일본 국내에서 신문 및 라디오의 자유를 촉진하고, 일본국민이 전쟁 이전부터 강요된 선전으로부터 해방되며, 정확하고 거짓 없는 뉴스를 제공하기 위한 6단계 조치가 완료되었다. (략)

(『아사히신문』 1945년 9월 30일 조간)

여기에 나온 〈1909년으로 거슬러 올라가는 법령〉이란 신문지법을 말한다.

지면에는 GHQ / SCAP가 일본정부에 전달한 '추가 조치'의 전문도 게재되었다. 철폐의 대상인 된 신문지법 등 12개의 법령의 이름이 열거되고, 〈일본정부가 어떠한 기관에도 향후 보도금지령을 내릴 수 없다〉는 내용 등이 제시되어 있다. 그리고 검열에 대해서는 〈모든 서면 혹은 말에 대한 검열은 최고사령관이 특별히 승인한 제한적인 사항만 단속할 수 있다〉라고 되어 있다. 잘 읽어보면 검열 전폐(全廢)가 아님을 짐작할 수 있다. 하지만 전폐가 아니라 거의 없어진 것만으로도 빅뉴스였을 것이다.

현실에서 검열이 거의 없어진 것은 아니었다.

실시 주체와 방식이 변한 것일 뿐, 신문이나 출판물의 검열은 물론 우편검열이나 전화도청도 시행되었다. 오른손에는 언론표현의 자유를 들면서 왼손에는 연합국이나 점령정책에 부적합한 이야기는 은폐하는 이중기준이다.

다카미 준은 사흘 만에 꿈에서 깨어났다.

10월 3일

『동양경제신보(東洋経済新報)』가 몰수당했다.

　　이것으로 다소나마 전날의 '창피함'이 상쇄되는 감이다. 미국이 우리에게 준 '언론의 자유'는 미국에 대해서는 통용되지 않는다는 것을 알았다.

(앞의 책 『패전일기』)

복자는 허용되지 않는다

전쟁 말기에 중앙공론사와 함께 해산된 개조사의 편집자였던 기사키 마사루(木佐木勝)는 최근 『개조』 부활 움직임을 알고, 개조사 사장이었던 야마모토 사네히코(山本実彦)를 방문한다. 그리고 복간을 위한 준비를 시작한다. 그런데 인쇄소가 있었던 장소에 가서 보니 허허벌판이 되거나, 작가의 집을 방문하면 피란처에 가 있거나 해서 고생한다. 전전(戰前)에 낸 인기작의 복간도 구상하지만, 이때 벽에 부딪친 것이 GHQ 검열이었다.

11월 16일

오늘 밤부터 드디어 요코미쓰 리이치(横光利一)의 장편소설 「여수(旅

愁)」를 읽기로 했다. (략) 간단히 출판될지 어떨지도 의문이다. 지금으로
서는 맥아더 사령부의 검열의 눈이 번뜩이기 때문이다.「여수」가 사령부
검열의 눈을 통과할 수 있을지 어떨지 나는 자신이 없다.

언론의 자유라든가 출판의 자유라든가 말을 꺼낸 곳은 점령군이지만, 일
일이 사령부의 검열을 받지 않으면 출판할 수 없기 때문에 성가신 일이 되
었다. 이래서는 옛 일본의 내무성의 역할을 사령부가 할 뿐이다. 현재 일
본은 폐망상태이니, 우리는 항상 사령부의 의향과 눈을 두려워해야 한다.

『기사키 일기(木佐木日記)』

「여수」에 미국인이 우쭐해하는 모습의 묘사 등이 있는 곳을 발견하
고, 기사키는 골치가 아프다. 과연 출판할 수 있을까. 일부 삭제를 명령받
는다면 작가는 다시 고쳐 쓸까?……

다음 해 1월 기사키는 미국인 GHQ검열 담당자로부터「여수」의 삭
제 부분을 일본어로 통보받았다.

그것에 따르면 복자는 절대로 허락되지 않고, 삭제의 흔적을 남기지 않도
록 정정할 것을 다짐받았다.

『기사키 일기』 1946년 1월 5일

××나 ○○나 공백을 남기는 행위를 GHQ는 허용하지 않았다. 신
문이나 출판물을 검열하고 있다는 사실 자체를 일반인에게는 숨기고 있
었다. 언론표현의 자유를 공표하고 있는 까닭에 검열의 흔적을 지면에

남기면 안 된다. 권력의 흔적을 남긴 전전의 검열보다 한층 더 교묘한 "보이지 않는 검열"이었다.

때문에 나는 작위적인 것을 알아채지 못하고 거침없이 읽어갔다.

하지만 예를 들어 『기사키 일기』의 주석에 따르면, 요코미쓰 리이치는 『여수』의 삭제 지정 부분을 원문의 정신과 정반대의 말로 채웠다. 반유럽적인 표현이 문제가 되었지만, 전쟁 전의 개조사판에서는 "오랫동안 일본이 여러 가지를 배운 유럽이다. 그리고 동시에 일본이 그 탓에 끊임없이 굴욕을 참아야 했던 유럽이다"라는 문장이 전후 개정판에서는 "오랫동안 일본이 여러 가지를 배운 유럽이다. 그리고 동시에 일본이 그 감사를 끊임없이 표명한 유럽이다"가 되었다.

첫 교정쇄를 읽고 기사키는 참담한 기분이 들었다.

그러나 만약 자신이 필자였다면 이 한 문장을 어떻게 다시 썼을까. 이것은 글의 방식이 문제가 아니라, 반유럽적인 표현을 허락하지 않는 사상의 강요이다.

다카미 준으로부터의 의뢰

이시카와 다쓰조가 이러한 상황을 몰랐다고는 생각되지 않는다. 그가 1945년 12월 총선거에 나서기를 결정하고 다음 해 4월 낙선할 때까지, 상당히 바빴을 터이다. 이 기간에는 일기도 거의 쓰지 못했다. 그리고 낙선 이후에는 서재의 고독을 즐기고 있었다. 자기 자신이 '보이지 않는 검열'에 직면하는 일이 시기적으로 늦었던 것이다.

전에 언급했듯이, 낙선 후의 다쓰조는 집필 의뢰를 거절하고 서재에 틀어박혀 소세키나 동서고금의 문학에 심취해 있었다. 조용한 날들의 일기에 4월 하순 돌연, GHQ검열에 대한 격분이 표현되어 있다.

이윽고 6월 말 자주 소설을 쓰고 싶다는 생각에 사로잡혔다. 그때 다쓰조는 다카미 준으로부터 『사회(社会)』라는 잡지 창간호에 글을 써 달라는 집필 의뢰를 받고 새로운 작품에 착수한다. 『사회』를 출판하는 곳은 가마쿠라문고(鎌倉文庫)라는 곳으로 가와바타 야스나리(川端康成), 구메 마사오(久米正雄) 등 가마쿠라 출신 작가가 시작한 대여서점(貸本屋)에서 발전한 출판사로, 다카미는 그곳의 우두머리 격이었다.

다쓰조는 「전쟁의 화신(戦いの権化)」이라는 색다른 풍의 단편을 썼다.

8월 4일

다카미 준으로부터 의뢰가 종종 있어, 가마쿠라문고의 잡지 『사회』 창간호를 위해 「전쟁의 화신」을 썼다. 17매에 지나지 않는 짧은 소설이지만 고심했다. 나의 새로운 문학의 길을 발견하고자 하는 이때, 이 작품의 방향은 나에게도 어떤 하나의 지표이다. (략)

「전쟁의 화신」은 불완전하지만, 그러나 불완전하면서도 야심작이다.

(이시카와 다쓰조 일기, 이시카와 사카에씨 소장)

새로운 문학에 대한 계기를 마련했다.

「전쟁의 화신」은 9월경부터 나오는 『사회』 창간호에 실릴 예정이었다.

해골 산더미에 까마귀가 빙빙 도는, 러시아 종군작가가 그린 19세기의 그림을 언급하면서, 전쟁은 이미 평온함을 빼앗고, 인간을 행복하게 해야 할 과학은 문명을 파멸시키고 있음을 차분하게 고발하는 작품이다.

그러나 한 줄도 싣지 못했다.

『사회』 창간호 발간이 늦어져, 판권장의 발행일은 9월 20일. 편집후기에는 다음과 같은 양해의 글이 실려 있다.

덧붙여 본호에는 이시카와 다쓰조씨의 소설을 게재할 예정이었습니다만, 사정에 의해 연기되어 사카구치 안고(坂口安吾)의 역작 「아귀(我鬼)」를 게재했습니다. 양해 부탁드립니다.

공표 금지된 「전쟁의 화신」

도대체 어찌 된 일인가.

다쓰조에게 "회심의 작"이었던 「전쟁의 화신」은 1946년 세상에 나오지 못하고 봉인되었다가, 1954년에 묶은 단편집 『추억의 사람(思い出の人)』(北辰堂)에 슬그머니 수록된다. 다쓰조가 그린 그림을 표지 커버로 사용했지만 서문, 후기, 해설도 없다.

이후 1972~1974년 신조사가 출판한 『이시카와 다쓰조 작품집(石川達三作品集)』에 가나(かな) 표기법을 개선하여 수록되었다. 이 해제(解題)에 〈진주군(進駐軍) 검열에 따른 금지〉라고 극히 짧은 설명이 붙어 있다.

「전쟁의 화신」은 GHQ / SCAP의 민간검열국(CCD) 사전검열에 의해 '공표 금지'가 되어, 점령 하에서는 빛을 볼 수 없었다.

어떤 내용이었을까?

전쟁이 끝나고 1년 후인 1946년이라는 시기에서만 나올 수 있는 작품이라고 생각한다. 이 시기 다쓰조는 심사숙고의 날들을 보내며 새로운 표현을 모색하고 있었다. 다쓰조다운 직선적인 분노가 다쓰조답지 않은 약간 뒤얽힌 문장에 포함되어 있다.

물밑을 보고 있던 필자가 문득 눈을 들어, 최후에 흐릿한 희망을 느끼게 한다.

소설인지 에세이인지 확실하지 않지만, 「전쟁의 화신」이라고 다쓰조가 부르는 한 장의 그림을 축으로 이야기는 진행된다.

소설은 〈레닌그라드의 알렉산더 3세 미술관에 「전쟁의 화신」이라는 표제의 처참한 그림이 소장되어 있다〉는 글로 시작된다. 조사해 본바, 그것은 현재 러시아의 트레티야코프 미술관이 소장하는 페레쒀긴 바실리 바실리예비치의 작품이다. 트레티야코프의 영어 사이트(www. tretyakovgallery.ru/en/collection/_show/image/_id/183)에 의하면, 영어번역 타이틀은 The Apotheosis of War로 전쟁찬미일 것이다. 일본어 번역은 몇 개 정도 있겠지만, 러시아어 표제를 직역하면 '전쟁예찬' 또는 '전쟁의 신격화'가 된다고 한다.

멀리 폐허와 고목이 보이는 황야에 백골이 된 해골 더미 위를 까마귀가 날고 있다. 1871년 종군작가 페레쒀긴 바실리 바실리예비치가 그린

유채화이다.

화가는 러일전쟁에서 죽었다.

따라서 그는 제1차 세계대전을 몰랐다. 만약 그가 그 당시 살아 있었다면 「전쟁의 화신」은 새로운 구도로 그려졌을 것임에 틀림없다. (략) 썩은 시체를 쪼아 먹는 새의 소름끼치는 모습으로 상징될 수 있었던 것은 옛적의 (전쟁의 화신)이고, 도저히 오늘날의 전쟁의 화신에서는 있을 수 없다. 전쟁의 모습은 미술가 한 사람의 상상을 초월하여 처참한 상태가 되었다. 제2차 세계대전의 참상을 헤쳐 나온 우리에게는 페레쇄긴 바실리 바실리예비치가 그린 「전쟁의 화신」은 옛날이야기처럼 단순한 호인의 그림으로밖에 보이지 않는다. 한 발의 원자폭탄이 7만 주민을 한순간에 살해해 버리는 저 히로시마의 불탄 허허벌판의 황량한 보도사진 쪽이 러시아 미술가의 명화보다 7배, 10배나 소름끼치는 처참한 광경을 보여 주고 있다.

(이시카와 다쓰조 「전쟁의 화신」『생각하는 사람』 2014년 겨울호 재수록)

인간을 행복하게 할 과학이, 문명이 문명을 파괴한다. 제3차, 4차, 5차 세계대전이 되면, 참상은 한층 더할 것이다. 그러한 전쟁 후에는 더 이상 백골의 해골 더미도 없다……. 그러한 이야기를 다쓰조는 쓰고 있다. 마치 예언처럼 말이다.

프란게 문고에서의 발견

이 작품의 어디가 검열에 저촉된 것인가?

그 검열문서를 발견하고 규명한 사람은 시인이자 여성사 연구자인 호리바 기요코(堀場清子)씨이다. 하지만 그것은 다쓰조 사후의 일이다. 그 내막을 호리바씨는 개인 시잡지 『이슈타르(いしゅたる)』 13호(1992년), 14호(1993년)에 쓰고 있다.

원폭이 투하되었을 때 호리바씨는 열네 살로, 히로시마 근교에 있는 할아버지 집으로 피란해 있었다. 할아버지는 병원을 운영했다. 원폭투하후 그 병원에 부상자가 밀려 들어왔다. 피투성이가 되고 피부가 벗겨진 사람들로 넘쳐났지만, 어찌할 방법은 없었다.

연구자 남편과 함께 간 미국에서 원폭 표현이 점령 하에서 어떠한 검열을 받았는지, 호리바씨는 '눈여겨볼 작정'이었다고 한다.

민간검열국(CCD)에 제출된 출판물의 교정쇄나 검열에서 삭제 등을 명한 서류는 역사가 고든 윌리엄 프란게(Gordon W. Prange)의 제언으로 미국에 보내져 보관되었다.

프란게는 메릴랜드대학 역사학 교수직을 휴직하고, GHQ에서 전쟁사 편찬 임무를 맡고 있었다고 한다.

그 컬렉션 「프란게 문고(プランゲ文庫)」(패전 후 1945년에서 49년까지 일본에서 발행된 인쇄물의 대부분이 소장된 컬렉션)를 호리바씨는 하나하나 조사했다.

1990년 호리바씨는 스탠포드대학 도서관에서 「프란게 문고」의 복사

마이크로 필름을 보고 있었다. S에서 시작된 잡지의 마이크로 필름을 돌리고 있을 때 '페이지 가득 ×가 눈에 띄었고…….'

그것은 잡지 『사회(社会)』의 「전쟁의 화신」 교정쇄였다. 최초 페이지 가득 ×를 쳐서, 페이지 항에 「SUP」 즉, 공표 금지(suppress)라고 쓰여 있다.

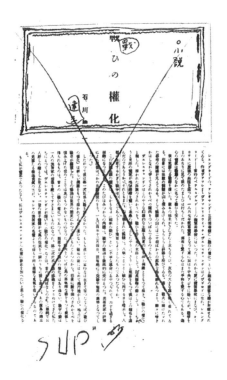

● 검열에서 ×가 그어진 교정쇄. SUP(공표 금지)의 글자가 보인다(메릴랜드대학 고든 윌리엄 프란게 문고 소장, 자료제공 국립국회도서관).

한 글자의 수수께끼

'패전 직후 불타 버린 벌판에서, 다쓰조가 아니면 쓸 수 없는 골격 큰 반전작품'이라고 호리바씨는 평가한다.

점령이 끝나고 나서「전쟁의 화신」이 책에 수록된 사실을 알았던 호리바씨는 검열문서에 있는 교정쇄와 대조하여 읽어보았다.

그리고 한 글자의 중요한 차이를 발견했다.

〈독일을 포함하여 구미 기독교 국가의 독실한 국민은 입으로 신을 찬양하고 평화를 기원하면서, 이러한 참화를 그들의 손으로 만들었다.〉

이 교정쇄 문장의 〈기독교 국가〉가 책에서는 〈기독교 교단〉으로 변경되었다.

〈독일을 포함해서 구미의 기독교 교단의 독실한 국민은 입으로 신을 찬양하고 평화를 기원하면서, 이러한 참화를 그들의 손으로 만들었다.〉

교단으로는 의미가 통하지 않는다.

나도 비교해 읽어봤지만, 쉼표 등의 사소한 차이가 거의 전부다. 그 외에 아시아의 표기(アジヤ→アジア), 〈베를린, 로마의 문화〉는 '융단폭격으로 파괴되어'라는 문장에서 로마를 삭제하고, 〈비석에 새겨 자손에게 전할 것이다〉의 비석을 〈금석〉으로 변경하는 등이다. 작가의 의지를 반영한 수정이라고 생각된다.

그러면 〈기독교 국가〉는? 오식(誤植)의 가능성도 있겠지만, 이런 중요한 부분을 오식인 채로, 작품집에까지 싣지는 않을 것이다.

그리고 만약 그것이 작가의 의지 반영이라고 한다면, 다쓰조는 왜 바꿔 썼을까.

관계자는 이미 이 세상에 없고, 진상은 알 수 없다. 단, 이 한 글자의 수정이 CCD가 검열에서 무엇을 문제시했는지를 알 수 있는 핵심과 맞닿아 있다.

지금은 도쿄의 국립국회도서관에서 열람할 수 있는 이 검열문서의 필름을 보면, 공표 금지의 이유는 세 가지이다.

안녕을 저해한다.

연합국에 대한 원망을 불러일으킨다.

장래의 전쟁을 예언하고 있다.

CCD의 제1차 검열자는 TAKETOMI.M. 일본인계(日系人)일까?, 영어를 할 수 있는 일본인일까? 다케토미는 분명 이 〈기독교 국가〉를 영역(英訳)하고 "그[이시카와 다쓰조]의 평론은 연합국을 명시하지는 않았더라도 연합국 비판이다"라고 보고했다.

원폭투하의 언급 때문이라기보다 연합국 비판이라고 간주된 것이다. 원폭 표현은 통상 믿어왔던 만큼 일률적으로 금지돼 온 것은 아니라는 점이 최근 연구성과에서 드러났다.

공표 금지를 선고한 검열문서는 2부로 작성되어, 일부는 출판사로 전달되었다.

다쓰조는 편집자인지 다카미(高見)인지는 모른지만 그 내용을 전달받았을 것이다. 만약 '국(国)'을 '단(団)'으로 고쳤다고 한다면, 이른 시기이지 않았을까.

화나지 않았을까?

하지만 이시카와 다쓰조가 CCD의 뜻을 수용하는 모양으로 수정했다고는 아무래도 생각하기 어렵다.

야심작이 검열에서 통과되지 않았다면, 다쓰조는 화낼 성격이다. 그러나 일기에는 「전쟁의 화신」을 완성한 후의 기록은 없고, 가족에게도 「전쟁의 화신」의 일은 말하지 않았다고 한다.

풀리지 않는 점이 많지만, 이것만은 말할 수 있다. 다쓰조가 점령군 검열에서 트집 잡힌 것은 이 작품만이 아니다. 그냥 일상적인 일이었다.

장남 이시카와 사카에씨는 아버지가 "전전이나 전후 검열에서 통과되지 않았다. 나는 흔들리지 않는다"라고 말씀하시는 것을 들은 적이 있다고 한다.

그것은 1947년에 『요미우리신문』에 연재했던 「희망이 없는 것은 아니다」에 대한 이야기였다.

패전으로 실업자가 된 전 해군대령의 주눅 든 삶을 그린 「희망이 없는 것은 아니다」는 번번이 검열에서 삭제 명령을 받았다고 한다.

〈연재 중, 나는 검열 당국의 부당한 삭제 명령에 대해서 편집자와 협력해서 몇 번이나 싸웠는지 모른다〉라고 나중에 『요미우리신문』에 쓰고 있다(이시카와 다쓰조 「미군검열에 저항」 1971년 11월 3일 조간).

『경험적 소설론』에서 다쓰조는 이렇게 말하고 있다. 자신은 군부 편이 아니지만 직업군인이었던 사람 모두가 전쟁범죄인이자 민중의 적이라고 배척하는 듯한 움직임에 대해서는 동조할 수 없었다. 목숨 걸고 싸우고, 직업을 잃고 살아갈 방도까지 막막한 이 사람들을 다시 민중의 한 사람으로 받아들여야 하지 않을까, 하고 소설을 통해서 묻고 싶었다……

역시 다쓰조는 한결같이 '청개구리'이고, 시류를 거역하는 사람이다.

그때는 아직 점령군에 의해 우편까지 개봉검열을 받고 있었다. 원고 검열은 엄격했다. 신문소설 원고는 일주일 분량씩 묶어 가져오라고 명령받았다. 「희망이 없는 것은 아니다」는 전직 군인이 등장하기 때문에 미군의 검열이 엄격하고 처음에는 갈기갈기 삭제당해 되돌아왔다. 나는 그것을 밀어붙여, 몇 번이나 설득해서 삭제부분을 부활시키기도 했다.

(이시카와 다쓰조 『실험적 소설론』)

『요미우리신문 120년사』가 예로 든 삭제 명령을 받은 기술은 다음과 같은 문장이었다.

나는 미국의 진주군을 볼 때마다 생각했어요. 윤기 나고 젊고 활기찬 걸음걸이가 부러울 정도였어요. 역시 음식이 좋은 거예요.

너무 어이없고 상세해서 웃음이 나온다. 그러나 웃고만 있을 수 없다. 전쟁 전보다 훨씬 교묘한 GHQ 검열은 그 실시도 숨기고 폭력의 상흔도 남기지 않아 검열의 두려움을 안겨주고 있다. 사람들은 검열 체험을 공유할 수 없게 되고, 단지 마인드컨트롤되어 간다.

3. 바람에 흔들리는 갈대와 같이

작은 복수

이시카와 다쓰조가 만년에 쓴 『경험적 소설론』에서 〈전쟁 중의 국가 권력이나 군부에 대한 나의 작은 복수〉라고 부른 소설이 있다. 1949년부터 1951년에 걸쳐, 마이니치신문에 전편·속편으로 나누어 장기연재한 「바람에 흔들리는 갈대」이다.

> 나로서는 써야 하는 의무를 느낀 작품이다. 그 의무는 단순한 나의 분풀이였을지 모르지만, 무슨 일이 있어도 꼭 써야 한다는 격한 정열만은 느끼고 있었다.
>
> (이시카와 다쓰조 『실험적 소설론』)

갈대는 시대의 바람에 휘말려 허덕이는 사람들을 말한다.

잡지사 '신평론사(新評論社)'의 사장 '아시자와 유헤이(葦沢悠平)'를 주인공으로, 그 자식을 전장에서 발로 차 쓰러뜨린 중사(軍曹), 고고한 외교평론가 '기요하라 세쓰오(淸原節男)', 유헤이의 친척인 의사 일가의 전중(戰中), 전후(戰後)를 1947년 5월 3일 신헌법 실행일까지 그린다.

'신평론사'에 대한 탄압, 해산명령이나 특별고등경찰(特高)에 의해 날조되어 편집자들이 가혹한 고문을 받았던 요코하마사건(橫浜事件)이 포함되어, 명백하게 중앙공론사(中央公論社)를 모델로 하고 있음을 알 수 있다. '아시자와 유헤이'는 시마나카 유사쿠(嶋中雄作)를, 외교평론가 '기요하라 세쓰오(淸原節男)'는 기요사와 기요시(淸沢洌)를 연상시킨다.

소설에 실명으로 등장하는 호소카와 가로쿠(細川嘉六)—요코하마사건에서 있지도 않은 '일본공산당재건준비회 그룹'의 우두머리로 날조된 호소카와와도 다쓰조는 친분이 있었다고 한다.

이 작품도 점령기의 작품이기에 GHQ에 의한 언론탄압에 대해서는 완곡한 표현으로 순화되어 있다. 하지만 작품의 여기저기에 다쓰조의 전전, 전후 체험과 생각이 스며들어 있다.

예를 들면, 외교평론가 기요하라가 애투섬 전투와 관련해 석간신문의 육군보도부장 담화를 가리켜 "유언비어란 그런 짓이다"라고 이야기하는 장면이 나온다. "불가능한 일인 줄 알면서 과대선전을 하고 있는 것 말이야."

유언비어란 거짓말이다. 「살아있는 병사」 사건으로 경찰 조사를 받았을 때, 그렇게 내몰리자 다쓰조가 입을 다문 말이다. 다쓰조는 전쟁 말기 유언비어는 그쪽이야라고 생각했음에 틀림없다.

드디어 전쟁이 끝나자, 사람들은 또 다른 폭풍에 시달린다.

전쟁이 끝나고 행복이 다시 돌아오는가 싶었지만, 좀처럼 그리 간단하게 사회는 움직이지 않았다. 이 작품 후편에는 패전과 그 후의 사회 동요 가운데, 주인공이 다시 겪게 되는 곤란한 모습을 좇아간다. 언론탄압이 이번에는 점령군에 의한 억압으로 변했을 뿐이었다. 패전 후 머지않아, 도쿄 대신문의 노동조합이 일제히 파업을 시작하고, 출판사에서도 노동쟁의가 촉발했다. (략) 나 자신은 전시 중에 엄격한 언론탄압과 징벌을 받고, 전후에는 바로 전범으로 가지정(仮指定)되는 어처구니없는 쾌씸한 상황에 빠진 것이다〔최종적으로 전범 지정은 면했다〕. 전쟁 중에는 자유주의자, 비국민으로 의심받고, 전후가 되자 전쟁협력자로 의심받는다. 그것은 나 자신이 변한 것이 아니라, 나를 비판하는 사회가 전혀 다른 각도에서 나를 보려 했기 때문이다.

(앞의 책 『실험적 소설론』)

연약함의 아름다움

「바람에 흔들리는 갈대」에서 주인공 아시자와 유헤이는 출판사 재건에 착수한다. 하지만 일찍이 함께 잡지를 만들어 온 사원들의 압력으로 어이없이 공직에서 추방되어 회사를 떠나게 되고, 언론탄압사(言論抑圧史)의 편찬을 계획한다.

휘몰아친 바람 앞에 개인은 무력하다. 하지만 최후에 다쓰조는 그 한 사람 한 사람의 마음에 희망을 품는다.

소설의 최후 신헌법이 실시되는 5월 3일, 아시자와 유헤이는 시부야(渋谷)에서 우연히 전쟁에서 죽은 장남의 처였던 요코(楮子)를 만난다. 요코는 생계를 위해 여동생의 유품 레코드를 팔려고 나온 것이다. 두 사람은 잠시 차를 마신다. 유헤이는 자신의 마음을 적절히 표현할 말을 찾는다.

국가나 사회에 대해 이미 희망을 갖지 않지만, 어떤 시대가 와도 인간의 본심에 있는 고독감이랄까, 혼자만으로는 살아갈 수 없다. 누군가를 사랑하고 누군가를 믿지 않고는 견딜 수 없는, 그러한 본질적인 연약함, 그러한 아름다움을 믿을 수는 있다. 지금 믿을 수 있는 것은 그 정도밖에 없다……

"세계는 한 번 더, 개인으로부터 다시 시작해야 하지 않을까", 그렇게 요코에게 말한다.

저항하기 힘든 폭풍에 이것저것 모조리 날아가 버릴 때, 뿌리째 뽑히지 않기 위해 최후에 남는 것은 무엇인가.

이시카와 다쓰조가 이러한 결론을 택하리라고는 생각지 못했다. 하지만 소중한 것을 잃은 유헤이와 요코가 경직된 마음을 풀고 살며시 손을 포개는 듯한 마지막 장면은 다쓰조의 1946년 6월 일기에 있었던 다음 글을 생각나게 한다.

요 며칠 끊임없이 소설을 쓰고 싶다. 인간의 한없이 아름답고 선량한 마음을 쓰고 싶다. 정치와 전쟁 그리고 경제에 시달리고 시달려서 연약함에도 불구하고 미소 지으며 다시 새롭게 살아가는 숭고한 이상과 조신한 처신을 하는 인간상을 그리고 싶다.

다쓰조는 이후 인기작가로 바쁜 나날을 보내면서 사회적인 발언을 계속하고, 때로는 물의를 일으키기도 했다. 물의를 일으킨 최대 사건은 '두 개의 자유'론일 것이다. 여기서 자세하게 언급할 여유는 없지만, 자유에는 절대로 양보할 수 없는 언론자유와 제약할 수밖에 없는 음란표현 등의 자유가 있다는 주장이다. 다쓰조가 국가의 법규제에 의한 제약을 부득이하다고 보는 것인지 아닌지는 아직 단정할 만큼의 이해가 부족하다. 그러나 격렬한 논의를 야기하기에 충분한 발언이었다고 생각된다. 요컨대 언론표현의 자유는 스스로를 통제하면서 행사해야 한다는 이야기로 짐작된다. 하지만 어디까지를 통제해야 할 범위로 생각할지, 그 분기점을 어떻게 공유할지는 지금도 간단하게 결론이 나지 않는 문제이다. 아동포르노, 차별적 증오표현, 풍자화의 논의로도 연결된다.

파괴활동방지법(破防法) 공청회에서의 발언

일본문예가협회 이사장이 된 다쓰조가 1952년 5월 2일, 파괴활동방지법안을 둘러싼 중의원 법무위원회 공청회에서 반대의견을 피력하고 있다.

파괴활동방지법은 폭력적 파괴활동을 행한 단체에 대한 규제를 정한 법이다. 장래에도 폭력적 파괴활동을 되풀이할 우려가 있다고 인정될 경우, 공안심사회 위원회가 공개집회나 집단행진의 금지, 기관 잡지, 신문의 인쇄·반포 금지 등의 활동을 제한하거나, 단체해산을 명령할 수 있다. 언론표현의 자유나 집회결사의 자유 등 기본적 인권을 제약하는 점에서 치안유지법의 부활이라며 강한 반대가 있었다. 일본문예가협회, 일본펜클럽, 일본학술회의, 각 대학의 교직원, 학장 등이 반대를 표명하고, 데모, 단식 등 저항활동이 확산되었다. 다쓰조가 발언한 공청회에서도 발언한 사람들은 모두 반대 입장을 표명했다. 하지만 〈공공의 안전 확보를 위해 필요한 최소한도에서만 적용하고, 적어도 이것을 확장해서 해석해서는 안 된다〉 등의 조항을 더해 가결, 성립되었다.

다쓰조는 이때, 발언자로서 예방차원에서 사람을 구속하고 활동을 제약하는 것에 대한 두려움을 말했다. 조항이 애매하고 "대단히 광범위한 인간을 처벌할 수 있는 악질 법안"이라고 호소하였다.

예를 들어, 그 도조(東条)내각조차도 민중언론을 창달시킨다는 말은 있었습니다. 하지만 우리의 언론은 완전히 봉쇄되었습니다. 결국 언론창달이라는 자체의 해석이 이미 천양지차이기 때문입니다. 특히 파괴활동이라는 말이 있는데, 이 파괴라는 말은 도대체 무엇을 의미하는가. 이것은 예를 들면 지금 여러분의 생각과 나의 생각 자체에 커다란 견해차가 있다고 봅니다. (략) 그리하여 이러한 법률 작성 자체가 우리 국민에 대한 하나의 파괴활동이지 않나, 나는 그렇게 의심을 합니다.

우리는 역시 자신을 안위하는 입장에서, 이러한 국가의 박해로부터 자신을 보호하는 행동을 해야 합니다. 거기에서 우리가 최후의 보루로 삼는 것이 언론의 자유입니다. 하지만 이 법안은 우리의 최후 보루인 언론의 자유를 억압하려는 성질을 다분히 갖고 있습니다. 언론의 자유에 대해, 의회는 우리보다도 이 문제를 가볍게 보고 있지 않나 하고 생각합니다. (략) 만약에 언론의 자유를 잃는다면, 그것은 언론을 잃을 뿐만 아니라 정치도 부패하고, 법률도 부패하고, 모든 것이 여기부터 부패한다, 나는 그렇게 믿고 있습니다.

(1952년 5월 2일 중의원 법무위원회 공청회 의사록)

4. 신문지법은 왜 즉시 폐지되지 않았는가

3년여의 효력 정지

그러면 마지막으로 신문지법 이야기로 돌아가고자 한다.

1909년(메이지 42년)부터 계속된 신문지법은 1945년(쇼와 20년) 일본이 전쟁에 패한 뒤, 효력을 정지당하고 1949년 5월 24일에 폐지되었다.

이러한 외형적 사실에 대해 나는 신문지법 관련 기사를 쓰면서 의아함을 느꼈지만 그대로 방치해 두었다.

한편 치안유지법이 1945년 10월 중에 폐지된 일도 나는 알고 있었다.

왜, 신문지법은 즉시 폐지되지 않았을까?

신문지법만이 남았다

이번에 '출판법 및 신문지법을 폐지하는 법률안'을 심의한 1949년 국회의사록을 읽고 비로소 그 사정을 알았다.

전에도 언급했듯이 1945년 9월 27일 각서에서 GHQ / SCAP는 신문지법, 국가총동원법 등의 이름을 구체적으로 거론하며, 평시 또는 전시에 출판의 자유를 제한하는 법령 조건을 폐지하도록 일본정부에 명령했다.

이때 지목되었던 법령은 다음과 같다.

신문지법, 국가총동원법, 신문지 등 게재제한령, 신문사업령, 언론출판집회결사 등 임시단속법, 언론출판집회결사 등 임시단속법 시행규칙, 전시형사특별법, 국방보안법, 군사기밀보호법, 불온문서단속법, 군용자원 비밀보호법, 중요산업단체령 및 동 시행규칙이다.

1949년 4월에 '출판법 및 신문지법을 폐지하는 법률안'에 대한 국회 심의가 시작됐을 때, 이들 법령 안에서 폐지되지 않은 것은 신문지법뿐이었다.

우에다 슌키치(殖田俊吉) 법무총재가 4월 23일 중의원 법무위원회에서 이 법안의 제안 이유를 다음과 같이 설명하고 있다. 그때까지 신문지법 등은 내무성의 소관이었지만 내무성은 1947년 말에 폐지되어, 1948년 2월에 발족한 법무청이 이 문제를 담당하게 되어 있었다.

우선 출판법 및 신문지법을 폐지하는 법률안의 제안 이유에 대해 설명드리겠습니다. 알고 계신 대로 종전 직후에 언론 및 출판의 자유를 억압하는 모든 제한이 제거되었습니다. 구체적으로 말씀드리면, 1945년 9월 27일 연합국 최고사령관의 각서에 저촉되는 신문지법을 비롯한 12개 법령의 폐지를 일본정부에 명령하였습니다. 따라서 정부는 위의 신문지법을 빼고, 다른 11개 법령에 대해서는 각각 동년 10월 중에 정식으로 폐지 수순을 밟았습니다. 단, 신문지법에 대해서는 그 규정의 전부가 반드시 검열, 발행금지처분, 그 외 언론의 자유를 억압한다고만 볼 수 없기 때문에, 당시 내무성과 사령부 사이에 신문지법 및 출판법은 이것을 대신할 적당한 법률이 제정되기까지 그 효과를 정지해 두고, 정식적인 폐지 수순은 잠시 연기하기로 했습니다. 덧붙여 말씀드리지만 출판법은 전술한 각서안에는 열거되지 않았습니다만, 그 내용에서 보면 당연히 신문지법과 동렬로 이것을 취급하게 되었습니다. 그러나 신문지법 및 출판법의 개정 문제는 그 후 진전되지 않은 상태에서, 1947년 5월 출판에 관한 사무가 문부성으로 인계되었고, 또한 내무성은 동년 말로 해체되기에 이르렀습니다. 더욱이 재작년 형법의 일부분이 개정되었을 때에 음란죄로 처벌의 정도가 강화되고, 명예훼손죄에 관한 부분에 종래의 신문지법 및 출판법 안의 규정 일부가 도입되거나 죄의 정도가 강화되거나 했습니다. 따라서 이번 신문지법 및 출판법을 적법한 수순을 거쳐 폐지하고, 각서의 취지대로 결말을 짓기로 한 상황입니다.

각서(覚書)에서 지목되었던 법령을 조사해 보면, 대부분이 1945년 10월에 폐지되었다. 국가총동원법의 폐지는 12월 등, 반드시 법무총재의 설명대로는 아니지만, 그렇다고 해도 신문지법의 취급은 이례적인 것이었다.

좀 더 의사록을 읽어 가면, 의원이 "저희들은 법률가로서 신문지법, 출판법 등은 폐지되었다고 생각했는데, 이 법안을 보고 사실은 놀랐습니다"라고 말하고 있다(5월 1일). 이제 와서 사후약방문처럼 뒤늦게 폐지한 다니 정부의 태만이 아닌가라고 추궁했다.

그러한 의견에 대해 법무청 사무관이 설명한 바에 따르면(5월 11일), 신문지법이 모두 나쁜 것이 아니라, 기사 정오(正誤)에 관한 정정 규정이 나 명예훼손에 대한 취급 등 〈여전히 적용되어 마땅하다〉는 의견도 있어 서, 내무성과 사령부의 대화에 의해 〈특히 사령부의 양해를 얻어 대신할 법률을 만들기까지는 그대로 두자라는 식이〉되었다. 그러나 내무성은 없어지고 사령부 담당자도 바뀌면서 〈그대로 방치되어〉 오늘에 이르렀 다고 한다. 그리고 지난 1948년 여름, 신문지법에 금지규정이 있었던 수 사 중의 사건 보도가 옳은가 그른가라는 문제가 발생하면서 〈사령부에 서도 신문지법은 종전 직후 지령에 따라 폐지되었을 것인데, 그러한 문 제가 지금 일어나는 것은 이상하지 않은가라고 해서 조사해 봤더니 그것 이 형식적으로는 아직 법률로 남아 있다는 것을 안〉 상황이라고 한다. 사 령부는 지령을 실행하지 않은 이유를 일본정부의 태만이라고 지적하고, 법률을 소관하는 법무청이 우선 폐지의 절차를 밟기로 했다고 한다.

말이 되는가. 그래서 몰랐다고 한다면, 신문지법은 폐지되지 않은 채 로 계속 존재했다는 것인가. 그렇다면 언젠가 "재가동"이 될 수 있다는 것인가.

이 법안 회의록에는 속기를 멈춘 부분이 몇 군데 있고, 전후의 맥락 에서 GHQ와의 의견 교환에 대해 보고하고 있음을 알 수 있는 부분도 있 다. 1945년 시점에서 그리고 이 1949년 시점에서, 언론표현의 규제에 대 해 어떠한 의견 교환이 행해졌는지, 긴요한 부분은 기록에서 누락되어 있다.

논의의 여지가 없는 것

의원들의 토론을 읽으면 '방치', '방임'라는 단어가 군데군데 보인다. 이외에 법률을 만들어 표현규제를 해야 한다는 의견과 더 나아가 GHQ 의 신문편집 강령을 국내법으로 할 수 없는가라는 의견까지 있다(GHQ가 거부). 한편, 언론표현의 자유를 인정한 신헌법이 시행되어, 그에 반하는 법령은 모두 폐지해야 한다는 의견도 있다.

이에 대해 정부 측은 GHQ 방침과 일본국 헌법규정에 따라 사전검열 은 할 수 없고, 언론표현 규제법도 만들 수 없다. 하지만 '소년법의 실명 보도금지나 약사법의 과대 광고금지와 같이 공공의 복지에 반하는 경우, 각 법 안에서 규제를 마련하는 것은 가능하다'라는 견해를 제시했다.

이때 의원들이 구체적으로 열거한 우려사항은 명예훼손과 음란표현 으로, 이에 대해서는 모두(冒頭)의 제안 이유, 설명에 맞도록 형법에서 처 리한다고 정부 측은 설명하고 있다.

의원들의 우려는 하나 더 있다. 반정부 활동의 단속을 어떻게 할 것인 가이다.

금년 1949년 4월 4일에 단체 등 규정령이 이른바 포츠담정령으로 제 정되었다.

점령군에 반항, 반대할 목적으로 하는 단체나 폭력주의적 기도(企図) 를 통해 정책변경을 목적으로 하는 단체 등의 결성을 금지했다. 정당이 나 정치적 단체—정부 등의 정책에 영향을 주는 행위를 하는 단체, 일본 과 외국 관계에 관해 논의하는 단체 등—에 대해서는 구성원의 신고와

기관 신문 및 잡지를 도·도·부·현지사와 법무총재에 제출할 의무를 부과하였다.

단체 등 규정령이 국회 개회 중에도 불구하고 정령(政令)의 형태로 제정, 공포되었던 일, 그 내용이 일본국 헌법에 저촉되는 것, 신문지법과 같이 간행물의 납본을 의무화하는 것에 대해, 이번 국회에서도 의원으로부터 질문이 나왔다. 그에 대한 정부 측의 답변이 제법이다.

단체 등 규정령은 〈일본국 헌법에 저촉되느냐 아니냐는 논의의 여지가 없는 것〉이라고 한다.

단체 등 규정령에 의거 설명했던 사람은 법무청 특별심사국장 요시카와 미쓰사다(吉河光貞)이다. 전쟁 전 사상검사(思想檢事)의 한 사람으로, 조르게(Richard Sorge)사건을 담당하고, 후에 파괴활동방지법 제정에서도 중심적 역할을 담당했다.

파괴활동방지법은 1952년 점령이 끝나고 단체 등 규정령이 실효될 때 즈음, 이에 대신할 목적으로 제정되었다. 앞서 언급했듯이, 강한 반대에 직면하여 이시카와 다쓰조가 국회 공청회에서 치안에 관한 법을 제정할 필요는 인정하면서도 이 법안은 조항이 불분명하여 문제가 많다는 반대의견을 진술했다.

파괴활동방지법은 강한 반대에 부딪혀 법안이 수정되고 조항에 조건이 포함되어, 그 후에도 극히 제한적으로 운용되었다. 개인이 파괴활동방지법에 기초해 처벌된 적은 있지만, 이 법률에 포함된 단체의 해산 지정은 지금까지 내려진 바 없다. 1995년 지하철 사카린사건 등 무차별 대량살상사건을 일으킨 오움진리교에 대해 해산을 명할 것인지 말지를 공안심사위원회가 검토했지만, 최종적으로 "계속 또는 반복적으로 장래 폭력주의적 파괴활동을 행할 확실한 우려가 있다"고까지는 할 수 없다며 보류했다.

'일본국 헌법 개정 초안'

그렇다. 역사는 면면히 이어진다고 나는 생각한다. 자신의 터전이 어디에 있는가, 지금까지보다는 조금 멀지만 보이게 된 느낌이다.

왜 지금 이시카와 다쓰조인가?라고 물을 때마다 곤란해서, 우연한 기회라고밖에 말할 수 없다든가, 때가 왔다든가로 대답해 왔다.

2012년 야당이던 자민당이 공표한 '일본국헌법개정초안'에서, 표현의 자유에 대해 정한 제21조에 조건이 부과되었다. 나는 'Q&A'를 읽고 납득할 수 없어서 의문을 품고 있었다. 그 무렵, 다쓰조의 장남이자 저널리즘 연구자인 이시카와 사카에씨와 이것저것 이야기할 기회가 있었다.

자민당의 '개정초안'은 다음과 같다. 밑줄이 자민당에 의한 가필부분이다. 박스는 자민당이 삭제한 문안이다.

제21조 1 집회, 결사 및 언론, 출판 그 외 모든 표현의 자유는 이것을 보장한다.

2 전항의 규정에 관계없이 공익 및 공공의 질서를 해할 목적으로 한 활동과 또 그것을 목적으로 한 결사는 인정될 수 없다.

<u>3</u> 검열은 이것을 해서는 안 된다. 통신의 비밀은 이것을 침해해서는 안 된다.

Q&A에 의하면, 오옴진리교에 파괴활동방지법이 적용되지 못한 반성을 포함하여, 제2항을 추가했다고 한다. 파괴활동방지법의 규정보다도 〈공익 및 공공의 질서를 해할 목적으로 한 활동〉은 훨씬 범위가 넓다.

'질서'를 다시 묻는다

질서란 무엇인가가 나의 관심사가 되었다.

질서는 '악법의 언어' 중 하나다. 반대는 어렵다. 생각이 뛰어난 사람들이 모여서 사회를 만들 경우, 역시 어느 정도의 질서는 필요할 것이다. 단, 그것이 절대적인 것인가.

'안녕질서문란'으로 추궁받은 다쓰조에 끌려 그만 깊숙이 관련하게 된 것도, 그러한 걸림돌이 계기가 되었다.

'안녕질서'가 얼마나 널리 구애받지 않고 적용되었는가는 스스로 조사해 보고 납득할 수 있었다. 마치 뭐든지 들어가는 주머니와 같다. 이러한 역사적 사실은 명심해야 한다고 생각한다.

질서란 무엇인가.

몇 개의 국어사전을 찾아봤지만, '올바르다'라는 설명이 붙은 것이 대부분으로 여기에는 납득할 수 없었다. 올바르다란?

예를 들면, 애용하는『학연 현대신국어사전 개정 제4판(学研 現代新国語辞典 改訂第四版)』에는 "① 사물의 올바른 순서, 도리. ② 사회생활이 정연하게 행해지기 위한 조리(条理)"라고 되어 있다. 그런가 하고 생각하면서 또한 다른 사전을 찾는다……

시라카와 시즈카(白川静)의『상용한자 제2판(常用字解 第二版)』에 이르러, 겨우 납득이 되었다.

질(秩)이란 "쌓는다, 순서를 잘 쌓아 올린다, 순서를 정하다"의 의미이고, "순서를 정해서 쌓아 올린다는 데에서 질서(사물의 바른 순서, 규칙)와 같이 사용한다"라고 되어 있었다.

과연 만드는 사람에 따라 변하는 것이다. 역시 그렇다고 한다면, 악법의 언어에 넋을 잃거나 우두커니 있거나 하지 말고, 자신의 머리로 생각하지 않으면 안 된다.

맺음말

원고를 쓰면서 고등학교 시절 일본사 수업을 떠올렸다. 주 4시간 안에 1시간은 메이지 이후의 역사를 배웠다. '교과서 재판으로 알려진 이에나가 사부로(家永三郎) 선생님의 제자인 내가 왜 이에나가(家永) 선생님이 쓴 교과서가 아닌 야마카와(山川)출판사의 교과서를 사용하는가. 야마카와 교과서는 어떤 책인가'라는 이야기에서 수업은 시작되었다. 그러나 그 교과서를 가르친 것이 아니라 교과서에서 가르치는 것도 아닌, 온갖 자료를 구사해서 교과서의 행간을 읽는 듯한 선생님의 이야기가 이어졌다. 근현대사를 한 시간 발췌해도, 선생님의 전공인 만주사변 이후의 "15년 전쟁" 즈음에서는 시간이 다 되어, 겨울방학에 보강이 이루어졌다. 그때는 본래 선생님의 수업을 듣지 않는 다른 반 학생들도 들어와 교실이 꽉 차서 선 채로 수업을 들었다.

그 구로하 기요타카(黒羽清隆) 선생님은 우리 학교에서 시즈오카대학(静岡大学)으로 옮기고 10년도 채 지나지 않아 암으로 돌아가셨다.

그저 교실에서 우두커니 듣고 있던 나는 배웠던 대부분을 이미 잊어버렸다. 세월에 씻기고 그래도 기억에 남는 조각은 몇 군데 있다. 그것은 역사의 본 줄거리와는 관계없고, 입시에도 도움이 되지 않는, 문득 새어 나온 선생님의 본심과 같은 말이다. 겨울방학 보강의 때인가, 선생님은 대충 이러한 이야기를 했다.

전후, 어느 잡지에 젊은 여성의 투고가 실렸다. 그 여성은 종전의 칙서를 들었을 때, 자신은 전쟁도 그만둘 수 있는 거구나라는 '발견'을 했고, 전쟁이란 영원히 계속되는 겨울과 같아서 인간의 힘으로는 그만둘 수 없는 것이라고 생각하고 있었다고 쓰고 있었다.

여러분은 의아하게 생각할지 모르지만, 나도 전중파(제2차 대전 중에 청년시대를 보낸 세대)이고, 어렸을 때부터 전쟁이 일상이었기 때문에 그 여성과 똑같은 생각이었다.

고등학생이었던 나는 허를 찔린 듯한 느낌이었다. 패전으로 슬프다, 억울하다, 기쁘다라는 반응밖에 상상할 수 없었다. 헤아릴 길 없는 것이 있다는 것을 그때 배웠다고 생각한다.

또한 구로하 선생님의 저서를 계기로 그 투고를 찾아보니, 그것은 이와나미서점(岩波書店)의 『세계(世界)』 1995년 8월호에 실린 '나의 8월 15일'의 입선작이었다. 기타야마 미네(北山みね)의 「인간의 혼은 죽지 않는다」였다. 기타야마는 패전 당시 스물두 살로, 근무하던 은행에서 패전의 방송을 들었다고 한다.

전쟁과 검열의 시대를 살펴볼 즈음, 헤아릴 길 없는 일도 눈여겨볼 수 있도록 바랐다. 어디까지 실현되었는가는 알 수 없지만.

'검열' '발행금지'라고 할 때, 지금 나에게 떠오른 것은 갈기갈기 찢긴 『중앙공론』으로, 106페이지나 잘린 잡지를 만지면 움푹 들어간 손의 감촉이다.

●— 후리지아, 이시카와 다쓰조 그림

많은 사람의 도움으로 본서를 마칠 수 있었다. 이야기를 들어주신 여러분, 검열에 대해 가르쳐 주신 호리바 기요코(堀場清子)씨, 야마모토 다케토시(山本武利)씨에게 감사를 드리고 싶다. 중국어 번역은 문화인류학자 니와 도모코(丹羽朋子)씨에게 부탁했다. 자료 수집은 아키타시립중앙도서관 메이토쿠관(秋田市立中央図書館明徳館)을 비롯하여 도서관과 문학관의 여러분께 도움을 받았다.

특히 일기와 사진 등 소중한 자료를 보여주시고 전폭적으로 협력해 주신 이시카와 사카에씨, 다케우치 기에코씨에게 진심으로 감사를 드리고 싶다. 다쓰조씨는 이러한 제멋대로 읽은 나에게 화내실지 모른다. 서로 심술쟁이니까 용서해 주시길 바란다.

'세상에는 여러 가지 받아들이는 방법이 있지만, 풍부하고 온화한 감성을 가진 남자이기도 했습니다'라고 사카에씨는 말하고, 다쓰조씨가 색종이에 쓴 이런 노래를 알려 주었다.

　욕조에서 '비가 와요'라는 아내의 큰 소리에 판자 차양으로 떨어지는 소리에 귀를 기울인다.

다쓰조씨가 그린 여러 가지 그림과 함께 마음에 남아 있다.

마지막으로 이와나미신서 편집부 우에다 마리(上田麻理)씨의 지금 시대에 꼭 묻고 싶다는 뜨거운 열망이 없었다면, 이 책은 출판되지 않았음을 여기에 기록하고 싶다.

우리는 역시 과거를 알고 거기에서 배울 수밖에 없다고 생각한다. 쉽게 넘어지지 않기 위해서는 말이다.

2015년 '전후 70년'을 맞이하는 초여름에

가와하라 미치코(河原理子)

• 신문지법(1909년 5월 6일) •

제1조 본 법에서 신문지라고 칭할 때는 일정한 제호를 사용하고, 시기를 정하거나 6개월 이내에 시기를 정하여 발행하는 저작물 및 정기 이외에 본 저작물과 동일한 제호를 사용하여 임시 발행하는 저작물을 말한다.

동일 제호의 신문지를 다른 지방에서 발행할 때는 각 별종의 신문지로 간주한다.

제2조 아래에 열거한 사람은 신문지의 발생인 또는 편집인 자격을 얻을 수 없다.

　1. 본 법을 시행하는 제국 영토 내에 이주하지 않는 자.

　2. 육해군 군인으로 현역 또는 소집 중인 자

　3. 미성년자, 금치산자 및 그에 준하는 금치산자.

　4. 징역형 또는 금고형의 집행 중 또는 집행유에 중인 자.

제3조 인쇄소는 본 법을 실행하는 제국 영토 외에 이것을 설치할 수 없다.

제4조 신문지의 발행인은 아래의 사항을 내무대신에게 신고해야 한다.

1. 제호

2. 게재사항의 종류

3. 시사에 관한 사항의 게재 유무

4. 발행 시기 또는 시기를 정할 수 없는 경우는 그 취지

5. 제1회 발행 연월일

6. 발행소 및 인쇄소

7. 소유주의 성명 또는 법인인 경우는 그 명칭 및 대표자의 성명

8. 발행인, 편집인 및 인쇄인의 성명, 연령

다만, 편집인이 2명 이상일 경우는 주로 편집 사무를 담당하는 사람의 성명, 연령

전 항의 제출은 소유주 또는 그 법정대리인이 연서한 서면을 제1회 발행일부터 10일 이전에 관할 지방청장에 제출해야 한다.

제5조 전 조 제1항 제1호 내지 제3호의 사항 변경은 변경일로부터 10일 이전 제4호 또는 제6호의 사항 또는 소유주, 편집인, 인쇄인의 변경은 변경 전 또는 변경 후 7일 이내에 전 조의 절차에 따라 발행인이 이것을 내무대신에게 제출해야 한다. 단 소유주 변경 신고는 제출 사망에 의한 경우 외, 7일 이내에 전 조의 절차에 의해 발행인이 내무대신에게 신고해야 한다. 다만, 소유주 변경 신고는 사망에 의한 경우 외, 신구(新旧) 소유주 또는 그 법정대리인의 연서를 필요로 한다.

제6조 사망 또는 제2조에 해당하는 변경인의 권리 및 의무를 계승한 발행인은 그 발행인이 된 날로부터 7일 이내에 전 조의 절차를 밟아야 한다.

전 항의 경우 외 발행인의 변경은 변경일로부터 10일 이전에 전 조의

절차를 밟아야 한다.

제7조 신문지는 신고한 발행 시기 또는 발행 중지일로부터 기산(起算)하여 100일간, 3회 발행의 기간을 통해 100일을 초과하는 신문지는 3회 발행 기간에 이것을 발행하지 못 할 경우에는 그 발행을 폐지한 것으로 간주한다.

제8조 발행인 혹은 편집인 사망 또는 제2조에 해당하여 후임 발행인혹은 편집인을 정하지 못하는 동안 또는 발행인 혹은 편집인이 1개월이상 본 법을 시행할 제국 영토 이외를 여행하는 경우에는 임시 발행인 혹은 임시 편집인을 선임하지 않으면 신문지 발행을 할 수 없다.
발행인 및 편집인에 관한 본 법의 규정은 임시 발행인 및 임시 편집인에게 이를 준용한다.

제9조 편집인의 책임에 관한 본 법의 규정은 다음에 열거하는 자에게 이를 준용한다.

　1. 편집인 이외에 실제 편집을 담당하는 자

　2. 게재사항에 서명하는 자

　3. 정오서(正誤書), 반박서 사항에 대해서는 그 게재를 청구하는 자

제10조 신문지에는 발행인, 편집인, 인쇄인의 성명 및 발행소를 게재해야 한다.

제11조 신문지는 발행과 동시에 내무성에 2부, 관할 지방관청, 지방재판소 검사국 및 구(区)재판소 검사국에 각 1부를 제출해야 한다.

제12조 시사에 관한 사항을 게재하는 신문지는 관할 지방관청에 보증하도록 하고 다음의 금액을 납부하지 않으면 이를 발행할 수 없다.

　1. 도쿄시, 오사카시 및 그 밖 3리 이내의 지역에 있는 경우는 2천 엔

2. 인구 7만 이상의 시 또는 구 및 그 시 또는 구 밖 1리 이내의 지역
　에 있는 경우는 1천 엔

3. 기타 지방은 5백 엔

　전 항의 금액은 1개월 3회 이하로 발행하는 경우 반액으로 한다.

　보증금은 명령으로 정한 종류의 유가증권으로 이에 충당할 수 있다.

제13조 보증금에 대한 권리 및 의무는 발행인 변경의 경우에 후임
발행인이 이를 승계한다.

제14조 보증금은 발행을 폐지할 경우가 아니면 그 환급을 청구하거
나 또는 그 책권을 양도할 수 없다. 단 국세징수법 및 이를 준용하는
법령을 적용하거나 또는 명예에 관한 죄에 의한 손해배상 판결을 집
행할 경우는 이 제한을 받지 않는다.

제15조 보증금을 납부하는 신문지에 관해 발행인 또는 편집인이 벌
금 또는 형사소송비용의 선고확정 날로부터 10일 이내에 이를 완납하
지 못할 경우, 검사는 보증금의 전부 또는 일부를 이에 충당할 수 있다.

제16조 보증금은 그 부족액을 발생시키는 경우에 이를 보전(補塡)하
지 않으면 그 신문을 발행하게 할 수 없다. 단, 부족액을 발생시킨 날
로부터 7일 이내는 예외로 한다.

제17조 신문에 게재하는 사항의 착오에 대해 그 사항에 관한 본인
또는 직접관계자로부터 정오(正誤) 또는 정오서(正誤書), 반박서의 게
재를 청구받았을 때에는 그 청구를 받아들인 후, 차회 또는 차차회의
발행에서 정오를 행하거나 또는 정오서, 반박서의 전문을 게재해야
만 한다. 정오, 반박은 원문과 같은 호의 활자를 사용해야만 한다. 정
오, 반박의 취지법령에 위반하는 경우 또는 청구자의 성명과 주소를

명기할 수 없는 경우에는 이를 게재할 수 없다. 정오서, 반박서의 글자 수, 원문의 글자 수를 초과할 때에는 그 초과된 글자 수에 대해 발행인이 정하는 보통 광고료와 동일한 요금을 요구할 수 있다.

제18조 관보 또는 다른 신문으로부터 발췌한 사항에 대해 관보 또는 신문에서 정오 또는 정오서, 반박서를 게재할 때에는 본인 또는 직접 관계자의 청구가 없다고 할지라도 그 관보 또는 신문지를 입수한 후, 전 조항의 예에 따라 정오 또는 정오서, 반박서를 게재해야만 한다. 단, 요금을 요구할 수는 없다.

제19조 신문지는 공판에 붙여지기 이전에 예심 내용, 기타 검사가 중지한 수사 또는 예심 중인 피고사건에 관한 사항 또는 공개를 중지시킨 소송의 변론을 게재할 수 없다.

제20조 신문은 관서, 공서 또는 법령으로 조직되는 의회에서 공개할 수 없는 문서 또는 공개할 수 없는 회의의 의사(議事)를 허가받지 않고 게재할 수 없다. 청원서 또는 소원서도 공개할 수 없는 경우는 마찬가지다.

제21조 신문지는 범죄를 선동 혹은 곡비(曲庇)하거나 범죄인 혹은 형사피고인을 상휼(賞恤) 혹은 구호하거나 형사피고인을 함해(陷害)하는 사항은 게재할 수 없다.

제22조 제4조 또는 제6조의 신고를 하지 않거나, 신고를 하였어도 사실 대로 신고하지 않았거나, 보증금을 납부 혹은 이를 보전해야 하는 경우에 이를 납부 또는 보전하지 않고 발행하였을 때에는 정당한 신고를 하거나 보증금을 납부 또는 보전할 때까지 관할지방관청에서 신문의 발행을 중지시켜야 한다.

제23조 내무대신은 신문지에 게재되는 사항이 안녕질서를 어지럽히거나 풍속을 해치는 것으로 인정될 때는 그 발행 및 반포를 금지하고 필요한 경우에는 이를 압류할 수 있다. 전 항의 경우에 내무대신은 동일한 취지의 사항 게재를 중단시킬 수 있다.

제24조 내무대신은 외국 또는 본 법을 실행할 수 없는 제국 영토에서 발행하는 신문의 게재사항이 안녕질서를 어지럽히거나 풍속을 해하는 것으로 인정될 때에는 그 본 법이 시행되는 지역 내에서의 발매 및 반포를 금지시키고 필요한 경우에는 이를 압류할 수 있다. 신문에 대해 1년 이내에 2회 이상 전 항의 처분을 받았을 때에는 내무대신은 그 신문지를 본 법이 실행되는 지역 내에 수입 또는 이입되는 것을 금지할 수 있다.

제25조 전 조 제2항에 의한 금지 명령에 위반해서 수입 또는 이입되는 신문지 및 제43조에 의한 금지 재판에 위반하여 발매 또는 반포 목적으로 인쇄한 신문지는 관할지방관청에서 이를 압류할 수 있다.

제26조 본 법에 의해 압류된 신문지가 2년 이상 그 압류를 해제할 수 없을 때는 압류를 집행한 행정관청에서 이를 처분할 수 있다.

제27조 육군대신, 해군대신 및 외무대신은 신문지에 대해 명령으로 군사 혹은 외교에 관한 사항의 게재를 금지 또는 제한할 수 있다.

제28조 제2조에 해당되는 자가 사실을 날조하여 발행인 또는 편집자가 되는 경우에는 3개월 이하의 징역 또는 50엔 이하의 벌금에 처한다.

제29조 제3조에 위반되는 자는 300엔 이하의 벌금에 처한다.

제30조 제4조 또는 제6조의 신고를 하지 않거나, 신고를 하였어도

사실 그대로 신고하지 않았거나, 제4조 제1항 제1호, 제4호 또는 제6호에 관하여 신고사항에 위반되는 행위를 하거나 제11조에 위반될 때에는 발행인을 100엔 이하의 벌금 또는 과료(科料)에 처한다.

제31조 제4조 제1항 제2호 또는 제3호에 관해 신고할 사항에 위반되는 행위를 하였을 때에는 발행인 및 편집인을 100엔 이하의 벌금 또는 과료에 처한다.

제32조 제8조 제1항에 위반될 때 발행인이 사망하거나, 또는 제2조에 해당되는 경우에는 실제로 발행을 행한 자, 그 이외의 경우에는 발행인을 100엔 이하의 벌금 또는 과료에 처한다.

제33조 제10조에 위반되거나 게재를 사실 그대로 하지 않은 경우에는 발행인 및 편집인을 100엔 이하의 벌금 또는 과료에 처한다.

제34조 제12조 제1항, 제2항, 제16조에 위반 또는 제22조에 의한 중지 명령에 위반되었을 때에는 발행인을 300엔 이하의 벌금에 처한다.

제35조 제17조 제1항, 제2항 또는 제18조에 위반되었을 때에는 편집인을 50엔 이하의 벌금 또는 과료에 처한다. 전 항의 죄가 사적 일에 관계되는 경우에는 고소를 기다려 이를 논한다.

제36조 제19조, 제20조에 위반되었을 때에는 편집인을 500엔 이하의 벌금에 처한다.

제37조 제21조에 위반하였을 때에는 편집인을 3개월 이하의 금고 또는 200엔 이하의 벌금에 처한다.

제38조 제23조에 의한 금지 혹은 중지명령, 제24조에 의한 금지명령, 제43조에 의한 금지 재판에 위반되었을 때에는 발행인, 편집인을 6개월 이하의 금고 또는 300엔 이하의 벌금에 처한다. 위반된다는 것

을 알고도 그 신문을 발매 또는 반포한 자는 200엔 이하의 벌금에 처한다.

제39조 제23조 제1항, 제24조 제1항, 제25조에 의한 압류처분의 집행을 방해한 자는 6개월 이하의 금고 또는 300엔 이하의 벌금에 처한다.

제40조 제27조에 의한 금지 또는 제한 명령에 위반하였을 때에는 발행인, 편집인을 2년 이하의 금고 또는 300엔 이하의 벌금에 처한다.

제41조 안녕질서를 어지럽히거나 풍속을 해치는 사항을 신문지에 기재하였을 때에는 발행인, 편집인을 6개월 이하의 금고 또는 200엔 이하의 벌금에 처한다.

제42조 황실의 존엄을 모독하고 정치체제를 변혁하려 하거나 또는 국헌(朝憲)을 문란케 하는 사항을 신문에 기재하였을 때에는 발행인, 편집인, 인쇄인을 2년 이하의 금고 및 300엔 이하의 벌금에 처한다.

제43조 제40조 또는 제42조에 의해 처벌하는 경우에 재판소는 그 신문의 발행을 금지할 수 있다.

제44조 본 법에 정한 범죄에는 형법병합죄의 규정을 적용하지 않는다.

제45조 신문지에 게재된 사항에 대해 명예에 관한 죄의 공소를 제기하였을 경우에 사사로운 것은 배제하고 재판소에서 악의적이지 않고 오로지 공익을 위해 하는 것으로 인정될 때에는 피고인에게 사실을 증명하는 것을 허락할 수 있다. 만약 그 증명을 확립할 수 있을 때에는 그 행위를 벌하지 않고 공소에 관련하는 손해배상 소송에 대해서도 그 의무를 면제한다.

신문지조례는 이를 폐지한다.

본 법 실행 전부터 발행하는 신문지가 본 법의 규정에 의해 보증금 부족액이 발생되었을 때에는 본 법 실행일로부터 3년간 그 보전을 유예한다.

제26조의 규정은 본 법 시행 전의 압류에 관련된 신문지에 이를 준용한다.

• 육군성령 제24호(1937년 7월 31일) •

신문지법 제27조에 의해 당분간 군대의 행동과 그 밖의 군기군략(軍機軍略)에 관한 사항을 신문에 게재하는 것을 금지한다. 단, 미리 육군대신에게 허가를 얻은 자는 예외로 한다.

부칙

본령은 공포일부터 이를 시행한다.

신문 게재 금지사항의 표준

1. 동원 및 편제

 (1) 군 동원에 관한 계획 및 이에 따른 준비내용

 (2) 군 동원 실시상황

 (3) 군수 동원에 관한 사항

2. 작전 또는 용병(用兵)에 관한 사항

 (1) 국방 및 작전에 관한 모든 계획 내용

(2) 국방, 작전 혹은 용병의 준비 또는 실시에 관한 명령 내용, 발·수령자 또는 하달시기 혹은 지점

(3) 중국 및 만주에 주둔, 출정 또는 파견하는 군대, 군수품에 관한 다음 사항

가. 전투서열 또는 군대구분에 기초한 예속계통, 부대명칭, 부대 수, 인마 수, 장비 또는 군수품의 종류 및 수량

나. 현재 및 장래에 걸친 임무 또는 기획

다. 현재 및 장래에 걸친 부서, 배치 또는 행동

라. 현재 및 장래에 걸친 진지의 위치, 구성, 설비 또는 강도

마. 군대지휘관의 관직과 성명

3. 운수통신에 관한 사항 (략)

4. 국토방위에 관한 사항 (략)

5. 첩보, 방호 또는 조사에 관한 사항 (략)

6. 기타 이전 모든 호의 내용을 추측할 수 있는 사항 또는 만주에서의 이전 모든 조항에 준하는 사항

신문 게재사항 허가판정 요령(1937년 7월 28일 신문반)

1. 작전 고려 상, 동원부대에 관해서는 가령 이를 추측할 수 있을 법한 기사의 예로는 장병과 가족과의 면회, 송별회, 배웅 등에 이르기까지 일체의 기사와 사진의 게재를 금지한다.

2. 육군성 및 중국 주둔군 사령부의 발표사항에 대해서는 물론 재차 허가를 요하지 않는다.

3. 다음에 해당되는 것은 게재를 허가한다.

(1) 중국 주둔 사령관, 동 참모장의 관직과 성명 및 사진(크게 찍혀도 지장 없음)

(2) 일반 보병, 기병, 야산포병 및 공병부대의 현지에서의 과거의 행동 중 현재 및 장래의 기획을 폭로할 우려가 없는 기사 및 국부적인 사진

(3) 시각을 명기한 '격전 중', '공격 중' 등의 기사

(4) 비행 중인 비행기의 사진 및 비행기의 전투에 관한 기사. 단, 일률적으로 비행기란 명칭을 사용하며 정찰, 전투, 폭격 등의 기종을 나타낼 수 없다.

또한 비행장에 관한 사진 및 기사를 금지한다.

(5) 부대장은 '모 부대장', 부대는 '모 부대'로 할 것. 장교는 상당한 부대장으로 취급한다.

이상의 경우 '모 부대'의 '모 부대장'과 같이 지휘계통을 나타낼 수 없다. 단순하게 '모 부대장' 또는 '모 부대'라고 할 것.

(6) 지명은 이를 복자로 할 것. 단, 당국이 발표한 것 또는 과거의 전투지를 기록하는 경우는 지장 없음.

4. 다음 해당사항은 게재를 허가하지 않는다.

(1) 군기를 가진 부대의 사진 및 군기에 관한 기사

(2) 고급장교(대령 이상)의 크게 찍힌 사진(단, 견장이 명료하지 않은 것은 지장 없음)

(3) 다수의 막료가 모여 있는 사진

(4) 사령부, 본부 등의 명칭

(5) 3의 (2)이외의 특종부대의 기사 사진 (략)

(6) 중국군 또는 중국인 체포, 심문 등의 기사 사진 중 학대의 느낌을 줄 우려가 있는 것.

(7) 잔혹한 사진. 단, 중국군의 잔혹한 행위에 관한 기사는 지장 없음.

5. 영화는 위 사항에 준하여 검열을 실시하는 것으로 한다.

6. 본 요령은 필요에 응해 추가, 삭제 및 정정할 수 있다.

신문 게재사항 가부판정 요령(1937년 9월 9일 육군성 보도검열계)

1. 1937년 7월 28일 제작(8월1일 중쇄한 것 있음)한 판정 요령에 대신하여 본 요령으로 한다. 단, 방공에 관한 사항은 1937년 9월 6일에 제작한 국토방위 중 방공에 관한 신문 게재 가부판정 요령에 따른다.

2. 육군성 및 출정군 최고사령부(당분간 ○○보도부를 포함)의 발표는 재차 허가를 받는 것을 요하지 않는다.

3. 다음에 열거하는 사항은 게재를 허가한다.

(1) 군대의 과거 행동 중 현재 및 장래의 기획을 폭로할 우려가 없는 국부적인 기사 및 사진은 다음에 나타내는 예와 같다.
   단, 병기재료의 성능을 짐작할 수 없는 것에 한한다.

가. 일반적인 보병, 기병, 야포병, 산포병, 공병 및 수송병의 활동 (략)

(2) 여단 이상의 부대에 관해서는 부대장의 성(姓)의 길고 짧음에 상관없이 '○○부대', '○○부대장'으로 한다. 연대 이하의 부대에 관해서는 그 지휘관의 성을 붙여서 '모 부대', '모 부대장'으로 한다. 이상의 경우 '○○부대'의 '모 부대'등 지휘계통을 나타낼 수 없다.

(3) 연대장(대령) 이하의 사진. 단, 연대장의 사진은 견장이 명료하지 않는 것에 한한다.

(4) 명량한 소집미담.

부대 명, 부대 소재지, 소집응소 일시, 소집의 종류, 역종(役種), 연령을 기재하지 않은 것에 한한다.

단, 소집, 응소, 출정 등의 문구를 사용하는 것은 지장 없음.

(5) 후방의 미담.

위에 준함.

(6) 응소자의 면회, 출발, 배웅 등의 정황.

(5) 에 준함.

(7) 부대의 출발, 통과, 배웅 등의 정황.

부대 명, 출발, 통과, 배웅 장소 및 날짜, 부대의 행선지 등을 나타내지 않는 추상적인 것에 한한다.

단, 함선에 따라 수송하는 부대의 출발, 통과, 배웅의 정황에 관한 기사와 사진을 제외한다.

(8) 위와 관련되는 각종 단체의 활동.

위에 준한다.

4. 아래에 열거되는 것은 게재를 허가하지 않는다.

(1) 비행장 및 비행기 사고에 관한 기사와 사진.

탑승자가 전사한 경우, 단순하게 전사로 게재하는 것은 지장 없으나 '모 지상 상공에서' 등의 기사는 금한다.

(2) 여단장(소장) 이상의 사진

(3) 군기를 가진 부대의 사진 및 군기에 관한 기사

(4) 다수의 막료가 모여 있는 사진

(5) 사령부, 본부의 명칭을 기재한 기사와 사진

(6) 장갑궤도차의 명칭 및 이에 관한 기사와 사진

(7) 기계화병단, 기계화부대의 명칭 및 이에 관한 기사와 사진

(8) 급수자동차, 기타 급수기재에 관한 기사와 사진

(9) 부대의 이동, 교대, 통과, 진출 등의 사실에 대해 이후의 기획을
    폭로할 우려가 기사와 사진

(10) 수륙양용전차의 명칭 및 이에 관한 기사와 사진

(11) 이상의 것 이외에 특수부대에 관한 기사와 사진

(12) 아군에 불리한 기사와 사진

(13) 중국군 또는 중국인 체포, 심문 등의 기사와 사진 중 학대의 느
    낌을 줄 우려가 있는 것.

(14) 잔혹한 사진. 단, 중국군 또는 중국인의 잔혹성에 관한 기사는
    지장 없음.

5. 영화는 본 요령에 준하여 검열하는 것으로 한다.

6. 본 요령은 필요에 따라 추가, 삭제 및 정정할 수 있다.

• 해군성령 제22호(1937년 8월 16일) •

신문지법 제27조의 규정에 따라 당분간 함대, 함선, 항공기, 부대의
행동, 기타 군기군략(軍機軍略)에 관한 사항을 신문지에 게재하는 것을
금한다. 단, 미리 해군대신의 허가를 받은 것은 예외로 한다.

부칙

본령은 공포일로부터 이를 시행한다.

신문 게재 금지사항의 표준

(해군성)

1. 연합함대 또는 이번 사변에 관한 함선부대, 항공기의 편제, 역무, 행동 또는 소재에 관한 사항

2. 징용선박의 용입(傭入), 선박 수, 선명, 임무, 행동 또는 소재에 관한 사항

3. 소집에 관한 계획 준비 또는 실시에 관한 사항

4. 군수공업 동원에 관한 사항

5. 작전 또는 용병에 관한 사항

  (1) 국방 및 작전에 관한 모든 계획 내용

  (2) 국방, 작전 혹은 용병의 준비 또는 실시에 관한 사항

  (3) 중국 연안에 있거나 중국 방면에 파견하는 함선, 부대 혹은 항공기에 관한 다음 사항

  가. 임무 또는 기도(企圖)

  나. 배치 또는 행동

6. 군항, 요항, 기타 연안에서의 해군의 설비 또는 수비에 관한 사항

7. 해군공창 또는 민간회사에서의 해군관계 작업의 상황 또는 공사의 종류에 관한 사항

8. 군용통신 또는 암호에 관한 사항

9. 첩보 또는 방첩에 관한 사항

10. 함선 또는 항공기의 사고에 관한 사항

11. 기타 이전의 모든 호의 내용을 추측할 수 있는 사항 또는 직간접
    적으로 군사기밀에 관계되는 사항

신문(잡지) 게재사항 가부판정 요령

(1937년 8월 해군성)

이번 사변에 관련하여 해군에 관한 기사 혹은 사진을 취급하는 경우
에는 1937년 7월 해군성이 반포한 신문 게재 금지사항의 표준에 준거하
고 이에 저촉되지 않는 것을 필요로 하는 것은 물론이거니와 다음의 모
든 호에 유의할 것을 요한다.

기(記)

1. 해군성, 진수부, 요항부 또는 함대사령부의 발표는 그대로 게재해
   도 지장이 없다. 그렇지 않은 것은 일단 검열을 받을 필요가 있다.

2. 호송임무에 종사 중인 함선은 그 함선 명, 발진지, 도착지, 수송병
   종, 병력, 물건, 항공진형 등이 알려지지 않도록 주의할 것.

3. 함선 내의 전투기사 및 사진은 특별한 것에 한해 게재를 허가한다.
   단, 이 경우라 할지라도 부대 명, 함선 명의 기재를 금한다.

4. 함선으로부터 양륙하는 육전대는 그 펜던트 등에 의해 함선 명이
   명시되지 않도록 수정을 요한다(사진).

5. 특별육전대에서 특종병기를 사용하는 부대의 기사 및 사진은 금지

하는 것을 원칙으로 하지만 기사 취급 상 어쩔 수 없는 경우에는 다
음의 예에 따르는 것으로 한다.

장갑차 ⎫
⎬ ○○차 (략)
탱크 ⎭

6. 야마다부대, 스즈키부대라고 호칭하는 것은 가능하지만 스즈키소
대, 야마다중대, 다카하시대대 등으로 기재하여 병력이 알려질 여
지를 주지 않도록 주의할 것.

7. 아군 병력의 집결 지점을 기술하는 경우는 모두 ○○(2개)를 사용
한다.

8. 비행 중인 비행기의 사진 및 비행기 전투에 관한 기사는 지장이 없
어도 정찰, 전투, 공격기 등의 기종 및 대수는 기재할 수 없다.

9. 함선, 항공기의 피해상황, 전병사자, 부상자의 통계적인 숫자는 해
군성에서 공포하는 것을 제외하고는 게재하는 것을 금지한다.

10. 함선, 부대이동 기사는 장래의 기획을 추측할 수 있는 것을 제외
하고 다음의 예 정도의 것은 지장이 없다.

(예) '○○'함대는 '○○'를 향해 출항했다. (략)

11. 아군에 불리한 기사, 사진은 게재할 수 없다.

12. 잔혹한 사진은 게재할 수 없다.

㈜본 요령은 나라의 필요에 따라 추가, 삭제, 정정하는 경우가 있다.

신문(잡지) 게재사항 가부판정 요령

(1937년 9월 개정 해군성)

이번 사변에 관련하여 해군에 관한 기사 혹은 사진을 취급하는 경우에는 1937년 7월 해군성이 반포한 신문 게재 금지사항의 표준에 준거하여 이에 저촉되지 않을 것을 요하는 것은 물론이거니와 다음의 모든 호에 유의할 것을 요한다.

기(記)

1. 해군성, 진수부, 요항부 또는 함대사령부의 발표는 그대로 게재해도 지장이 없다. 그렇지 않은 것은 일단 검열을 받을 필요가 있다.

2. 호송임무에 종사 중인 함선은 그 함선 명, 발진지, 도착지, 수송병종, 병력, 물건, 항공진형 등이 알려지지 않도록 주의할 것.

3. 함선 승선 중에 제작한 해당 함선의 행동기사 혹은 해상부대의 작전기사(사진 포함)과 같은 것은 일단 사령부, 진수부, 요항부, 혹은 해군성 당국의 사열(査閲)을 받은 후, 해군성령에 의한 검열기관을 경유할 필요가 있다.

4. 황푸(黃浦) 포구 내에 정박 행동하는 순양함, 구축함, 수뢰정, 포함에 한해 함선 명의 기재는 지장이 없다. ㈜우쑹(吳淞) 앞바다는 황푸 포구로 여기지 않는다.

5. 상하이 육상전선에서 사용하고 있는 병기 종류는 육군성 허가범위에 준한다.

　단, 해군에서 사용하는 특종병기로 인정되는 것 및 아군진지의 내부 상황을 폭로하는 것과 같은 것은 당국의 사열을 받을 필요가 있다.

6. 야마다부대, 스즈키부대 등으로 호칭하는 것은 가능하지만 스즈키소대, 야마다중대, 다카하시대대 등으로 기재하여 병력이 알려질 여지를 주지 않도록 주의할 것.

7. 아군 병력의 집결지점을 기술하는 경우는 모두 ○○(2개)를 사용한다.

8. 비행 중인 비행기 사진 및 비행기 전투에 관한 기사는 지장이 없지만 정찰, 전투, 공격기 등의 기종 및 대수는 기재할 수 없다.

9. 함선, 항공기의 피해상황, 전병사자, 부상자의 통계적 숫자는 해군성에서 공표하는 것을 제외하고 게재하는 것을 금지한다.

10. 함선, 부대이동 기사는 장래의 기획이 추측될 우려가 있는 것으로 취급에 신중을 요한다. 단, ○○(2개)를 사용하여 다음 정도인 것은 지장이 없다.

(예) '○○'부대는 '○○'를 향해 출항했다. (략)

또한 상하이 방면으로 행동하는 제3함대에 한해 함대 명을 명기해도 지장이 없다.

(예) 제3함대 사령장관 (략)

등으로 사용하는 제3함대 명.

11. 아군에 불리한 기사, 사진은 게재할 수 없다.

12. 잔혹한 사진은 게재할 수 없다.

13. 군함 및 탑재한 병기류의 사진촬영은 다음의 금지사항에 저촉되

지 않는 것에 한한다. 단, 전문적인 견지에서 행하는 발표의 가부
는 광범위에 걸쳐 열거할 수 없는 것으로 당국의 지시에 따를 필
요가 있다(일반적 금지사항원칙은 다음과 같음). (략)

14. 응소자 미담 등은 배속부대(군함, 육전대 같은 것), 파견장소 등을 명
시하지 않는 것에 한해 게재해도 지장 없다.

• 외무성령 제21호(1937년 12월 13일) •

신문지법 제27조에 의해 당분간 국교에 영향을 미칠 만한 사항으로
외무대신으로부터 시달된 것은 이를 신문에 게재하는 것을 금한다.

부칙

본령은 공포일로터 이를 시행한다.

＊ '신문지법'은 『법령전서』, 성령은 관보, 기타는 『출판경찰보』 제107
호, 제108호, 제109호의 표기에 따랐습니다.

관련연표

* 단행본의 발행일은 판권장의 월일로 했습니다. 권말의 〈주요 참고문헌〉과 본문에 인용한 자료 또한 『다시 한 번 읽는 야마카와 일본근대사』 등을 참조했습니다.

1868년 메이지유신

1869년 메이지정부가 신문의 발행을 허가제로 해금, 신문지인행조례를 제정.

1873년 신문지발행조목을 제정.

1875년 신문지조례와 참방율(讒謗律)을 제정.

1876년 신문지조례 개정. '국가안위를 방해'할 때에는 내무성이 발행을 금지 또는 정지시킬 수 있게 됨.

1880년 신문지조례 개정. '풍속괴란'이어도 발행금지, 정지가 가능하게 됨.

1883년 신문지조례 개정. 신문지 발행에 보증금제도 도입. 신문의 폐간 속출.

1887년 신문지조례 개정. 허가제에서 신고제로. 일부의 형을 경감.

피고인을 구호하는 문서의 게재를 금지.

1889년 대일본제국헌법 반포.

1891년 5월11일 오쓰(大津)사건. 방일 중이던 러시아 황태자가 순사에게 공격을 당해 부상. 5월16일에 외교에 관련된 기사의 사전검열과 기재금지를 가능하게 하는 긴급칙령 공포.

1893년 출판법 공포.

1894~1895년 청일전쟁. 1894년 6월 7일 육군성령 제9호, 해군성령 제3호(군기군략 등의 신문·잡지 기재금지) ~ 같은 해 8월 3일 폐지. 1894년 8월1일, 외교 또는 군사에 관한 사항의 사전검열을 정한 긴급칙령 공포. 1894년 9월13일, 해군성령 제20호, 해군성령 제13호(군기군략 등은 미리 대신의 허가를 받은 것 이외에는 기재를 금지)~같은 해 11월 29일 폐지.

1897년 신문지조례 개정. 발행금지, 정지를 삭제, 고발이 있는 경우에만 내무대신과 척무(拓務)대신은 당일의 신문의 발매, 반포 정지와 가압류가 가능하고, 그 후 재판소가 판결에 따라 발행을 금지할 수 있다. 외교상의 기사 게재금지도 가능하게 됨.

1904~1905년 러일전쟁. 1904년 1월 5일 육군성령 제1호, 해군성령 제1호(게재금지) ~ 1905년 12월 20일 폐지.

1905년 7월 2일 **이시카와 다쓰조(石川達三), 아키타(秋田)현 히라카군 (平鹿郡) 요코테마치(橫手町: 현재 요코테시)에서 출생. 일찍이 생모를 여읨. 아버지는 중학교 영어교사. 후에 가족 전체가**

오카야마(岡山)현으로 거주지를 옮김. 9월 5일 히비야방화사건(日比谷焼き打ち事件) 발생. 9월 6일 긴급칙령 공포.

1909년 5월 6일 신문지법 공포. 평민사(平民社)의 간노 스가(菅野スガ)가 발행 겸 편집인을 맡은『자유사상(自由思想)』제1호, 제2호가 발매금지됨(벌금판결). 더불어 발행금지가 된 상기 잡지를 동료에게 배포했다는 이유로 가택수사를 받고 연행됨.

1910년 대역사건 발생. 고토쿠 슈스이(幸徳秋水), 간노 스가등이 체포되어 이듬해 사형됨.

1912년 다이쇼(大正) 원년.

1913년 외무성국장 암살 사건 발생. 검사국의 기사 중지명령을 약 20개사가 무시하고 보도함. 신문지법 위반으로 기소되어 벌금이 부과됨.

1914~1918년 제1차 세계대전.

1914~1922년 육군성령 제12호, 해군성령 제8호(게재금지), 외무성령 제1호(대신의 허가를 얻은 것 이외에 국교에 영향을 미칠 만한 사항의 신문 게재를 금지)가 발령됨. 외무성 기자들의 가스미클럽(霞俱楽部) 등이 외무성령에 반발하여 철회를 요구함.

1918~1922년 시베리아 출병. 출병에 반대한『오사카아사히신문(大阪朝日新聞)』이 발매금지 처분이 되는 등 발매금지가 잇달음.

1918년 7~9월 쌀소동. 8월 14일 내무대신이 쌀소동에 관한 일체의 기사게재를 금지함. 『오사카아사히신문』이 게재금지령의

전문을 보도함. 각 신문사의 간부가 내무대신에게 철회를 요구하여 17일에 양보를 얻어냄. 『오사카아사히신문』 8월 26일 석간 기사 중 '흰 무지개가 태양을 가린다(白虹日を貫けり)'라는 표현이 문제시되어 안녕질서를 문란케 했다고 하여 신문지법으로 추궁당함. 12월 4일 기자에게 금고 2개월, 편집발행인이 금고 1개월의 실형판결(백홍사건: 白虹事件).

1920년 모리토사건(森戸事件). 도쿄제국대학 교수인 모리토 다쓰오(森戸辰男)가 경제학부의 『경제학연구』에 실은 「크로포트킨(Peter Kropotkin)의 사회사상의 연구」에서 사유재산제를 부정했다는 등의 이유로 신문지법 위반을 추궁당함. 1심은 안녕질서를 문란케했다는 이유로 모리토에게 금고 2개월, 발행인 오우치 효에(大内兵衛) 경제학부장에게 벌금 20엔의 판결을 내림. 2심은 보다 죄가 중한 국기문란의 성립을 인정해 모리토에게 금고 3개월에 벌금 70엔, 오우치에게 금고 1개월에 벌금 20엔의 판결을 내림.

1923년 관동대지진

1924년 외래출판물 감시에 대해서 내무성과 대장성이 협정, 1925년에 실시. 안녕 또는 풍속의 문란으로 수입금지처분을 내릴 때는 내무성의 검열기준에 따르는 것으로 함.

1925년 치안유지법 공포.

1926년 쇼와 원년

1927년 금융공황 발생. **다쓰조, 『오사카아사히신문』의 현상소설에**

입선하여 상금 200엔을 받음. 와세다대학(早稲田大學) 문학부 영문과에 입학하지만 1년 만에 중퇴함.

1928년 치안유지법 개정. 전 현의 경찰에 특고과를 설치하고 각 지법에 사상담당 검사를 배치함.

1930년 **다쓰조, 이민선을 타고 브라질로 감**. 변호사인 후세 다쓰지 (布施辰治)가 신문지법 위반 등으로 기소됨.

1931년 9월 류타오후사건(柳條湖事件) 발생. '만주사변' 발발.

1932년 5·15사건 발생. 대심원 판결에 따라 후세 다쓰지의 변호사 자격이 박탈됨.

1933년 후세 다쓰지의 신문지법 위반사건, 대심원에서 금고 3개월의 실형판결이 확정됨. 교토대 다키가와사건(京大滝川事件).

1935년 전 도쿄제국대 교수로 귀족원 의원인 미노베 다쓰키치(美濃部辰吉)가 오랫동안 가르쳐온 "천황기관설(天皇機関説)"이 국회에서 문제시되어 극렬한 비판을 받음. "헌법촬요(憲法撮要)" 등 과거의 저서 3권이 발매금지됨. 미노베는 귀족원 의원을 사직. **8월 10일 제1회 아쿠타가와상, 다쓰조가 「창맹(蒼 氓)」으로 수상. 『문예춘추』 9월호에 게재됨.**

1936년 2·26사건. 베를린 올림픽 개최. 1940년 올림픽의 개최지로 도쿄가 결정됨. 다쓰조 결혼.

1937년 7월 7일 밤~8일 노구교사건(盧溝橋事件) 발생. 이를 계기로 중일 전면 전쟁에 돌입. 7월 31일 육군성령 제24호(게재금지)~1945년 8월 28일 폐지. 8월 14일 군기보호법 전면개정.

8월 16일 해군성령(게재금지)~1945년 8월 29일 폐지. 오모리 요시타로(大森義太郎), 『자유(自由)』 9월호의 「전쟁과 언론통제(戦争と言論統制)」가 대폭 삭제처분을 받고, 『개조(改造)』 9월호의 「굶주린 일본(飢ゆる日本)」도 삭제 처분됨. 『중앙공론』 9월호의 야나이하라 다타오(矢内原忠雄)의 「국가의 이상(国家の理想)」이 삭제 처분됨. 야나이하라는 도쿄제국대 경제학부 교수회에서 반전적이라는 비판을 받고, 더욱이 강연 중의 발언이 극심한 비난을 받기에 이르러 12월에 도쿄제국대를 사직함(야나이하라사건). 12월 13일 일본군, 난징 점령. 12월 13일 외무성령(게재금지)~1945년 9월 10일 폐지. 12월 15일 제1차 인민전선사건. 야마카와 히토시(山川均), 가토 간주(加藤勘十), 오모리 요시타로 등, 약 400명 검거. 12월 27일 내무성 경보국 도서과, 잡지관계자와의 간담회에서 미야모토 유리코(宮本百合子)등의 집필금지 리스트를 제시함. **12월 29일 다쓰조, 중앙공론사(中央公論社) 특파원으로 상하이, 난징을 향해 출발함.**

1938년 1월 후생성 발족. 2월 제2차 인민전선사건. 오우치 효에, 미노베 료키치(美濃部亮吉) 등, 교수그룹 등을 검거. 2월 18일 국가총동원법안, 수정 후 각의 결정. **다쓰조의 「살아있는 병사(生きてゐる兵隊)」를 게재한 『중앙공론』 3월호가 발매금지됨. 2월 21일 『중앙공론』 3월호, 분할 환부를 허가. 3월 16일 다쓰조, 경시청에서 취조를 받음. 3월 29일 자 『미야코신문(都**

新聞)』「기괴하도다! 중국신문에 『미사적병(未死的兵: 살아있는 병사)』이란 기사를 실음. 4월1일 국가총동원법 공포. 4월 28일 경시청이 다쓰조 등 5명을 육군형법 위반과 신문지법 위반으로 검사국에 서류송치함. 6월 중국에서 「살아있는 병사」의 번역 『활착적병대(活着的兵隊)』(상하이문적사: 上海文摘社)"가 출판됨. 7월 『미사적병』(광저우남방출판사: 廣州南方出版社), 『미사적병』(雜誌社: 잡지사) 간행. 일본이 1940년 도쿄올림픽 개최를 반납. 난징사건 등에 대한 비판으로부터 도쿄대회 개최를 반대하는 목소리가 외국에서 커졌지만 일본 국내에는 알려지지 않았음. 8월 4일 다쓰조 등 3명이 신문지법 위반죄로 기소됨. 8월 23일 내각정보부가 군부와 기쿠치 간(菊地寬) 등의 작가들과의 간담회를 개최. "펜 부대"의 구상이 정해짐. 9월 5일 「살아있는 병사」 사건 1심 판결. 다쓰조와 게재 당시의 『중앙공론』 편집장이었던 아메미야 요조(雨宮庸蔵)에게 금고 4개월, 집행유예 3년, 발행인 마키노 다케오(牧野武夫)에게 벌금 100엔을 구형. 9월 7일 다쓰조와 아메미야에 대해 검사가 항소. 9월 14일 다쓰조, 나가사키항에서 중국으로 출발. 중앙공론사 특파원으로 다시금 종군취재길에 오름. 11월 다쓰조 『결혼의 생태(結婚の生態)』(신조사: 新潮社)를 출판. 폭발적으로 팔려나감. 12월 다쓰조 「우한작전(武漢作戦)」을 『중앙공론』 1939년 1월호에 게재.

1939년 3월 18일 2심판결, 1심과 같음. 3월 25일 군용자원비밀보호법 공포.

1941년 1월 신문지등게재제한령 공포. 3월 치안유지법 전면개정, 군기보호법 개정. **7월 영화 『결혼의 생태』 개봉, 하라 세쓰코(原節子) 주연.** 10월 오자키 호쓰미(尾崎秀実), 조르게사건으로 체포됨. 12월 태평양전쟁 발발. 언론·출판·집회·결사 등 임시 단속법 공포.

1942년 5월 일본문학보국회(日本文学報国会) 결성. 7월 호소카와 가로쿠(細川嘉六)가 『식민사(植民史)』 출판기념을 겸해 고향인 도야마(富山)현의 여관에 개조사, 중앙공론사 등의 편집자들을 초대함. 이 때의 단체사진을 '공산당재건준비회의 증거'로 들어 43년부터 관계자들이 누명을 쓰고 차례로 검거되어 혹독한 고문을 받음(요코하마사건: 横浜事件). 호소카와 자신은 42년에 『개조』에 쓴 논문으로 검거됨.

1943년 『중앙공론』, 다니자키 준이치로(谷崎潤一郎)의 소설 「사사메유키(細雪)」의 연재를 중지 당함.

1944년 7월 개조사, 중앙공론사 폐업 당함.

1945년 7월 **다쓰조, 『마이니치신문(毎日新聞)』의 연재소설 「나루세 난페이의 행동(成瀬南平の行状)」 휴간당함.** 8월 14일 일본이 포츠담선언을 수락. 제10항에 '언론, 종교 및 사상의 자유 및 기본적 인권의 존중은 확립되어야 한다'고 되어 있음. 8월 15일 패전의 '옥음방송'. 9월 GHQ / SCAP '언론 및 신문의 자유에 관한 각서' 추가 조치. **10월 「마침내 할 말을 할 수 있**

는 시대가 왔다」고 다쓰조가 『마이니치신문』에 기고. GHQ/
SCAP '정치적·시민적 및 종교적 자유의 제한제법에 관한 각
서'. 치안유지법 등이 폐지됨. 중앙공론사 재건, **12월 다쓰조
『살아있는 병사』가 하출서방(河出書房)에서 출판됨.** 『중앙공
론』 복간.

1946년 9월 **다쓰조의 단편 「전쟁의 화신(戰ひの權化)」, GHQ검열에
서 공표 금지당함.** 『사회』 창간호에 게재 예정이었음. 11월 일
본국헌법 공포.

1947년 **다쓰조 「희망이 없는 것은 아니다(望みなきに非ず)」 『요미우
리신문(読売新聞)』에 연재.**

1949년 4~11월 **다쓰조 「바람에 흔들리는 갈대(風にそよぐ葦)」를 『마
이니치신문』에 연재.** 4월 단체등규정령, 포츠담정령으로 공
포. 5월 신문지법 폐지.

1950년 6월 이토 세이(伊藤整)가 번역한 『채털리 부인의 사랑』(오야
마서점: 小山書店)이 형법의 외설문서배포의 혐의로 경시청
에 적발됨. 9월에 도쿄지검이 이토와출판사 사장 오야마 히
사지로(小山久二郎)를 기소.

1951년 7월~1952년 3월 **다쓰조 「바람에 흔들리는 갈대 속편」을 『마
이니치신문』에 연재.** 9월 샌프란시스코 강화조약, 미일안전
보장조약 체결.

1952년 5월 **중의원 법무위원회의 파괴활동방지법 공청회에서 다쓰
조, 반대의견을 공술.** 7월 파괴활동방지법 공포.

1954년 **다쓰조, 단편집 『추억 속의 사람(思ひでの人)』(北辰堂: 호쿠신도)
　　　　간행.**

1957년 3월 채털리 재판. 최고재판소, 이토 세이와 오야마 히사지로
　　　　를 유죄(벌금형)로 확정. 일본펜클럽이 항의 성명.

1957~1959년 **다쓰조 「인간의 벽」을 『아사히신문』에 연재. 1958년 7
　　　　월 도쿄 긴자의 가스홀에서 애독자들이 이시카와 다쓰조 격
　　　　려회를 개최. 1959년 7월 독자를 초대해 도쿄역 야에스(八重
　　　　洲) 입구의 다이마루(大丸)의 식당에서 『인간의 벽』 하권 출판
　　　　기념회를 개최.**

1975~1977년 **다쓰조, 일본펜클럽 회장.**

1984년 10월 **아키타시 중앙도서관 메이토쿠관(明德館)에 이시카와
　　　　다쓰조 기념실 건립.**

1985년 1월 31일 **이시카와 다쓰조, 도쿄도내에서 사망. 79세.**

주요 참고문헌

石川達三関係

石川達三「生きてゐる兵隊」『中央公論』1938年3月号(石川旺氏所蔵本)

_____『生きてゐる兵隊』河出書房, 1945年

_____『生きてゐる兵隊(伏字復元版)』中公文庫, 1999年

_____『生きるための自由』新潮社, 1976年

_____「遺書」「成瀬南平の行状」『不信と不安の季節に－自由への道程』文春文庫, 1977年

_____『風にそよぐ葦』上・下, 毎日新聞社, 1999年

_____『風にそよぐ葦 戦後編』上・下, 毎日新聞社, 1999年

_____「空襲奇談」「作家は直言すべし」『復刻版 文學報國』不二出版, 1990年

_____『経験的小説論』文藝春秋, 1970年

_____『結婚の生態』新潮社, 1938年

_____「出世作のころ」「心に残る人々」『心に残る人々』文春ウェブ文庫, 2001年

_____「新嘉坡への道」「昭南港へ軍艦で乗込むの記」『進撃 海軍報道班作家前線記録1』くろがね会編, 博文館, 1942年

_____『青春の蹉跌』新潮文庫, 1971年

＿＿＿＿「蒼氓」『星座』第1号, 1935年4月

＿＿＿＿「蒼氓」『文藝春秋』1935年9月号

＿＿＿＿『蒼氓』改造社, 1935年

＿＿＿＿『蒼氓』新潮文庫, 1951年

＿＿＿＿『蒼氓』秋田魁新報社, 2014年

＿＿＿＿「草莽の言葉」『週刊毎日』1945年5月6日号, 13日号, 20日号, 27日号

＿＿＿＿「戦ひの権化」「検閲文書(CENSORSHIP DOCUMENTS)」『社会』1巻1号
(1946年9月), 鎌倉文庫刊, 国立国会図書館憲政資料室蔵. 原資料
は, メリーランド大学図書館ゴードン・W・プランゲ文庫蔵

＿＿＿＿「戦ひの権化」『思ひ出の人』北辰堂, 1954年

＿＿＿＿「戦ひの権化」『考える人』2014年冬号, 新潮社, 検閲ゲラからの
再録

＿＿＿＿「成瀬南平の行状」毎日新聞, 1944年7月14日付～28日付

＿＿＿＿『人間の壁』上・中・下, 岩波現代文庫, 2001年

＿＿＿＿「武漢作戦」「上海の花束」『武漢作戦』文春ウェブ文庫, 2001年

＿＿＿＿『夜の鶴』講談社文庫, 1972年

＿＿＿＿『ろまんの残党』中公文庫, 1973年

「私の青春 人物登場 作家 石川達三 その一」「その二」「その三」『あきた青
年広論』1988年第42～44号, 秋田県青年会館

石川達三「言論の自由について」(講演録)『人権新聞』1952年3月30日付, 自
由人権協会

石川達三, 脇村義太郎, 久野収「無力だった知識人──戦時体制への屈服」
『久野収対話集・戦後の渦の中で4 戦争からの教訓』人文書院,
1973年

石川代志子, 聞き手・岡﨑満義「回想の石川達三」『オール読物』1992年2

月号

片山哲, 石川達三, 中島健蔵「鼎談 戦火のかなた」『日本評論』1949年11
月号

石川達三『活着的兵隊』張十方訳, 上海文摘社, 1938年

_____『未死的兵』白木訳, 雑誌社(上海), 1938年(初版)

_____『未死的兵』白木訳, 雑誌社(上海), 1939年

_____「未死的兵」夏衍訳『夏衍全集』第14巻, 2005年

夏衍『ペンと戦争 夏衍自伝』阿部幸夫訳, 東方書店, 1988年

「夏衍年表」『夏衍全集』第16巻, 浙江文芸出版社, 2005年

康東元・著, 黒古一夫監修『日本近・現代文学の中国語訳総覧』勉誠出版,
2006年

鈴木正夫『日中間戦争と中国人文学者:郁達夫, 柯霊, 陸蠡らをめぐって(横
浜市大学新叢書)』春風社, 2014年

山田敬三「近代文学」『日中文化交流史叢書』第6巻, 中西進, 厳紹璗編, 大
修館書店, 1995年 呂元明『中国語で残された日本文学－日中戦
争のなかで』西田勝, 訳, 法政大学出版局, 2001年

〈「生きてゐる兵隊」事件の裁判の記録〉

いずれも秋田市立中央図書館明徳館「石川達三記念室」所蔵

「刑事記録」

- 「聴取書」1938年3月16日付, 警視庁検閲課, 清水文二作成

  * 石川達三に対する事情聴取の内容をまとめたもの

- 「意見書」1938年4月23日付, 警視庁検閲課, 清水文二作成

  * 石川達三, 雨宮庸蔵, 牧野武夫, 松下英麿, 佐藤観次郎の五人に対する意見

「東京地方第五刑事部 刑事記録 第一番公判調書」

● 「公判調書」＊1938年8月31日の初公判の記録

● 「第二回公判調書」＊1938年9月5日の判決公判の記録

● 「判決謄本」1938年9月5日, 東京区裁判所判事八田卯一郎

秋田市立中央図書館明徳館「石川達三著作目録 生誕百年記念」秋田市立
　　　　中央図書館明徳館, 2005年

秋田県青年会館『あきた青年広論』1985年第29・30合併号, 三十号記念「石
　　　　川達三記念室」開設特集, 秋田県青年会館

＿＿＿＿＿＿『あきた青年広論』2006年第89・90合併号, 石川達三生誕百年記
　　　　念特集号, 秋田県青年会館

朝日新聞「素描」(『人間の壁』の出版記念会についてのコラム), 1959年7月3日付
　　　　朝刊

石川達三「年譜」『石川達三作品集』第十二巻, 新潮社, 1957年

川本三郎「結婚の生態」『銀幕の銀座』中公新書, 2011年

久保田正文『新・石川達三』永田書房, 1979年

＿＿＿＿＿＿「『文学報国』をよむ－ANNU MIRABILIS のこと」『文学』1961年12
　　　　月号

白石喜彦『石川達三の戦争小説』翰林書房, 2003年

浜野健三郎『評伝 石川達三の世界』文藝春秋, 1976年

牧義之「石川達三『生きてゐる兵隊』誌面の削除に見るテキストのヴァリ
　　　　アント」『中京国文学』第28号 2009年

宮本百合子「結婚の生態」(書評)青空文庫, 2003年作製(親本は『宮本百合子全
　　　　集』第八巻, 河出書房, 1952年)

安永武人『戦時下の作家と作品』未来社, 1983年

山形雄策「シナリオ 結婚の生態」「『結婚の生態』脚色に就て」『日本映画』

1941年6月号(『資料・〈戦時下〉のメディア──第1期 統制下の映画雑誌「日本映画」第21巻 昭和16年6月号〜8月号』牧野守・監修, ゆまに書房, 2003年所収)

戦前の言論統制, 思想取り締まり

内川芳美編『現代史資料４１マス・メディア統制２』みすず書房, 1975年

絲屋寿雄『管野すが－平民社の婦人革命家像』岩波新書, 1970年

宇野千代『生きて行く私』上, 毎日新聞社, 1983年

太田博太郎「新聞と其取締に関する研究」『司法研究 報告書第20輯5』司法省調査課, 1936年2月

大森映『労農派の昭和史 大森義太郎の生涯』三樹書房, 1989年

荻野富士夫『思想検事』岩波新書, 2000年

＿＿＿＿＿『特高警察』岩波新書, 2012年

荻野富士夫編『治安維持法関係資料集』第四巻, 新日本出版社, 1996年

奥平康弘『治安維持法小史』岩波現代文庫, 2006年

海軍軍令部「第一編 中央の施設/第十章 新聞検閲」『極秘 明治三十七八年海戦史 第五部 施設 巻一』防衛省防衛研究所蔵, JACAR(アジア歴史資料センター)Ref. C05110111400

香内三郎, 上野征洋『抵抗と沈黙のはざまで 雑誌『自由』(1936-1938)の軌跡』新時代社, 1985年

黒岩久子『パンとペン 社会主義者・堺利彦と「売文社」の闘い』講談社, 2010年

佐々木隆『日本の近代14 メディアと権力』中央公論新社, 1999年

司法省「〔布施辰治に対する〕弁護士懲刑判決」『官報 第一七九六号 昭和七年十二月二十三日』司法省刑事局思想部編「思想月報 第五十号」

1938年8月(『昭和前期思想資料』第1期, 文生書院, 1974年)

榛村専一「新聞紙法(一・完)」『現代法学全集』第三十四巻, 日本評論社, 1930年

_____「新聞紙法(二・完)」『現代法学全集』第三十五巻, 日本評論社, 1930年

関口すみ子『管野スガ再考──婦人矯風会から大逆事件へ』白澤社, 2014年

田中伸尚「屈せざる人 細川嘉六」『未完の戦時下抵抗 屈せざる人びとの軌跡』岩波書店, 2014年

内務省警保局『出版警察報』第79～80号, 第107号～111号, 内務省警保局

新延修三「新聞記事差止指令集－戦争を導いた昭和七年－十六年の報道統制の実態」『歴史と人物』中央公論社, 1973年8月特大号

西ヶ谷徹「支那事変に関する造言飛語に就いて 昭和十三年度思想特別研究員 検事西ヶ谷徹報告書」(思想研究資料特輯第55号) (『社会問題資料叢書 第1輯 第79回配本』社会問題資料研究会編, 東洋文化社, 1978年所収)

日本検察学会編『不穏文書臨時取締法解説と出版法・新聞紙法判例』立興社, 1936年

布施柑治『ある弁護士の生涯－布施辰治』岩波新書, 1963年

美濃部亮吉『苦悶するデモクラシー』角川文庫, 1973年

宮本百合子「一九三七年十二月二十七日の警保局図書課のジャーナリストとの懇談会の結果」『宮本百合子全集』第十三巻, 新日本出版社, 2001年

森長英三郎「「法律戦線」事件」『続史談裁判』日本評論社 1969年

山泉進, 村上一博編『布施辰治研究』明治大学史資料センター監修, 日本経済評論社, 2010年 我妻栄「人民戦線事件－反戦・反ファシズム勢

力への弾圧」『日本政治裁判史録』代表編集者・我妻栄, 第一法
規出版, 1970年

中央公論社関係

芦屋市谷崎潤一郎記念館『芦屋市谷崎潤一郎記念館資料集(2) 雨宮庸蔵宛
谷崎潤一郎書簡』(財)芦屋市文化振興財団, 1996年

雨宮広和『父庸藏の語り草』2001年

雨宮庸蔵『偲ぶ草』中央公論社, 1988年

_____「『中央公論』と『改造』」『中央公論』1975年11月号

雨宮庸蔵宛書簡(細川嘉六, 林芙美子, 野上彌生子, 正宗白鳥, 松下英麿, 小林田一
記, 片山哲, 尾崎秀実, 石川達三, 美濃部達吉), 山梨県立文学館所蔵

雨宮庸蔵, 松下英麿, 小林田一記, 畑中繁雄ほか「歴代編集長の回想」『中央
公論』1955年12月号

風間道太郎『尾崎秀実伝』法政大学出版局, 1995年改装版

片山哲『回顧と展望』福村出版, 1967年

佐藤観次郎『文壇えんま帖』学風書院, 1952年

_____「あのころ生きている兵隊事件」①～④, 社会新報, 1960年3月13
日付, 20日付, 27日付, 4月3日付

『中央公論社の八十年』中央公論社, 1965年

『中央公論新社120年史』中央公論新社, 2010年

戸川猪佐武「目撃者が語る昭和事件史21 生きてゐる兵隊事件から横浜事
件まで」『週刊現代』1961年9月24日号

畑中繁雄『覚書 昭和出版弾圧小史』図書新聞社, 1965年

福田耕太郎「あの日あのころ/軍の発表以外は造言/石川達三"生きてゐる
兵隊"筆禍事件/語る人・福田耕太郎」『週刊東京』1957年3月16日
号

牧野武夫『雲か山か 出版うらばなし』中公文庫, 1976年

読売新聞「追悼抄 元中央公論編集長 雨宮庸蔵さん(2日死去, 96歳)発禁処分
　　　　受け退社」1999年12月26日付朝刊

芥川賞, 文藝春秋関係

池島信平『雑誌記者』中央公論社, 1958年

菊池寛『話の屑籠と半自叙伝』文藝春秋, 1988年

杉森久英『小説菊池寛』中央公論社, 1987年

永井龍男『回想の芥川・直木賞』文春文庫, 1982年

矢崎泰久『口きかん わが心の菊池寛』飛鳥新社, 2003年

GHQの検閲

江藤淳『閉ざされた言語空間 占領軍の検閲と戦後日本』文春文庫, 1994年

繁沢敦子『原爆と検閲アメリカ人記者たちから見た広島・長崎』中公新
　　　　書, 2010年

高桑幸吉「占領下における新聞の事前検閲」(1)〜(6)『新聞研究』1981年6月
　　　　号〜11月号, 日本新聞協会

堀場清子『いしゅたる』13号(1992年), 14号(1993年)

山本武利『GHQの検閲・諜報・宣伝工作』岩波現代全書, 2013年

日記, 社史

朝日新聞百年史編修委員会『朝日新聞社史 昭和戦後編』朝日新聞社,
　　　　1994年

　　　　　　　　　　　　　　『朝日新聞社史 明治編』朝日新聞社, 1990年

_____『朝日新聞社史 大正・昭和戦前編』朝日新聞
　　　社, 1991年

伊藤整『太平洋戦争日記』(1)～(3), 新潮社, 1983年

木佐木勝『木佐木日記』第四巻, 現代史出版会, 1975年

関忠果, 小林英三郎, 松浦総三, 大悟法進編著『雑誌「改造」の四十年』光和
　　　堂, 1977年

高見順『敗戦日記 新装版』文春文庫, 1991年

高見順『終戦日記』文春文庫, 1992年

文藝春秋『文藝春秋七十年史』文藝春秋, 1991年

_____『文藝春秋の八十五年』文藝春秋, 2006年

文藝春秋新社『文藝春秋三十五年史稿』文藝春秋新社, 1959年

毎日新聞130年史刊行委員会『「毎日」の3世紀－新聞が見つめた激流130年』
　　　上巻, 毎日新聞社, 2002年

毎日新聞社『毎日新聞七十年』1952年

読売新聞社『読売新聞百二十年史』1994年

その他

河原理子「50年の物語 第10話 戦時下の記者たち」1～5, 朝日新聞, 1994年10
　　　月10日付, 12～15日付朝刊

_____「ジャーナリズム列伝 原寿雄」1～22, 朝日新聞, 2011年7月28日付
　　　～8月5日付, 8日付～12日付, 15日付～19日付, 22日付～26日付夕
　　　刊

_____「筆禍をたどって」1～9, 朝日新聞, 2013年8月27日付～30日付, 9月2
　　　日付～6日付夕刊

_____「石川達三『戦ひの権化』差し替えられた一文字の『謎』」『考える

人』2014年冬号, 新潮社

北山みね「人間の魂はほろびない」『世界』1955年8月号

久米旺生, 庭隼兵, 竹内良雄編『司馬遷史記8『史記』小事典』徳間文庫,
　　　2006年

黒羽清隆『太平洋戦争の歴史〔下〕』講談社, 1985年

警視庁『警視庁職員録 昭和十二年十二月一日現在』警視庁

전쟁과 검열

초판 1쇄 발행일 2017년 3월 15일

지은이 가와하라 미치코
옮긴이 이상복, 오성숙
펴낸이 박영희
편집 김영림
디자인 박희경
마케팅 임자연
인쇄·제본 AP프린팅
펴낸곳 도서출판 맑은생각
　　　　서울특별시 도봉구 해등로 357 나너울카운티 1층
　　　　대표전화: 02-998-0094/편집부1: 02-998-2267, 편집부2: 02-998-2269
　　　　홈페이지: www.amhbook.com
　　　　트위터: @with_amhbook
　　　　페이스북: https://www.facebook.com/amhbook
　　　　블로그: 네이버 http://blog.naver.com/amhbook
　　　　다음 http://blog.daum.net/amhbook
　　　　e-mail: am@amhbook.com
　　　　등록: 2012년 8월 20일 제2012-26호

ISBN 978-89-965730-2-9 03910
정가 17,000원

이 도서의 국립중앙도서관 출판예정도서목록(CIP)은 e-CIP홈페이지(http://www.nl.go.kr/ecip)와
국가자료공동목록시스템(http://www.nl.go.kr/kolisnet)에서 이용하실 수 있습니다.
(CIP제어번호: CIP 2017003054)